Norbert Stresau

DER
OSCAR

Alle preisgekrönten Filme, Regisseure
und Schauspieler seit 1929

Originalausgabe

**WILHELM HEYNE VERLAG
MÜNCHEN**

HEYNE-FILMBIBLIOTHEK
Nr. 32/198

Vorderseite im Uhrzeigersinn von oben links:
Holly Hunter, Michael Douglas und Jodie Foster,
Clint Eastwood, Steven Spielberg

Redaktion: Gebhard Hölzl

2., aktualisierte Auflage 1994

Copyright © 1985 by Wilhelm Heyne Verlag GmbH & Co. KG,
München und Autor
Fotos Vorderseite: Abbildung Oscar: Pandis Media/Frank
Trapper/Sygma, München; Hunter: dpa/Phil Roach/Photo-
reporters, Inc., München; Douglas/Foster: Pandis Media/Angeli,
München; Eastwood: Pandis Media/Angeli/Dousset, München;
Spielberg: dpa/Phil Roach/Photoreporters, Inc., München
Rückseite: Bildarchiv Engelmeier, München
Innenfotos: Archiv Lothar Just, München;
Film-Bild-Archiv Goepfert,
Agnuzzo; Archiv des Autors; Archiv Misfits
Umschlaggestaltung: Atelier Ingrid Schütz, München
Printed in Germany 1994
Herstellung: H + G Lidl, München
Satz: Fink, München und Völkl, Puchheim
Druck und Verarbeitung: Ebner Ulm

ISBN 3-453-07872-1

Inhalt

Danksagung

Für Rat und Hilfe dankt der Autor außerdem Robert Fischer, Lothar Just, Ulrich Kurowski und den immer hilfsbereiten Damen der HFF-Bibliothek, außerdem Dieter Lidl, Bernd Matt, Inge Rhee, Herbert Schubert und Manfred Völkl. Bei den Korrekturen und Ergänzungen für die 2. Auflage unterstützten mich Klaus Markwardt und Peter Mayer.

Vorwort

Der streng dreinblickende Ritter auf der Filmrolle ist ungefähr 34 Zentimeter groß und wiegt etwas mehr als 7 Pfund. Seine Haut besteht aus einem 14-karätigen Goldüberzug, unter dem sich ein Leib aus einer Bronzelegierung verbirgt. Nach heutigen Preisen beläuft sich der reine Materialwert der von der Dodge Trophy Company in Massenanfertigung hergestellten Statue damit auf etwa 200 Dollar.

Für den glücklichen Gewinner freilich bedeutet der Oscar weit mehr als das: Seit *Einer flog über das Kuckucksnest* kann der Produzent des »besten Films« mit Mehreinnahmen bis zu 50 Millionen Dollar rechnen; gewinnt ein bislang relativ unbekannter Schauspieler den begehrten Academy Award, kann sein Agent getrost eine Null an die bisherige Gage seines Klienten anhängen.

Heute ist der Oscar nur einer unter vielen Filmpreisen, die jährlich auf der ganzen Welt verliehen werden. In den USA gibt es neben ihm noch den Golden Globe und den Preis der new yorker Filmkritik, in Frankreich den César, in Kanada den Genie, in England den BAFTA-Preis. Bei keiner anderen Filmolympiade aber fiebern jedes Jahr rund 300 Millionen Menschen auf der ganzen Welt vor dem Fernsehschirm mit: Der Oscar ist mit weitem Abstand der populärste aller Filmpreise.

Primär ist dieses Buch als Nachschlagewerk in der Art von Richard Shales »Academy Awards: An Ungar Reference Index« konzipiert: Ein ausführlicher Datenteil listet *alle* Nominierungen und Preisträger von 1929 bis 1988 auf, zusätzlich erlaubt ein Personen- und Film-Register leichten Zugang zu der ungeheuren Fülle von Informationen. Um diesen »Datenfriedhof« etwas aufzulockern, wurde das Buch darüber hinaus mit einer großen Anzahl seltener Fotos illustriert.

Die bloße Anhäufung von Fakten und Bildern, illustren und weniger illustren Namen aber, obwohl für sich allein genommen bereits eine interessante Revue der Geschichte Hollywoods, fängt nur einen Teilaspekt des Mythos »Oscar« ein. Als Gegenstück hierzu, als Mahnung auch, Oscar nicht *zu* ernst zu nehmen, versucht daher ein längerer Essay, einen (notgedrungen skizzenhaften) Einblick in die Ränkespiele und Machtkämpfe hinter der Glamour-Kulisse zu gewähren, Gründe für die oft grotesken Fehlentscheidungen zu finden, die die Academy-Mitglieder im Lauf der 60 Jahre getroffen haben.

Der Oscar, so wird von seinen Apologeten immer wieder gerne behauptet, sei ein Spiegel amerikanischen Filmschaffens. Das jedoch ist nur die halbe Wahrheit: Oscar ist auch und vor allem ein Spiegel *Hollywoods*. Ein sehr getreuer Spiegel überdies, in dem sich Licht- und Schattenseiten Tinseltowns gleichermaßen reflektieren.

Zwischen Glamour und Manipulation —
Lebenslauf einer goldenen Statue

»Aha, Schnickschnack! Was ist das hier, Bergen?
'ne Versteigerung?«

Charlie McCarthy anläßlich der Oscar-Verleihung 1938

I.

Anfang der zwanziger Jahre erlebte Hollywood seine bis dahin größte Blütezeit. Der Erste Weltkrieg hatte die Filmproduktion in Übersee nahezu ausgeschaltet, so daß Hollywood für längere Zeit beinahe ohne Konkurrenz den amerikanischen Markt beherrschte. Immer einflußreicher, immer größer wurden die Studios, und wagemutige Produzenten legten die Grundsteine für regelrechte Leinwand-Imperien: Studiobosse wie Adolph Zukor kauften Kinos gleich im Dutzend auf, um sichere Abspielstätten für die eigenen Filme zu haben. Zudem lernte Hollywood sehr schnell, jenes Talent zu vermarkten, das aus verschiedensten Ländern an die amerikanische Westküste emigrierte. *The Four Horsemen of the Apocalypse* (1921) und *The Sheik* (1921) machten den Italiener Rodolfo Valentino über Nacht zum Sexsymbol Nr. 1, mit *The Marriage Circle* (1924) leitete der deutsche Regisseur Ernst Lubitsch wenig später eine ausgesprochen erfolgreiche Serie frivoler Komödien ein, die binnen kurzer Zeit den »Lubitsch Touch« zu einem Markenzeichen für intelligente Kinounterhaltung machten.

Ab etwa 1925 jedoch mehrten sich die Anzeichen dafür, daß es so nicht mehr weitergehen würde. Langsam, aber sicher gingen die Zuschauerzahlen zurück. Zu fest hatten die Produzenten mittlerweile ihre Hand am Puls des Publikums, immer mehr fiel die Originalität des importierten oder einheimischen Talents der Spekulation auf sichere Kasse, dem endlosen Neuaufguß bewährter Erfolgsrezepte zum Opfer. Immer deutlicher wurde darüber hinaus, daß dem Gefüge Hollywoods sowohl auf technischem und sozialem wie auch auf wirtschaftlichem Sektor einige radikale Änderungen bevorstanden.

Seit einigen Jahren hatten die Techniker nun schon ernsthaft Möglichkeiten untersucht, wie man den Stummfilm zum Sprechen bringen konnte. In einer Reihe von Kurzfilmen über Vaudeville-Stars hatte De Forest bereits 1923 ein Verfahren namens Phonofilm vorgestellt; am 6. Januar 1926 lief ein Warner Brothers/Vitaphone-Film namens *Don Juan* an, zu dem zum ersten Mal eine synchronisierte Begleitmusik auf Platte mitgeliefert wurde; im Januar 1927 führte die Fox dann ein verbessertes Tonsystem vor. Und obwohl alle diese Experimente beim Publikum noch nicht auf sonderliche Resonanz gestoßen waren, war der schließliche Durchbruch des Tonfilms und die Probleme, die eine solche Revolution mit sich bringen würde, für die meisten Produzenten doch bereits abzusehen.

Ein zweites langsam akut gewordenes Problem war das der Zensur. Im selben Maße, wie das Medium Film in den Blickwinkel der Öffentlichkeit gerückt war, hatten auch die Rufe diverser Minderheiten nach staatlicher Zensur an Lautstärke gewonnen. Auf Betreiben der Produzenten, die schlechte Publicity fürchteten, wurde schließlich 1922 das Hays-Office gegründet, das eine Art freiwilliger Selbstkontrolle innerhalb der Filmindustrie ausüben sollte. Nur zu schnell sorgte die Laxheit, mit der das Hays-Office zunächst sein Amt ausübte, jedoch für Ärger. Insbesondere Cecil B. De Mille, der in seinen populären Sandalenfilmen Sex und Gewalt mit einer ansehnlichen Portion Religion verband, um die zahlreich durchs Bild tänzelnden, meist halbnackten Schönheiten dem Hays-Office schmackhaft zu machen, erwies sich als wahrer Meister in der Kunst, irgendwelche Zensurbestimmungen zu umgehen. Derlei »Mißbrauch« blieb natürlich nicht ohne Folgen: Auf Betreiben der katholischen Kirche stellten mehrere amerikanische Bundesstaaten eigene Zensurbehörden auf, die völlig unabhängig vom Hays-Office Filme zensierten oder ohne Umschweife gleich ganz auf den Index setzten, bis schließlich kein Produzent mehr wußte, woran er war.

Das größte Problem, dem sich die Produzenten Mitte der Zwanziger stellen mußten, waren jedoch die Gewerkschaften. Jene betrachteten das Filmmekka Hollywood quasi als trojanisches Pferd, mit dem man das traditionsgemäß gegen Gewerkschaften eingestellte Los Angeles aufweichen wollte: Bereits 1922 hatte »Equity«, die Gewerkschaft der Bühnenschauspieler, versucht, ihre Macht auf die Filmschauspieler auszudehnen. Da man in der

Filmbranche indes noch mit weit weniger harten Bandagen kämpfte, interessierte sich vorläufig niemand für eine Gewerkschaft.

Wesentlich weiter fortgeschritten waren da schon die Bemühungen auf dem Feld der Filmhandwerker. Nach jahrelangen Disputen zwischen der »American Federation of Labor« und der »Alliance of Theatrical Stage Employees and Motion Picture Machine Operators« legte man schließlich alle Streitigkeiten bei und machte sich gemeinsam für einen Standard-Tarifvertrag stark. Am 29. November 1926 unterzeichneten neun Studios und fünf Gewerkschaften das für Musiker, Setkonstrukteure, Bühnenarbeiter, Elektriker und Maler geltende »Studio Basic Agreement«. Wieder war es für die meisten Produzenten nur eine Frage der Zeit, bis sich auch die kreative Elite, die Regisseure und Schauspieler, in einer Gewerkschaft vereinigten.

Aus dieser unsicheren Situation heraus, angesichts einer kurz bevorstehenden technischen Revolution und der Angst vor Gewerkschaften und Zensur, entstand schließlich eine Institution, die dem Willen ihrer Schöpfer gemäß ein Mittler zwischen den Fronten, eine einheitliche Stimme der gesamten Filmindustrie werden sollte − die »Academy of Motion Picture Arts and Sciences«.

II.

Anläßlich eines Abendessens in der ersten Januarwoche des Jahres 1927 unterbreiteten der bekannte Regisseur Fred Niblo (*Ben-Hur*) und der Schauspieler Conrad Nagel ihrem Gastgeber Louis B. Mayer einen entsprechenden Vorschlag. Der MGM-Mogul, damals einer der mächtigsten Männer Hollywoods, zeigte sich sofort von der Idee begeistert und arrangierte für die folgende Woche ein Dinner, um die Angelegenheit mit einer Auswahl repräsentativer Leute aus der Filmindustrie zu besprechen.

Das Dinner fand am 11. Januar 1927 im Ambassador Hotel zu Los Angeles statt. Insgesamt 36 Personen aus allen Bereichen der Filmindustrie waren der Einladung Mayers gefolgt − Produzenten, Regisseure, Drehbuchautoren, Schauspieler, ja sogar einige Showbusiness-Rechtsanwälte. Nachdem Mayer, Niblo und Nagel kurz ihre Vorstellungen umrissen hatten, hielt jeder der An-

Conrad Nagel und Louis B. Mayer

wesenden eine kleine, zumeist enthusiastische Stegreif-Rede, in
der er die Notwendigkeit einer solchen Institution aus der Sicht
seines Berufsstandes begründete. Am Ende des Abends herrschte dann seltene Einigkeit unter den 36: Die Academy war eine be-
schlossene Sache.
Nach Klärung diverser Detailfragen wurde am 19. März der Aufsichtsrat gewählt. Man ernannte Leinwandidol Douglas Fairbanks sr. zum Präsidenten, Fred Niblo zum Vizepräsidenten,

Die 36 Gründer der Academy

J. Arthur Ball
(Farbfilmpionier und
späterer Direktor von
Technicolor)

Richard Barthelmess
(Schauspieler,
u. a. »Tol'able David«)

Fred Beetson
(Beamter bei der
»Association of Motion
Picture Producers«)

Charles H. Christie
(Co-Produzent der
sogenannten Christie-
Komödien)

George W. Cohen
(Rechtsanwalt und
Abfasser der Academy-
Satzung)

Cecil B. De Mille
(Regisseur und
Produzent, u. a. beide
Fassungen von »The
Ten Commandments«)

Douglas Fairbanks sr.
(Schauspieler
und Stummfilmidol, u. a.
»Robin Hood«)

Joseph White Farnham
(Drehbuch- und
Zwischentitel-Autor)

Cedric Gibbons
(Ausstatter,
u. a. »Ben-Hur« und
»Ninotchka)

Benjamin F. Glazer
(Drehbuchautor,
u. a. »Tortilla Flat«)

Sid Grauman
(Filmtheaterbesitzer und
Erbauer des bekannten
»Chinese Theatre«)

Milton E. Hoffman
(Geschäftsführender
Studiomanager bei
Paramount)

Jack Holt
(Stuntman und
Schauspieler, u. a. »San
Francisco«)

Henry King
(Regisseur, u. a. »The
Gunfighter«)

Jesse L. Lasky
(Vizepräsident der
Famous Players-Lasky
Corporation)

M. C. Leavee
(Vizepräsident von First
National)

Frank Lloyd
(Regisseur, u. a. »Mutiny
on the Bounty«)

Harold Lloyd
(Schauspieler
und berühmter Stumm-
filmkomiker)

Edwin Loeb
(Rechtsanwalt)

Jeanie MacPherson
(Schauspielerin
und Drehbuchautorin, u. a.
»Adam's Rib«)

Louis B. Mayer
(Vizepräsident von MGM)

Bess Meredyth
(Drehbuchautor, u. a.
»Ben-Hur«)

Conrad Nagel
(Schauspieler, u. a. »The
Mad Empress«)

Fred Niblo
(Regisseur, u. a.
»Ben-Hur« und »Camille«)

Mary Pickford
(Schauspielerin und
frühes Stummfilmidol,
u. a. »Pollyanna«)

Roy J. Pomeroy
(Spezialeffekttechniker,
u. a. »The Ten Command-
ments«)

Harry Rapf
(Ausführender Produzent
für MGM)

Joseph M. Schenck
(Mitbegründer
der 20th Century-Fox)

Milton Sills
(Schauspieler, u. a. »The
Sea Wolf«)

John M. Stahl
(Regisseur und
Produzent, u. a. »Magni-
ficent Obsession«)

Irving G. Thalberg
(Produktionsüberwacher
bei MGM)

Raoul Walsh
(Regisseur, u. a.
»The Thief of Baghdad«)

Harry Warner
(Präsident von Warner
Bros.)

Jack L. Warner
(Vizepräsident
von Warner Bros.)

Carey Wilson
(Drehbuchautor und
Produzent,
u. a. »The Postman
Always Rings Twice«)

Frank Woods
(Filmkritiker
und späterer Drehbuch-
autor)

M. C. Leavee zum Schatzmeister und Frank Woods zum Sekretär. Am 4. Mai ließ Mayer dann von seinen Rechtsanwälten eine Satzung ausarbeiten, die tags darauf vom neuen Aufsichtsrat angenommen wurde.

Am 11. Mai 1927 fand schließlich das aus den ersten Mitgliedsbeiträgen finanzierte Gründungsbankett statt. 231 der 300 Teilnehmer traten noch am gleichen Abend der Academy bei, genug, daß sie nun auf sicherem finanziellem Boden stand und sich ihren eigentlichen Aufgaben widmen konnte. Recht versteckt hinter diffusen Absichtserklärungen über die Förderung eines harmonischen Miteinanders fand sich in der Satzung dabei auch ein Passus, der ungeahnte Folgen haben sollte: »Wir werden die Filmkunst und die Filmtechnik dadurch voranbringen«, hieß es da, »daß wir zum einen den Austausch konstruktiver Ideen fördern und zum zweiten Preise für herausragende Einzelleistungen verleihen.«

Wie es die Satzung verlangte, wählte der Aufsichtsrat der Academy bereits kurz nach dem Gründungsbankett einen siebenköpfigen Ausschuß, der sich mit den Modalitäten der Preisverleihung befassen sollte. Kaum hatten sich Cedric Gibbons, Sid Grauman, Bess Meredyth, J. Stuart Blackton, Richard Barthelmess, Henry King und David Wark Griffith jedoch zusammengesetzt, als ein neues Problem die ganze Aufmerksamkeit der Academy forderte.

Bald schon hatte nämlich Louis B. Mayer seine wahren Absichten offenbart. Ganz im Gegensatz zu seinen blauäugig verkündeten Statements war die Academy für ihn nie etwas anderes als ein Werkzeug gewesen, das man beliebig ge- und mißbrauchen konnte. Als die MGM-Finanziers im Osten Mayer daher nahelegten, er möge in Zukunft doch bitte etwas wirtschaftlicher mit den zur Verfügung gestellten Geldern umgehen, nützte er schamlos seine Position innerhalb der Academy aus: Ende Juli 1927 lag ein Antrag Mayers auf dem Tisch des Aufsichtsrates, der ihm die rechtlichen Mittel in die Hand geben sollte, eine zehnprozentige Lohnkürzung durchzudrücken.

Die Academy blieb hart und lehnte ab. Um das Gesicht zu wahren, sah sich Mayer am 28. Juli gezwungen, den Antrag zähneknirschend zurückzuziehen. Als »Actors Equity« daraufhin versuchte, eine Gewerkschaft für Filmschauspieler zu gründen, reagierte die Academy im Eiltempo und setzte im Dezember 1927 einen Standard-Tarifvertrag auf: Die erste Konfrontation mit den Gewerkschaften war glimpflich ausgegangen, man konnte sich wieder mit den Preisen beschäftigen.

Im Mai 1928 trat der siebenköpfige Ausschuß erneut zusammen, diesmal mit Erfolg: Mit Blick auf möglichen Popularitätsgewinn entschied man sich, die Preise in Zukunft jährlich zu vergeben und beschränkte die ersten zwölf »Academy Awards of Merit« auf Filme, die zwischen dem 1. August 1927 und dem 31. Juli 1928 in Los Angeles angelaufen waren. Die endgültige Entscheidung über die Preise sollte dann in den Händen eines fünfköpfigen Sachverständigenrats liegen.

Blieb nur noch die Frage zu klären, wie der Preis denn nun eigentlich aussehen sollte. Schließlich beauftragte man Cedric Gibbons, seines Zeichens Leiter des »Art Departments« bei MGM, mit dem Entwurf des »Academy Award of Merit«, wie er zu dieser Zeit noch hieß. Eine der bekanntesten Oscar-Legenden will es, daß Gibbons die heute weltberühmte Statue während eines Academy-Banketts auf dem Tischtuch entwarf. Dem war jedoch mit an Sicherheit grenzender Wahrscheinlichkeit nicht so: Cedric Gibbons entwarf die Statue vielmehr ganz profan am Schreibtisch in seinem Büro und schickte die Zeichnungen nach Genehmigung dann an George Stanley, einen Bildhauer aus Los Angeles.

Am 16. Mai 1929 war es dann endlich soweit. Großes Aufsehen erregte die erste Oscar-Verleihung im Hollywood Roosevelt Hotel freilich nicht. Die Gewinner waren schon Monate im voraus bekannt; Emil Jannings, der für seine Leistungen in *The Last Command* und *The Way of All Flesh* als bester Darsteller ausgezeichnet werden sollte, hatte seine Statue schon lange vor der Verleihung abgeholt und war in panischer Angst vor dem Tonfilm zurück nach Berlin geflüchtet. Der Schlagzeilenwert war daher denkbar gering· Einige Zeitungen brachten kleine Berichte, die Radiosender übergingen die Verleihung völlig.

Janet Gaynor, beste Darstellerin für *Seventh Heaven*, *Street Angel* und *Sunrise* (Sunrise/Sonnenaufgang): »Natürlich hat es mich gefreut. Aber weil es das erste Mal war, hatte der Academy Award noch keinerlei Tradition oder Vergangenheit und bedeutete natürlich noch nicht dasselbe wie heute. Hätte ich damals gewußt, welche Bedeutung er in den nächsten Jahren gewinnen sollte,

Das erste Academy-Bankett – unter den Gästen: Al Jolson, Ruby Keeler, Norma Shearer, Irving Thalberg und Douglas Fairbanks

wäre ich vermutlich überwältigt gewesen. Aber damals hat es mich, glaube ich, mehr begeistert, daß ich Doug Fairbanks begegnete.« Der die Verleihung übrigens in der Rekordzeit von vier Minuten und zweiundzwanzig Sekunden hinter sich brachte. Als bester Film 1927/28 wurde William A. Wellmans vor kurzem für die Videoauswertung neu entdeckter Stummfilm *Wings* ausgezeichnet, die zum großen Teil *on location*, d. h. in luftigen Höhen gedrehte Geschichte zweier Air-Force-Piloten im Frankreich des Ersten Weltkriegs. *Seventh Heaven* und *Sunrise* erhielten die meisten Auszeichnungen des Abends: Frank Borzages sentimentales Stummfilmmelodram bekam zwei Academy Awards für Drehbuch und Regie, Murnaus Klassiker für Kameraführung und den »künstlerischen Wert der Produktion«. Daneben wurde Janet Gaynor für beide Filme mit einem Oscar als beste Darstellerin ausgezeichnet, eine Vorgehensweise, die bereits im Jahr darauf zugunsten eines Preises für eine ganz bestimmte

Janet Gaynor – erste Oscar-Gewinnerin für › Seventh Heaven ‹, › Street Angel ‹ und › Sunrise ‹ (Sunrise/Sonnenaufgang)

Rolle aufgegeben wurde. Insgesamt standen 31 Filme auf der Nominierungsliste, die meisten davon heute weitgehend vergessen. So wenig Bedeutung diese ersten Oscars auch noch haben mochten, zeigte sich an ihnen doch schon jene mangelnde Objektivität, die Wert und Aussagekraft, ja, das ganze Image des Academy Awards in schöner Regelmäßigkeit bis auf den heutigen Tag beeinträchtigen sollte. Noch während man sich an den aufgefahrenen Brathähnchen delektierte, zweifelten einige der geladenen Gäste bereits daran, daß bei dem Auswahlverfahren alles mit rechten Dingen zugegangen war. Zwar bestritt keiner ernsthaft die technischen Qualitäten eines *Wings*. Aber sollte dies tatsächlich der beste Film des letzten Jahres gewesen sein? Wie konnte man einen Film wie *Seventh Heaven* mit drei Oscars überschütten und King Vidors genialen *The Crowd*, das früheste, vielleicht größte Vorbild des Neorealismus, mit zwei Nominierungen abspeisen? Fragen, die nicht wenige zu der Ansicht verleiteten, daß die Entscheidungen des Sachverständigenrats weniger auf künstlerischen Qualitäten als vielmehr auf Louis B. Mayers geschäftlichen Interessen beruhten. Immerhin war Mayer die finanzielle Hauptstütze der Academy: Er bezahlte die zahlreichen Bankette, er hatte bereitwillig seine Rechtsanwälte zur Verfügung gestellt, als es darum ging, eine Satzung für die Academy aufzustellen. Da war es doch durchaus denkbar, so munkelte man, daß man ihm als Dank dafür eine Art Vetorecht über die Academy Awards verliehen hatte.

Wie sehr Mayer in den ersten Jahren die Entscheidungen beeinflußte, sollte sich allerdings erst lange danach herausstellen, als ein Mitglied des Sachverständigenrates, Sid Grauman, aus dem Nähkästchen plauderte. King Vidors *The Crowd* beispielsweise hatte zwar die Kritiker begeistert, sich an der Kinokasse jedoch als relativer Mißerfolg erwiesen. Als man daher in einer Nachtsitzung über den Preisträger für die beste Regie entschied, machte Mayer, der Verleiher des Films, seinen Einfluß geltend. Unter dem Vorwand, seine Stellung in der Academy nicht für irgendwelche Vetternwirtschaft (*The Crowd* war, wie gesagt, ein MGM-Film) mißbrauchen zu wollen, hatte er den bei der Fox unter Vertrag stehenden Regisseur Frank Borzage als Oscargewinner durchgedrückt. Der wahre Grund jedoch, so Grauman viele Jahre später, sei schlicht und einfach der gewesen, daß *The Crowd* nicht genügend Geld eingespielt habe.

› Sunrise ‹ von Friedrich Wilhelm Murnau

Liefen derlei Manipulationen bei der ersten Oscar-Wahl noch im Geheimen ab, konnte schon ein Jahr darauf kein objektiver Betrachter mehr übersehen, wohin der Hase lief. Wieder mißgönnte kaum jemand Mary Pickford den Oscar für ihre Leistung in Sam Taylors *Coquette*, den die Schauspielerin am 3. April 1930 freudestrahlend in Empfang nahm. Mehr als zwanzig Jahre lang war sie eine der größten Stars des Stummfilms gewesen, eine perfekte Verkörperung der blondgelockten Kindfrau, »Türhüterin des Zeitalters der Naivität mit seinen Sentimentalitäten und liebenswürdigen Wahrheiten«*. Und obwohl oder gerade weil sich ihre

* Berndt Schulz in: Adolf Heinzlmeier/Berndt Schultz/Karsten Witte: Die Unsterblichen des Kinos − Stummfilmzeit und die goldenen 30er Jahre. Frankfurt am Main 1982.

19

Karriere seit längerem auf dem absteigenden Ast befand, hatte wohl kaum eine andere Schauspielerin eine Auszeichnung so sehr verdient wie sie.

Doch den Kritikern ging es diesmal ums Prinzip. Oscars, so sagten sie, würden nicht für Karrieren, sondern für Leistungen in einem ganz bestimmten Film verliehen. Pickfords Spiel in *Coquette* könne dem der anderen nominierten Schauspielerinnen nicht das Wasser reichen. Und außerdem wäre da noch ihre direkte Verbindung zur Academy: Ihr Mann Douglas Fairbanks sei bis vor einem halben Jahr deren Präsident gewesen, säße überdies im Sachverständigenrat, der die Preise verlieh. Habe sie den Oscar vielleicht dafür bekommen, daß sie den hohen Tieren der Academy in ihrer Pickfair-Residenz immer den Tee servierte?

Unter dem zunehmenden Druck seitens der Mitglieder und der Presse löste der Aufsichtsrat der Academy schließlich im Sommer 1930 den Sachverständigenausschuß auf und delegierte die Endauswahl an die gesamte Academy. Immerhin hatten die Academy Awards nun ein gewisses Prestige gewonnen, das man durch derlei Spekulationen nicht wieder ruinieren lassen wollte: Hatte die erste Oscarnacht noch kein besonderes Echo in den Medien gefunden, so strahlte KNX, ein Lokalsender aus Los Angeles, doch schon eine einstündige Live-Übertragung von der zweiten Preisverleihung aus. Als die Academy Awards dann am 10. November 1931 zum vierten Mal vergeben wurden, trat bereits kein geringerer als Vizepräsident Charles Curtis auf die Bühne und verlas eine Grußadresse Herbert Hoovers.

Inzwischen hatte die goldene Statue auch ihren Spitznamen weg. Wer nun genau warum die umständliche Bezeichnung »Academy Award of Merit« zum ersten Mal durch das kurze prägnante »Oscar« ersetzte, ist noch heute ein beliebtes Thema für Diskussionen. Bette Davis behauptet, die Statue habe sie an ihren ersten Ehemann Harmon Oscar Nelson erinnert; Hollywood-Kolumnist Sidney Skolsky führt einen alten Vaudeville-Witz als Quelle seiner Inspiration an. Offizieller Taufpate laut Academy ist jedoch die Bibliothekarin und spätere Geschäftsführerin Margaret Herrick, die 1931 in dem beinahe geschlechtslosen Ritter ihren Onkel Oscar Pierce zu erkennen glaubte.

Der Ruf, den Oscar trotz aller anfänglichen Probleme binnen kurzer Zeit erlangt hatte, begründete sich zum größten Teil aus dem wirtschaftlichen und sozialen Klima seiner Entstehungszeit. Die ersten beiden Jahre nach dem großen Wall-Street-Börsenkrach waren an Hollywood weitgehend spurlos vorübergegangen, im Gegenteil: das Filmgeschäft florierte wie nie zuvor. Die Masse wollte abgelenkt werden, und Hollywood war nur zu gern bereit dazu: Oscar war ein Traumfabrik-Produkt in Reinkultur, eine rosa Brille wider die düstergraue Wirklichkeit. Arbeitslosigkeit und steigende Verbrechensraten blieben vor den Toren der diversen Hotels, in denen die opulenten Bankette abgehalten wurden; fast schon systematisch setzte man Akzente: Von gelegentlichen *message movies* wie *All Quiet on the Western Front* (Im Westen nichts Neues) abgesehen, beherrschten Western, Musicals und Komödien die Listen der Oscarnominierungen. Die Blütezeit des Gangsterfilms ging ebenso spurlos an Oscar vorbei wie, etwas später, jene des Horrorfilms; heute längst als Klassiker ge-

William C. DeMille überreicht Mary Pickford ihren Oscar für › Coquette ‹ –
Warner Baxter, der Gewinner für › In Old Arizona ‹, muß noch etwas warten

21

schätzte Filme wie *Little Caesar* (Der kleine Cäsar, 1930), *Public Enemy* (Der öffentliche Feind, 1931), *Scarface* (Scarface, 1932) oder auch *King Kong* (King Kong und die weiße Frau, 1933) überging man kurzerhand zugunsten von Filmen, die entweder reinen Eskapismus darstellten, oder, völlig wirklichkeitsfremd, die Überwindung der Depression durch die Kraft positiven Denkens predigten.

Daß die Academy das neue Medium Tonfilm, zu deren gefühlvoller Assimilation sie eigentlich angetreten war, regelrecht umarmte, war da nur zu logisch: Bei der ersten Oscar-Verleihung erhielt Warner Brothers' revolutionärer Tonfilm *The Jazz Singer* (Der Jazzsänger) einen Ehrenoscar; ein Jahr später, als der Ton noch in den Kinderschuhen steckte, überging man bei der Wahl des besten Films sowohl Erich von Stroheims *The Wedding March* als auch Victor Sjöströms *The Wind* zugunsten eines aufwendigen, leeren und miserabel vertonten MGM-Musicals namens *Broadway Melody*; wieder ein Jahr später erhielt Ernst Lubitschs Filmoperette *Love Parade*, die zum ersten Mal die wahren Möglichkeiten des Tonfilms aufzeigte, insgesamt sechs Nominierungen, mehr als jeder andere Film in diesem Jahr. Und selbst so herausragende späte Stummfilme wie Charles Chaplins *City Lights* (Lichter der Großstadt, 1931) ignorierte man in der Folge zugunsten diverser Tonfilme, die heute nicht mal mehr in ausführlichen Filmlexika auftauchen.

So glänzend sich die Academy über den Oscar auch auf Realitätsverdrängung verstand, so hilflos stand sie freilich den realen Problemen gegenüber. Ursprünglich unter anderem als Mittler in Zensurfragen ins Leben gerufen, kämpfte die Academy auf diesem Gebiet schon lange auf verlorenem Posten: Unter dem ständig steigenden Druck kirchlicher Gruppen hatte sich das vielgescholtene Hays-Office 1929 endgültig mit der katholischen »Legion of Decency« zusammengeschlossen und einen »Motion Picture Production Code« erarbeitet, dem sich aus Angst vor staatlicher Zensur mehrere Jahrzehnte lang niemand mehr zu widersetzen wagte. Spießbürgerliche Moralvorstellungen behinderten in der Folge rigoros die Entstehung von Filmen, in denen sich Regisseure und Autoren auf realistische, unverschlüsselte Weise mit sozialen Problemen auseinandersetzen wollten: Die Academy hatte, zumindest in diesem Punkt, restlos versagt.

Zunächst gingen derlei Fehlschläge noch weitgehend unter. Als

Ob ›The Circus‹ (Circus), › City Lights ‹ (Lichter der Großstadt) oder › Modern Times ‹ (Moderne Zeiten) – Charles Chaplins Filme überragten die Konkurrenz in der Regel um Lichtjahre. Aber seine Meisterwerke waren stumm und deshalb bei der Academy verpönt. Seinen ersten regulären Oscar erhielt der kleine Tramp, hier mit seiner Frau Oona, mit 82 – für die Musik von › Limelight ‹ (Rampenlicht), der mit 20 Jahren Verspätung in L. A. angelaufen war.

dann jedoch in den Jahren 1932/33 die Probleme immer größer wurden, und selbst die Filmbranche am Ende die Auswirkungen der Depression zu spüren begann, bröckelte der Glamour langsam ab: Verzweifelt nach Mittel und Wegen suchend, um Lohnkürzungen und sonstige Sparmaßnahmen durchzudrücken, entsannen sich die Mogule nun plötzlich wieder des Machtinstruments, das sie mit der Academy in der Hand zu halten glaubten. Gewaltsam riß man nun das Steuer herum und ging auf Kollisionskurs mit den Gewerkschaften. Nur sechs Jahre nach ihrer Gründung steuerte die Academy und mit ihr der Oscar auf ihre erste größere Krise zu.

III.

Die Schlacht zwischen der Academy und den Gewerkschaften begann mit der Bankrotterklärung der Paramount, dem finanziell schwächsten aller großen Hollywood-Studios. Aufgescheucht durch diesen lange absehbaren, aber doch überraschend schnell erteilten Gerichtsbeschluß setzten sich die Mogule an einen Tisch und erörterten Mittel und Wege gegen das Damoklesschwert über den hochdotierten Köpfen. Die Lösung, auf die man sich nach längeren Diskussionen einigte, war eine 50%ige Lohnkürzung, angefangen vom einfachen Hausmeister bis hin zum obersten Chef. Blieb nur noch die nicht ganz leichte Aufgabe, den zu erwartenden Sturmlauf von »Equity« und anderen Gewerkschaften abzublocken, die sehr wohl wußten, was eine solche Kürzung gerade für die weniger Verdienenden bedeutete. Mayer & Co. entschieden sich, die Academy ins Spiel zu bringen. Geschickt hatte man auf diesen Moment hingearbeitet: Scheinbar wichtige, aber vom Standpunkt der Produzenten aus unwesentliche Zugeständnisse wie die Tarifverträge 1927 hatten viele Schauspieler und Regisseure davon überzeugt, in der Academy das Äquivalent einer Filmgewerkschaft zu besitzen. In Wahrheit aber hatten die großen Studiobosse die Academy zwar eine Weile an der langen Leine gehalten, die eigentliche Kontrolle jedoch nie aufgegeben. Jeder Insider wußte, daß sie wenig mehr als eine Art Betriebsgenossenschaft darstellte, bereit, von den Mogulen mißbraucht zu werden.

Anfang 1933 willigte die Academy schließlich in eine befristete

Filmmogul Louis B. Mayer nebst Gattin und Mrs. Arthur Loew bei einem Academy-Bankett

Lohnkürzung ein − unter der Bedingung, daß die untersten Angestellten von der Kürzung ausgenommen und der volle Lohn wieder umgehend bezahlt werden sollte, wenn das Studio aus den roten Zahlen war.

Warner Brothers erholte sich am schnellsten. Als ein Beauftragter der Academy daraufhin in Jack Warners Büro vorsprach und ihn aufforderte, seine Angestellten wieder auf volles Gehalt zu setzen, erlebte er freilich einen gehörigen Schock. Nüchtern und sachlich erklärte Warner dem Academy-Mann, daß es *sein* Studio sei und er überhaupt nicht daran denke, die Kürzung wieder rückgängig zu machen. Damit hatte man nun am allerwenigsten gerechnet. Als der Präsident eines anderen Studios, Samuel Goldwyn, es kurz danach Jack Warner gleichtat, war das Debakel perfekt. Höhere Instanzen, an die man sich wenden konnte, gab es in diesem Fall nicht: Der Papiertiger war entlarvt.

Unmittelbare Folge war der Rücktritt des vierten Academy-Präsidenten Conrad Nagel im April 1933. Sofort schwirrten Gerüchte durch die Presse. Ein Artikel behauptete, Nagel habe hinter Warner gestanden und so das Mißfallen des Aufsichtsrats erregt, eine andere Zeitung berichtete, daß Nagel mit Hilfe von Will Hays Harry Warner davon zu überzeugen versucht hatte, die Entscheidung der Academy zu akzeptieren. Wie auch immer, allzulange hielten sich derlei Spekulationen nicht: Kaum hatte J. T. Reed Nagel als Präsident abgelöst und einige Änderungen in der Satzung veranlaßt, die solch eklatanten Mißbrauch in Zukunft ausschließen sollten, als auch schon ein neuer Skandal über die Academy hereinbrach.

Zur Bekämpfung der Depression hatte Franklin D. Roosevelt am 16. Juni 1933 den »National Recovery Act« unterzeichnet, ein Programm zur völligen Umstrukturierung des Arbeitsmarkts, von dem natürlich auch die Filmwirtschaft betroffen war. Der »NRA Motion Picture Code« stieß innerhalb der Branche sofort auf harte Kritik. Man befürchtete unverhältnismäßige Steuernachteile, einen direkten Eingriff der Regierung in die Filmproduktion und, mehr als alles andere, die Macht, die der Code den Studiobossen in die Hand gab. Pikant wurde die Situation freilich erst dadurch, daß der neue Academy-Präsident J. T. Reed nicht nur ein Mitglied eben jener Kommission gewesen war, die den Code aufgesetzt hatte, sondern darüber hinaus auch als enger Freund Louis B. Mayers galt.

Der NRA Motion Picture Code, der erst nach einer persönlichen Unterredung zwischen Eddie Cantor und Roosevelt etwas entschärft werden konnte, war der Tropfen, der das Faß zum Überlaufen brachte. Angeführt von James Cagney, Gary Cooper und Fredric March traten Dutzende von Schauspielern aus der Academy aus und gründeten im Oktober 1933 ihre eigene Gewerkschaft, die »Screen Actor's Guild«. Wenig später folgten die Regisseure, die sich in der »Director's Guild of America« vereinigten. Binnen kürzester Zeit ging die Mitgliederzahl so von über 600 auf knappe 40 zurück.

Diesen plötzlichen Exodus bekam natürlich auch der Oscar zu spüren. Mayer und seine Kollegen, die an einer solch unrepräsentativen Institution natürlich kein Interesse mehr hatten, zogen nach und nach ihre Investitionen in die Academy zurück. Bald schon begann sich der Aufsichtsrat daher ernsthaft zu fragen, wer denn nun eigentlich die nächsten Verleihungsfeierlichkeiten be-

Bette Davis und Leslie Howard in John Cromwells › Of Human Bondage ‹

zahlen sollte. Und nicht nur das: Durch den rapiden Mitglieder-schwund wurden die Oscars nun auf einmal beeinflußbarer als je zuvor.

Die siebte Oscar-Verleihung am 27. Februar 1935 – man hatte das Wahljahr 1933 von der August/Juli-Spanne auf das Kalenderjahr umgestellt – ging als das Jahr der Affäre »Bette Davis« in die Annalen der Academy ein. Jene stand seit nunmehr drei Jahren bei Warner Brothers unter Vertrag. Wie es zu dieser Zeit üblich gewesen war, war sie von Jack Warner jedoch vor einem Jahr für einen Film an RKO «ausgeliehen» worden – *Of Human Bondage*, John Cromwells Verfilmung des W. Somerset Maugham-Romans über einen reichen Engländer, den seine Vernarrtheit in eine liederliche Kellnerin schließlich ruiniert. Der Film war im Juni 1934 zu begeisterten Kritiker- und Publikumsstimmen (»die beste Leistung einer US-Schauspielerin«, Life) angelaufen, und es galt allgemein als sicher, daß Bette Davis ohne Schwierigkeiten den Oscar als beste Hauptdarstellerin gewinnen würde.

Als die Nominierungen veröffentlicht wurden, stutzte Hollywood. Wie erwartet fand sich darin zwar Claudette Colbert für *It Happened One Night* (Es geschah in einer Nacht), anstelle von Bette Davis freilich tauchte delikaterweise Norma Shearer auf, die Ehefrau von MGMs zweitmächtigsten Mann, Irving G. Thalberg. Da zudem Harry und Jack Warner öffentlich allen abgeraten hatte, für Bette Davis zu stimmen, fiel der Schluß nicht schwer: Man hatte Bette Davis ganz gezielt und in voller Absicht übergangen.

So laut war der allgemeine Aufschrei in der Branche, daß die Academy am 16. Februar 1935 schließlich eine bis heute einmalige Ausnahme machte. Erstmals brauchten sich die Wähler bei der Endabstimmung nicht an die Nominierungen zu halten, sondern konnten ganz nach Belieben ihren persönlichen Favoriten auf den Stimmzettel eintragen. Doch die Entscheidung kam zu spät: Die meisten Stimmzettel waren zu diesem Zeitpunkt bereits zurückgesandt und ausgezählt worden. Der Oscar ging dann an Claudette Colbert, die so überzeugt von einem Bette-Davis-Sieg gewesen war, daß man sie in Windeseile aus einem Zug holen mußte, um sie rechtzeitig für die Preisverleihung auf die Bühne zu bekommen.

Exakt drei Monate nach diesem denkwürdigen Abend, der auch die Gutgläubigsten von der mangelnden Objektivität der Academy Awards überzeugte, brach dann endgültig das Chaos aus: Am 27. Mai 1935 erklärte das höchste Gericht Amerikas Roosevelts National Recovery Act für verfassungswidrig. Die Studiomogule hatten auf der ganzen Linie verloren, und die neugegründeten Gewerkschaften setzten alles daran, nun auch noch die Institution auszuschalten, die jene mehr als einmal mißbraucht hatten – die Academy of Motion Picture Arts and Sciences: Kaum hatte Frank Capra, der neue Präsident der Academy, unter großen Schwierigkeiten die Finanzierung der nächsten Oscar-Verleihung sichergestellt, als die Gewerkschaften bereits kräftig Stimmung gegen Oscar machten.

Der Coup de grace kam schließlich zwei Tage vor Vergabe der achten Academy Awards: Am 3. März 1936 sandten Paul Muni, James Cagney und Gary Cooper stellvertretend für die gesamte Screen Actors Guild ihrerseits ein Telegramm an ihre Kollegen: »Ihre Produzenten haben Sie vermutlich zur Teilnahme am Academy-Dinner aufgefordert – stop – wir halten das für einen abgesprochenen Versuch, die Leute glauben zu machen, die Gildemitglieder unterstützten die Academy – stop – angesichts der Tatsache, daß die Academy definitiv nicht im Interesse der Gilde handelt, hält es der Vorstand für richtig, daß Sie nicht teilnehmen.«Das Telegramm war perfekt getimt und hätte zweifellos seinen Zweck erfüllt. Doch die Screen Guilds hatten nicht mit der Raffinesse Capras gerechnet. Jener nämlich hatte einen solchen Zug vorausgesehen und kurz zuvor offiziell bekanntgegeben, daß man David Wark Griffith in Anerkennung seinen Lebenswerks bei der achten Oscar-Verleihung mit einem Ehrenoscar auszeichnen würde.

Nur die wenigsten durchschauten den Trick. Zwanzig Jahre waren seit der Veröffentlichung von *Intolerance* ins Land gezogen; seinen letzten Film, das von der Kritik gnadenlos verrissene und schnell aus dem Verleih genommene Trinkermelodram *The Struggle*, hatte der mittlerweile hochverschuldete, von allen großen Studios geschnittene Filmpionier vor fünf Jahren gedreht. So sahen denn die meisten in dem Ehrenoscar wenig mehr als eine späte Wiedergutmachung, einen späten Dank für den unschätzbaren Beitrag Griffiths zur Etablierung des Films als Kunstform des 20. Jahrhunderts.

Genau darauf hatte Capra freilich spekuliert: »Die Academy lag im Sterben«, gestand er später, »und ich war davon überzeugt, daß es um das vor der Tür stehende Academy Award-Bankett ziemlich schlecht stand. Um die Leute anzulocken und die Boykottaufrufe abzublocken, überredeten wir deshalb Griffith, aus dem Ruhestand und der Vergessenheit zurückzukehren und einen Sonderpreis für seine einstigen Leistungen entgegenzunehmen.«

Der Trick funktionierte nicht hundertprozentig, ersparte den Veranstaltern aber doch größere Peinlichkeiten: Zwar weigerte sich Dudley Nichols, ein besonders militantes Mitglied der Autorengewerkschaft, öffentlich, den Oscar für sein Drehbuch zu *The Informer* (Der Verräter, 1935) anzunehmen, zwar blieb die Creme Hollywoods mit wenigen Ausnahmen (darunter Bette Davis, Walt Disney und Victor McLaglen) der Preisverleihung fern, doch die Mittelklasse der Branche, die Starlets und sonstigen schönen Menschen, kamen und füllten den Saal. Mit viel Glück hatte sich Oscar damit eine einjährige Gnadenfrist erkauft.

Das nächste Desaster stand jedoch schon vor der Tür. Bei den Vorbereitungen zur neunten Oscar-Verleihung mußte Capra erkennen, daß es diesmal nicht nur an Geld, sondern auch an Wählern fehlte: Der Mitgliederschwund hatte so alarmierende Ausmaße angenommen, daß eine Abstimmung nur noch eine pure Farce darstellen würde. Schließlich biß der Regisseur in den sauren Apfel, ging zu den Gewerkschaftsführern, bettelte, flehte und rutschte solange vor ihnen auf den Knien, bis sie ihm die Erlaubnis gaben, auch an die Gewerkschaftsmitglieder Stimmzettel versenden zu dürfen.

Am Tage nach der Verleihung ergriff der frustrierte Capra schließlich die Initiative und setzte mit eiserner Faust einige Änderungen in der Satzung durch. Einstimmig beschloß der Vorstand am 5. März 1937, daß sich die Academy in Zukunft vollständig aus Lohnkämpfen und Gewerkschaftsstreitigkeiten heraushalten werde. Der Kampf war endgültig vorüber, drei lange harte Jahre des Wiederaufbaus begannen. Zwar war der unmittelbare Druck gewichen, die Finanzlage aber war prekärer denn je. Die Studios, schon vorher nicht gerade freigiebig, hatten sämtliche Subventionen für die für sie unbrauchbar gewordene Academy gestrichen; siebzehn zahlende Mitglieder waren der klägliche Überrest der einstigen 600. Dennoch wollte Capra das nahelie-

Frank Capra grübelt über die Finanzmisere der Academy

gendste Mittel zur Sanierung der Finanzen – Aufgabe der kost-
spieligen Oscar-Verleihungen – vermeiden. Mit gutem Grund:
Durch die Satzungsänderung war der Academy Award unverse-
hens zum letzten großen Aushängeschild avanciert, das in der
Öffentlichkeit überhaupt noch von der Existenz der einst mit so
hohen Zielen gegründeten und nun zum besseren Filmmuseum
»abgestiegenen« Academy of Motion Picture Arts and Sciences
zeugte.

IV.

Die erste Oscar-Verleihung nach diesem Bruch mit der Vergangenheit verlief angemessen dramatisch: Anfang März 1938 brau-

te sich ein heftiger Sturm über Kalifornien zusammen. Es goß in Strömen, und bald schon waren sämtliche Straßen zwischen Malibu und Beverly Hills überflutet, unpassierbar. Schwierigkeiten, den Saal des Biltmore Hotels − und damit die Kassen der Academy − zu füllen, hatte man dieses Mal zwar keine gehabt; mehr als 1300 Vorbestellungen waren eingegangen. Doch nun sah es so aus, als ob die Verleihung im wahrsten Sinn des Wortes ins Wasser fallen würde. Kein Star würde sich bei diesem Wetter freiwillig mit seiner Limousine durch die kaum passierbaren Straßen durchschlagen und sich dabei womöglich noch die teure Abendgarderobe ruinieren. Schließlich sah sich die Academy gezwungen, die Verleihung um eine Woche zu verschieben.

Liebt man es theatralisch, könnte man sagen, daß die Flut auch den Schmutz der Vergangenheit fortspülte. Im Laufe der nächsten Jahre erhob sich Oscar wie Phönix aus der Asche − neuer, schöner, strahlender. Es waren Jahre, die das Image des Academy Awards für die nächsten Jahrzehnte prägen sollten. Im Gegensatz zu früher fußten die Entscheidungen nun auf einer breiten Basis: Großmütig hatten die Gewerkschaften zugelassen, daß ihre Mitglieder an der Abstimmung teilnahmen, und so kürten in der Nacht des 10. März 1938 statt den knapp 200 Wählern des Vorjahres an die 15000 Academy- und Gilde-Mitglieder William Dieterles *The Life of Emile Zola* (Das Leben des Emile Zola) zum besten Film des Jahres und Luise Rainer zur ersten Schauspielerin, die in ihrer Laufbahn mehr als einen Oscar einheimsen konnte. Der Academy Award, so schien es, hatte an Objektivität und damit auch an Wert und Aussagekraft gewonnen.

In Wahrheit aber tauschte man damit lediglich die Subjektivität einiger weniger gegen die Subjektivität der Masse ein. Gerade weil der Oscar ab jetzt von der gesamten Industrie vergeben wurde, hing er fest in jenem komplizierten Netz der Meinungsmache, das bereits vor der Premiere eines Films dessen Qualitäten festlegte. Der Academy Award hatte vor allem, und hierin liegt wohl der Grund hinter der überraschend schnellen Wiederanerkennung durch Publikum und Industrie, eine bestätigende Funktion angenommen. Häufig geriet er nun zum letzten Steinchen im Mosaik einer großen Filmlegende, ebenso häufig zum letzten Schlag, den man einem »totgeborenen« Film versetzte: eine, wie sich im Laufe der folgenden Jahre zeigen sollte, nicht zu unterschätzende Macht, im Guten wie im Bösen.

Selten hatte beispielsweise ein Filmprojekt die Gemüter derart bewegt wie David O. Selznicks Margaret Mitchell-Verfilmung *Gone with the Wind* (Vom Winde verweht, 1939). Angefangen von der ungewöhnlichen Summe von 50 000 Dollar für die Filmrechte, über die landesweite Suche nach einer geeigneten Scarlett O'Hara bis hin zu den immensen Budget-Problemen prasselten die Schlagzeilen nur so herab, geschickt gesteuert von einer PR-Firma, die Selznick eigens für diesen Zweck angeheuert hatte. Es war ein Werberummel sondergleichen, dessen Wirkung sich niemand, weder Industrie, Kritik noch Publikum, entziehen konnte. Schon lange vor der glanzvollen Premiere am 15. Dezember 1939 handelte jedermann das Bürgerkriegsepos als »größten Film aller Zeiten«.

Als am 29. Februar 1940 die 12. Oscars vergeben wurden, stand der Gewinner daher im Grunde von vornherein fest. Wohl war 1939 für das amerikanische Kino ein ausgesprochen gutes Filmjahr gewesen, ein Jahr voll der späteren Klassiker wie *Mr. Smith*

Hattie McDaniel, hier mit Vivien Leigh, erhielt für ihre Rolle in › Gone with the Wind ‹ (Vom Winde verweht) als erste Farbige einen Oscar für die beste Nebenrolle. Ihre Dankesrede: › Ich hoffe, ich bin meiner Rasse auch weiterhin eine große Ehre. ‹

Goes To Washington (Mr. Smith geht nach Washington), *Ninotchka* (Ninotschka), *Of Mice and Men* (Von Mäusen und Menschen), *Stagecoach* (Höllenfahrt nach Santa Fé). *The Wizard of Oz* (Das zauberhafte Land) und *Wuthering Heights* (Stürmische Höhen). Gegen einen derart geschickt umworbenen Film, der wie kein anderer vor ihm den Inbegriff des Hollywood-Glamours darstellte, verblaßten sie alle. Vor den Toren des Ambassador Hotels bewies *Gone with the Wind* noch ein letztes Mal seinen Status, als eine Horde hysterischer Fans auf Vivien Leigh losstürmte und die Schauspielerin beinahe erdrückte. Drinnen nahm dann alles den erwarteten Verlauf: Mit acht regulären Oscars u.a. für den besten Film, Regie, Drehbuch und die Hauptdarstellerin sowie einem Ehrenoscar für Farbdramaturgie erwies sich *Gone with the Wind* als meistausgezeichneter Film seit Beginn der Oscar-Verleihungen.

Nun wäre es zweifellos falsch zu behaupten, der überragende kommerzielle Erfolg des Films beruhe zum Großteil auf dieser Oscarflut. Die Macht, eine Legende regelrecht zu erschaffen, besaß die goldene Statue nie. Dennoch stellte das Gütesiegel der Academy fraglos das Tüpfelchen auf dem i dar, weniger eine Erschaffung als vielmehr die Zementierung einer großen Filmlegende.

Verkehrte sich diese neue, hier noch eher mit harmlosen Resultaten benutzte Macht des Oscars jedoch einmal ins Gegenteil, konnten dabei durchaus ganze Karrieren zu Grunde gehen: Die größte Leiche im Keller der Academy ist denn auch ein Film, den schon vor seiner Premiere niemand so recht mochte. Durch unabsichtliche oder gezielte Indiskretionen war bereits während den Dreharbeiten durchgesickert, daß sich Orson Welles' fiktive Biographie des Zeitungszaren Charles Foster Kane nur zu deutlich an der Lebensgeschichte von William Randolph Hearst und dessen Lebensgefährtin Marion Davies orientierte. *Citizen Kane* (Citizen Kane) geriet zur Cause célèbre. Während die Dreharbeiten langsam ihrem Ende zugingen, verspritzten die Hearst-Kolumnisten unter Leitung von Louella Parsons beinahe täglich ihr Gift; solange, bis RKO schließlich an Welles herantrat und bat, den eben fertiggestellten Film zurückkaufen und das Negativ vernichten zu dürfen. Doch so leicht gab der nicht auf. Unter erheblichen Schwierigkeiten beraumte RKO schließlich für den 9. April 1941 eine Preview für die new yorker Presse an.

Orson Welles und Joseph Cotten in › Citizen Cane ‹ (Citizen Cane) – wegen Hearsts Attacken verschloß die Academy kollektiv die Augen vor der Genialität dieses Werkes, das seiner Zeit weit voraus war, und speiste Welles mit einem Oscar für das beste Originaldrehbuch ab

Der Rest ist, wie es so schön heißt, Geschichte: »Es war, als ob das Medium Film bis jetzt nur ein schlafendes Ungeheuer war, das ein zorniger junger Mann mit Fußtritten jetzt zum Leben erweckt hat«, lautete eine der zahllosen enthusiastischen Reaktionen auf *Citizen Kane*, der auch heute noch mit schöner Regelmäßigkeit die Abstimmungen über den besten Film aller Zeiten anführt. Doch die Laudatio der zeitgenössischen Filmkritik half nicht gegen die Macht Hearsts. Die wenigsten Zeitungen erklärten sich bereit, Anzeigen für *Citizen Kane* einzurücken, und aus Angst vor zukünftigen Repressionen weigerten sich viele Filmtheater, den Film zu spielen, obwohl sie ihn terminiert hatten. Binnen kurzer Zeit war Orson Welles' Geniestreich so wieder aus den Kinos verschwunden, als Flop gebrandmarkt.

Damit lag es Anfang 1942 in der Hand der Academy, *Citizen Kane* zum verdienten kommerziellen Erfolg zu verhelfen. Ein Oscar als bester Film hätte die Rettung an der Kasse bedeutet, konnte der Gewinner doch bereits damals mit erheblichen Mehreinnahmen rechnen. Die neun Nominierungen aber, die man dem Film zuerkannte, waren nur das Vorspiel der Tragödie: Die Industrie hatte Welles nicht vergeben, und ließ ihn das auch deutlich spüren. Wann immer sein Name am Abend des 26. Februar 1942 verlesen wurde, ertönten Pfeifkonzerte und Buhrufe.

Im weiteren Verlauf der 14. Oscar-Verleihung richtete die Academy dann den Film systematisch zugrunde. Gregg Tolands innovative Kameraarbeit ging ebenso leer aus wie Robert Wises Schnitt, Gary Cooper schlug Orson Welles in der Hauptdarsteller-Kategorie, John Ford erhielt den Regieoscar für *How Green Was My Valley* (Schlagende Wetter). Als dessen vignettenhafte Schilderung des Lebens in einer walisischen Bergarbeiterstadt dann auch noch als bester Film ausgezeichnet wurde, war Welles' Niederlage komplett. Aus neun Nominierungen hatte *Citizen Kane* am Ende nur einen Alibioscar für das beste Originaldrehbuch eingeheimst: Die große Karriere, die die Filmkritik Orson Welles vorausgesagt hatte, war damit im Keim erstickt. Nach einigen weiteren Filmprojekten, bei denen er über Gebühr von kleingeistigen Produzenten behindert wurde, zog sich Welles schließlich immer mehr aus dem Filmgeschäft zurück; heute macht er hauptsächlich Werbung für (schlechten) kalifornischen Wein.

Gone with the Wind und *Citizen Kane* sind vielleicht die besten Beispiele für die Art von Macht, die Oscar in seiner Wiederaufbauphase zwischen 1938 und 1945 erlangen konnte. Daß zu dieser Zeit weder Oscar selbst noch das nach wie vor etwas dubios gehandhabte Auswahlverfahren der Nominierungen näher hinterfragt oder gar kritisiert wurden, lag einerseits natürlich an der weltpolitischen Situation: Spätestens nach dem Eintritt Amerikas in den Zweiten Weltkrieg war für solche Dinge wie »Oscarpolitik« keine Zeit mehr. Andrerseits arbeitete die Academy in diesen Jahren aber auch sehr geschickt daran, den Reiz des Oscars an sich zu steigern. Hatte man bisher noch die Namen der Preisträger – mit einer entsprechenden Sperrfrist versehen – im voraus an die Presse weitergeleitet, änderte sich das mit der 13. Oscar-Verleihung. Um einen ähnlichen Vorfall wie 1940 zu vermeiden, als die Los Angeles Times die Sperrfrist durchbrach und das Geheimnis zu früh preisgab, hielt man ab sofort die Gewinner bis zur eigentlichen Verleihung geheim. Zum Glamour war der Suspense der versiegelten Umschläge gekommen, jene besondere Spannung, die bis heute das Markenzeichen der Academy Awards darstellt; eine Dramatik, die im übrigen auch großen Anklang bei den Radioanstalten fand: Ab 1945 begann ABC damit, die Verleihungen landesweit auszustrahlen, was die Publicityspirale selbstredend nur noch weiter in die Höhe schraubte.

Über kurz oder lang lenkte das freilich auch die Aufmerksamkeit der Studios wieder auf den Oscar. Bald schon wurde die Academy, wie schon vor dem großen Gewerkschaftsstreit Mitte der Dreißiger, wieder beinahe zur Gänze aus Studiomitteln finanziert. Damit allerdings war die nächste Krise so gut wie vorprogrammiert.

V.

Der 2. Weltkrieg hatte die Academy lediglich zu einigen kleineren Konzessionen gezwungen: 1943 wurde William Wylers Propagandastück *Mrs. Miniver* (Mrs. Miniver) zum besten Film des vergangenen Jahres gewählt, die opulenten Oscarbankette waren – zum Teil auch aus Platzgründen – normalen Verleihungsfeierlichkeiten gewichen, und zwischen 1943 und 1945 hatte man wegen der Metallrationierung die goldene Statue vorübergehend durch eine solche aus Gips ersetzt. Im Großen und Ganzen aber gingen die Kriegsjahre relativ spurlos an Oscar vorüber.

In den Nachkriegsjahren jedoch stürzte die Filmindustrie in ihre bis dato größte Krise. Statt für einen Film zu bezahlen, saßen die Amerikaner nun lieber kostenlos vor ihrem neuen Fernsehgerät: Hatte sich 1946 noch als das erfolgreichste Jahr in der Geschichte des Kinos überhaupt erwiesen, war schon zwei Jahre später die

Laurence Olivier als › Henry V‹ (Heinrich V.) – Die Shakespeare-Verfilmung war der erste britische Film, der die amerikanischen Studiobosse um ihre Oscars zittern ließ

Euphorie völlig verflogen, der Zuschauerstrom um ganze 70% zurückgegangen. Auch die Hoffnungen, die man auf den nun wieder zur Verfügung stehenden internationalen Markt gesetzt hatte, hatten sich nicht erfüllt. Extrem hohe Steuern machten den Export amerikanischer Filme ins Ausland gänzlich unrentabel, während im Gegenzug immer mehr ausländische, zunächst vor allem englische Filme auf den Inlandsmarkt drängten und den meist schwächeren einheimischen Produkten die Kundschaft stahlen. Als im Mai 1948 dann noch ein Grundsatzbeschluß des Supreme Court die Monopole der Studios aufbrach, ihnen nicht nur Preisabsprachen und *block-booking* untersagte, sondern sie

Unter den wachsamen Augen von J. Arthur Rank überreicht Jean Hersholt den besten Kamera-Oscar an Guy Green – David Leans › Great Expectations ‹ (Geheimnisvolle Erbschaft) bestätigte erneut die turmhohe Überlegenheit britischer Produktionen

auch von ihren Theaterketten trennte, schien das Ende des klassischen Studiosystems endgültig besiegelt.

In dieser Zeit allgemeiner Weltuntergangsstimmung brachte ein unabhängiges Marktforschungsunternehmen eine folgenschwere Studie heraus, die unter anderem auch den Einfluß des Oscars auf die Einspielergebnisse untersuchte. Das Ergebnis der Analyse verhieß der darbenden Industrie einen letzten Strohhalm: *The Best Years of Our Lives* (Die besten Jahre unseres Lebens, 1946) und *Gentleman's Agreement* (Tabu der Gerechten, 1947), die in den letzten beiden Jahren mit dem Oscar als bester Film ausgezeichnet worden waren, hatten nach ihrem Sieg Mehreinnahmen in Höhe von zwei Millionen Dollar zu verbuchen. Zum ersten Mal war damit der objektive Beweis erbracht, daß der Oscar sich auszahlte, alle PR-Anstrengungen ihr Geld mehr als wert waren. Um so empfindlicher reagierte die Industrie daher auf die Tatsache, daß die britischen Filme drauf und dran waren, neben den Kinos auch den Oscar, dieses ureigenste Kind Hollywoods, zu erobern: 1946 hatte Laurence Oliviers innovative Shakespeare-Verfilmung *Henry V* (Heinrich V) einen Sonderoscar erhalten, ein Jahr darauf sahnten Michael Powells und Emeric Pressburgers *Black Narcissus* (Schwarze Narzisse) sowie David Leans Dickens-Bearbeitung *Great Expectations* (Geheimnisvolle Erbschaft) bereits je zwei reguläre Oscars in technischen Disziplinen ab. Der Zeitpunkt war abzusehen, an dem ein britischer Film den Oscar für den besten Film gewinnen würde.

Als dann 1948 Oliviers zweite Shakespeare-Verfilmung in den Staaten anlief, sah sich die Industrie in ihren schlimmsten Befürchtungen bestätigt: *Hamlet* (Hamlet) ragte turmhoch über der mit Ausnahme von *The Treasure of Sierra Madre* (Der Schatz der Sierra Madre) eher mäßigen einheimischen Konkurrenz, und kein Insider zweifelte ernsthaft daran, daß Oliviers Werk den Oscar als bester Film gewinnen würde.

So heftig brodelte die Gerüchteküche, daß die Bosse der fünf größten Studios kurz vor Weihnachten 1948 eine Krisensitzung anberaumten, bei der ungewohnte Einigkeit unter den Top Five herrschte: Eine Show mit 80 000 Dollar zu finanzieren, die einem *ausländischen* Film zu zwei zusätzlichen Dollarmillionen verhelfen würde, kam auf keinen Fall in Frage. Durch die Blume ließ man durchblicken, daß die Studios im Falle eines Gewinnes von *Hamlet* jegliche Finanzierung zurückziehen würden. Wie hatte doch W. R. Wilkinson, der Herausgeber des Hollywood Reporter, vor knapp einem Jahr so schön geschrieben? »Amerika hat England geholfen, den Krieg zu gewinnen. Aber daß wir ihnen auch noch helfen, unsere Oscars zu gewinnen, muß ja nun wirklich nicht sein.«

Als *Hamlet* dann in der Tat sieben Nominierungen, darunter auch für den besten Film, erhielt, erreichte die Spannung den Siedepunkt. Die Buchmacher führten bereits *Johnny Belinda* (Schweigende Lippen) und *The Snake Pit* (Die Schlangengrube) als haushohe Favoriten, als Academy-Präsident Jean Hersholt völlig unerwartet an die Öffentlichkeit trat und die Studios be-

schuldigte, aus schnödem Kommerzdenken heraus die Integrität
der Academy unterminieren zu wollen. Alles stand wieder offen:
Würden die Academy-Mitglieder Courage beweisen oder eingedenk der Vergangenheit klein beigeben und damit Oscars Zukunft finanziell absichern?
Wider Erwarten entwickelte sich der Abend des 24. März 1949 zu
einem der wenigen wirklichen Glanzpunkte in Oscars langer Geschichte. Ob nun aus Trotz gegen derlei schamlose Manipula-
tionsversuche oder aus tatsächlicher Objektivität – zum großen
Erstaunen der geladenen Gäste wählte die Academy *Hamlet* zum
besten Film des Jahres.
Kurz danach gaben MGM, Paramount, Fox, Warner und RKO
eine gemeinsame Presseerklärung heraus: »Wir beabsichtigen,
den Gedanken einer Preisverleihung für herausragende Leistungen im Film auch in Zukunft moralisch zu unterstützen. Ferner
werden wir auch die ursprüngliche Tätigkeit der Academy of Motion Picture Arts and Sciences weiterhin finanziell unterstützen.
Die Kosten der Oscar-Verleihung aber werden wir ab sofort nicht
mehr tragen. Dieser Schritt beruht nicht auf kommerziellen Er-
wägungen. Tatsache ist, daß er im Gegenteil ganz im Interesse
des Zurückdrängens dieser zunehmenden Kommerzialisierung
unternommen wird. Der künstlerische Standard unserer Branche
hängt nicht von diesem jährlichen Wettbewerb ab. Zudem gibt es
sehr viele Preise, nach denen die kreative Kräfte unserer Branche
streben können.«
Binnen kürzester Zeit schlossen sich auch Universal und Columbia dieser Erklärung an. Es war das Ende von 21 Jahren ständiger
Querelen um die Finanzierung des Academy Awards. Während
sich die Branchenblätter in bewährter Manier auf die Seite der
Produzenten stellten (»Woher hat *Hamlet* überhaupt die Stimmen?«), begrüßte ansonsten fast jedermann diesen Schritt: »Endlich, 21 Jahre nach ihrer Gründung«, schrieb Emmet Lavery im
New Yorker, »trennen sich die Wege der Academy und der großen Hollywood-Studios. Und das Scheiden tut nicht weh. Wun-
dern kann man sich eigentlich nur darüber, daß das Ganze nicht
schon viel früher geschehen ist – am besten gleich zu Anfang.
Dies bedeutet nicht das Ende der Academy, im Gegenteil. Es bedeutet Expansion und Fortentwicklung auf einer unabhängigen
Ebene. Jetzt kann wohl kein Zweifel mehr daran bestehen, daß
die jährlichen Preise auf einer unbeeinflußten Abstimmung

durch 1800 Academy-Mitglieder beruhen. Im reifen Alter von 21 Jahren hat Oscar endlich die Unabhängigkeit seiner Entscheidungen bewiesen.

»Freie Entscheidung oder nicht, das finanzielle Problem wurde damit nicht geringer. Durch Radiowerbung, erhöhte Mitgliedsbeiträge und eine Spendenaktion hielt sich der Academy-Award noch einige Jahre über Wasser, bis dann Ende 1952 schließlich absolut nichts mehr ging. Und doch gab es da noch einen Hoffnungsschimmer: Seit einigen Jahren schon hatte sich eine Entwicklung abgezeichnet, die den Oscar möglicherweise vor dem endgültigen Bankrott retten konnte. Niemand konnte freilich ahnen, daß damit auch ein regelrechter Quantensprung in der Popularität des Academy-Award verbunden war.

VI.

Nach sieben Jahren Fernsehkonkurrenz blieb Hollywood schließlich nichts anderes mehr übrig, als sich dem Unvermeidlichen zu fügen. Entgegen ersten optimistischen Schätzungen war der Reiz des kleinen Bildschirms im Wohnzimmer nicht verflogen, sondern hatte sich im Gegenteil scheinbar noch vergrößert: Allwöchentlich lockten *I Love Lucy* und *Dragnet* Zuschauermassen vor den Fernseher, von denen so mancher Kinofilm nur träumen konnte.

Entsprechend schlecht war die Stimmung in den oberen Etagen der Studios. Die alten Größen der Filmindustrie, darunter Louis B. Mayer, Nicholas Schenck und Darryl Zanuck, dankten freiwillig ab oder wurden vom Vorstand zum Rücktritt aufgefordert; ihre Nachfolger versuchten krampfhaft, der neuen Bedrohung mit technischen Innovationen Herr zu werden, die den kleinen Schirm ausstechen sollten – Cinerama, 3-D, später dann CinemaScope, VistaVision und Todd-AO. Noch scheute Hollywood davor zurück, den neuen Machtapparat Fernsehen für seine Zwecke zu benutzen: Große Filmstars, sofern sie überhaupt in den Talk-Shows auftreten durften, wurden angewiesen, so wenig wie möglich zu sagen. Neidisch hütete man den Glamour, auf den die Fernsehgewaltigen bereits vergeblich ihr Videoauge geworfen hatten.

Folglich richteten sich deren Blicke vor allem auf die Oscar-Verleihungen. Nicht nur, daß sich hier alljährlich ein veritables Feuerwerk von Stars versammelte, zudem war die bislang recht störrische Academy auch in erheblichen Geldschwierigkeiten. Anfang 1953 lag schließlich ein Brief von RCA-Victor, dem Eigentümer von NBC, auf dem Tisch des Academy-Präsidenten Charles Brackett: 100 000 Dollar und die Übernahme aller Nebenkosten für die Übertragungsrechte an der Oscar-Zeremonie. Es war ein Angebot, das die Academy nicht ausschlagen konnte, nicht ausschlagen durfte, sollte es überhaupt eine 25. Oscar-Verleihung geben.

Für Oscar brach damit am 19. März 1953 eine neue Ära an. Vergangen der intime Glamour der Vergangenheit, ab sofort gehörte der Academy Award den TV-Kameras und Koaxialkabeln: Die erste, von Ronald Reagan kommentierte Live-Übertragung einer Oscar-Verleihung erzielte die höchste Einschaltquote seit Einführung des Fernsehens überhaupt. 80 Millionen Zuschauer verfolgten an ihren Bildschirmen, wie Mary Pickford und Gloria Swanson die Preise verteilten, wie Shirley Booth auf dem Weg zum Podest über ihr Kleid stolperte und John Wayne in Vertretung für Gary Cooper dessen Oscar für *High Noon* (Zwölf Uhr mittags) entgegennahm. »First Pix-TV Wedding Big Click«* kommentierte tags darauf Variety in seinem unnachahmlichen Stil die denkwürdige Liaison zwischen den beiden Erzfeinden. Schon ein Jahr später zeigten sich die Auswirkungen. Durch die enormen Einschaltquoten hatte NBC eine Unmenge teurer Werbeaufträge an Land gezogen; so viele, daß diesmal einigen redseligen Gewinnern, darunter William Holden, kurzerhand das Mikro abgeschaltet wurde, um alle Werbespots in den verfügbaren zwei Stunden unterbringen zu können. Die Unterordnung in das strenge Schema einer TV-Dramaturgie war jedoch ein geringer Preis für die unschätzbare Publicity, die der Oscar nun den Gewinnern brachte: Ohne Frage läßt sich darüber spekulieren, ob Frank Sinatras Bilderbuch-Comeback tatsächlich so glanzvoll ausgefallen wäre, hätten nicht 40 Millionen Zuschauer am 25. März 1954 seinen Sieg für *From Here to Eternity* (Verdammt in alle Ewigkeit) miterlebt.

Zum Teil begründete sich das enorme Publikumsinteresse wohl aus der Spannung, die die alljährliche Filmolympiade mit sich

*etwa: »Riesenerfolg für erste Film-TV-Heirat«

*Frank Sinatra und Donna Reed mit ihren Oscars für › From Here to Eternity ‹
(Verdammt in alle Ewigkeit). Und Mercedes McCambridge lächelt dazu . . .*

brachte. (Eingedenk der hohen Einschaltquoten hatte man 1955
versucht, auch die Bekanntgabe der Nominierungen live zu über-
tragen. Doch die Sendung erwies sich als totales Desaster – die
Vorläufe waren eben lange nicht so interessant wie die eigentlichen Finalläufe der Hollywood-Weltmeisterschaft.) Zu dieser
Spannung jedoch kam das Gefühl, mit dem Star auf Du und Du
zu stehen, jene pseudointime Beziehung zu den Stars, wie sie die
Yellow-Press-Zeitschriften schon seit Jahren sehr erfolgreich
vermarkteten. Ihnen gegenüber bot das Fernsehen freilich den
Vorteil der ungefilterten Unmittelbarkeit. Triumph und Nieder-
lagen der Stars erlebte man nun nicht mehr indirekt über Klatsch-
kolumnen und Life-Fotoreportagen mit, sondern hautnah und
direkt am kleinen Schirm im Wohnzimmer: Man war live dabei,
als Hollywood anläßlich die 28. Oscar-Verleihung die künftige
Fürstin von Monaco verabschiedete; gemeinsam mit der Bran-

*Vorhergehende Doppelseite: Oscar Goes Television – der intime Glamour der
Academy-Bankette gehört ab sofort der Vergangenheit an*

che vergab man ein Jahr später der »Ehebrecherin« Ingrid Bergman, die nach acht Jahren im Exil einen Oscar für *Anastasia* (Anastasia) erhielt.

VII.

Unglücklicherweise hatte diese neue Popularität jedoch auch durchaus ihre Schattenseiten: 1952 hatte der Fanatismus des Kalten Kriegs seinen Höhepunkt erreicht, und unter der Ägide McCarthys begann die zweite Phase der berüchtigten Hexenjagden. Hatte man noch kurz zuvor Kim Hunter den Oscar als beste Nebendarstellerin für *A Streetcar Named Desire* (Endstation Sehnsucht) verliehen, obwohl sie zu diesem Zeitpunkt von mehreren Kollegen bereits denunziert worden war, galt es nun, bei der Auswahl der Preisträger etwas vorsichtiger zu Werke zu gehen. Dem ganzen Land einen strahlenden Sieger zu präsentieren, der vielleicht erst vor kurzem vom wiedererstarkten HUAC, dem »Untersuchungsausschuß für unamerikanische Umtriebe«, als Verbrecher und Kommunist gebrandmarkt worden war, ging ab sofort nicht mehr an.

In welchem Ausmaß das Fernsehen Oscar in dieser Richtung sensibilisierte, zeigt sich am deutlichsten an den Reaktionen der Academy auf die ominöse Schwarze Liste. Solange jene recht effizient die »kommunistische Unterwanderung« der Filmindustrie verhinderte, bestand für einen entsprechenden Passus keine Notwendigkeit*. Als jedoch die Karriere McCarthys ihrem Ende entgegenging, die Schwarze Liste immer durchlässiger wurde, begannen die Probleme.

1956 hatte Michael Wilson das Drehbuch zu William Wylers *Friendly Persuasion* (Lockende Versuchung) verfaßt, einem Film, der das moralische Dilemma einer Quäkerfamilie angesichts des ausbrechenden Bürgerkriegs behandelte. Wilson hatte an dem »Hollywood Ten«-Verteidigungsfilm *Salt of the Earth* (Salz der Erde, 1953) mitgearbeitet, stand seit drei Jahren auf der

---

* Dennoch glückte es einigen, durch die Maschen zu schlüpfen. Hartnäckig hält sich das Gerücht, daß Ian McLellan Hunter, der 1954 den Oscar für die Vorlage zu *Roman Holiday* (Ein Herz und eine Krone) erhalten hatte, nur ein Strohmann für Dalton Trumbo gewesen sei.

Schwarzen Liste und wurde deshalb im Vorspann von Wylers Film nicht genannt, galt jedoch innerhalb der Autoren-Gilde der Academy bereits als sicherer Anwärter für einen Oscar.

Gerüchte wie diese verursachten Oscars letzte aktive Einmischung in die Innenpolitik. In Windeseile verabschiedete der Academy-Vorstand am 6. Februar 1957 eine Satzungsänderung, die solchen Spekulationen den Boden entziehen sollte: »Jedermann, der vor einem ordentlichen Bundesausschuß zugegeben hat, ein Mitglied der Kommunistischen Partei zu sein (und seitdem nicht öffentlich der Partei abgeschworen hat), oder der sich geweigert hat, die Frage zu beantworten, ob er ein Mitglied der Kommunistischen Partei sei oder war, oder der sich geweigert hat, einer Vorladung vor einen solchen Ausschuß Folge zu leisten, kann solange nicht für einen Academy Award in Betracht gezogen werden, wie er seine Weigerung aufrecht erhält.«

Das neue Gesetz trat mit sofortiger Wirkung in Kraft. Damit fand sich zwar *Friendly Persuasion* unter den fünf für das beste Drehbuch nominierten Filmen, nicht jedoch Michael Wilson, dessen Name aus den offiziellen Verlautbarungen gestrichen wurde.

Es dauerte indessen gar nicht lange, bis sich der von Anfang an sehr fragwürdige, weil kaum durchsetzbare Passus selbst ad absurdum führte. Als am 27. März 1957 die Oscars zum 29. Mal vergeben wurden, hieß der Preisträger für die beste Storyvorlage Robert Rich für *The Brave One* (Roter Staub), Irving Rappers rührseliger Geschichte eines Jungen auf der Suche nach seinem geliebten Stier. Was an diesem Abend noch keiner wußte: Einen Robert Rich gab es gar nicht, der Name war lediglich ein Pseudonym für Dalton Trumbo, eines der prominentesten Opfer der Schwarzen Liste.

Eine Farce entwickelte sich, wie sie kein Drehbuchautor besser ersinnen könnte: Kaum war der Name verlesen, als die Spotlights Jesse Lasky jr. entdeckten, der sich anschickte, den Preis für »Robert Rich« anzunehmen. Lasky murmelte einige Worte, wonach sein guter Freund Robert gerade das Resultat eines anderen kreativen Prozesses abwarte, und verschwand wieder von der Bühne. Bis dahin noch nichts Ungewöhnliches, abwesende Preisträger waren mittlerweile gang und gäbe.

Der echte Skandal entbrannte tags darauf, als die Writer's Guild zu ihrer Verblüffung entdeckte, daß sie gar keinen Robert Rich in ihren Akten hatte. Eine großangelegte Suche nach dem mysteriö-

Zwanzig Jahre nach der Robert Rich-Affäre erhält der inzwischen todkranke Dalton Trumbo endlich von Academy-Präsident Walter Mirisch seinen Oscar für ›The Brave One‹ (Roter Staub)

sen Wunderkind endete ohne jedes Resultat. Das Skript war über eine renommierte Agentur gekommen, RKO hatte ordnungsgemäß dafür bezahlt und den Film gedreht – mehr wußte keiner. Kurz danach verschwand der Oscar wieder im Keller der Academy, Robert Richs Name wurde aus den Akten gestrichen und geriet langsam in Vergessenheit.

Hatten in diesem Fall nur wenige Insider über die wahre Identität Robert Richs Bescheid gewußt – Dalton Trumbo meldete sich erst 1975 zu Wort und nahm seinen Oscar mit fast zwanzigjähriger Verspätung in Empfang –, war es ein Jahr später schon ein offenes Geheimnis, wer wirklich hinter Pierre Boulle, dem oscargekrönten »Drehbuchautor« von *Bridge on the River Kwai* (Die Brücke am Kwai), stand: Carl Foreman und Michael Wilson, beide auf der Schwarzen Liste, beide durch den antikommunisti-

schen, mittlerweile etwas anachronistischen Passus gewissermaßen um ihren Oscar betrogen.

Nachdem im Laufe des Jahres 1958 bereits mehrfach Protest laut-
geworden war, brachte *The Defiant Ones* (Flucht in Ketten) den
Passus schließlich endgültig zu Fall. Stanley Kramers Film war
von zwei Autoren verfaßt worden, Harold Jacob Smith und Nathan E. Douglas, ein Pseudonym für Nedrick Young. Smith hatte,
was den »Ausschuß für unamerikanische Umtriebe« betraf, keine Vergangenheit, konnte also ohne weiteres für einen Oscar vorgeschlagen werden. Nedrick Young aber hatte sich 1953 auf den
Fünften Zusatzartikel berufen, stand deshalb auf der Schwarzen
Liste und war damit gemäß den Statuten nicht nominierbar. Damit befand sich die Academy in einer Zwickmühle, galt es doch
in der gesamten Branche als sicher, daß Kramers intelligente Ab-
handlung der Rassenfrage einen Oscar für das beste Originaldrehbuch erhalten würde. Der einzige Ausweg – einer Hälfte des
Teams einen Academy Award zu verleihen und die andere leer
ausgehen zu lassen – hätte die 31. Oscar-Verleihung zu einer ausgesprochen peinlichen Angelegenheit werden lassen.

Am 12. Januar 1959, sechs Wochen vor der Bekanntgabe der Nominierungen, zog der Academy-Vorstand schließlich die Konsequenzen und erklärte die Regel für »undurchführbar und prak-
tisch nicht anwend- und durchsetzbar«. In Zukunft, so hieß in
dem Statement weiter, »sollte Oscar einfach nur noch Leistungen
ganz ohne Berücksichtigung irgendwelcher Zwänge und Not-
wendigkeiten ehren«.

Um diese schöne Absichtserklärung in der Folge aber auch reali-
sieren zu können, war die Macht des Oscar als Publicitymaschine
inzwischen zu groß geworden.

VIII.

Dank John Wayne begann 1960 für Oscar ein neuer Abschnitt
seiner Geschichte. *The Alamo*, ein patriotische Epos über Davy
Crockett und andere texanische Helden, war beim Start auf eher
laue Reaktionen gestoßen, was den Hauptdarsteller, Regisseur
und Produzenten John Wayne, der den Film zum großen Teil aus
privatem Kapital finanziert hatte, natürlich ärgerte. Um seinem
Werk dennoch die seiner Meinung nach wohlverdiente Ehre zu-

teil werden zu lassen, konzentrierte der Duke daher seine gesamte Energie darauf, *The Alamo* zu diversen Oscars zu verhelfen. Gleichzeitig aber war Wayne lange genug in der Branche, um zu wissen, daß sein Film gegen Meisterwerke wie *Psycho* (Psycho) oder *Spartacus* (Spartacus) kaum den Hauch einer Chance hatte. Doch dem ließ sich abhelfen: Mit der Unterstützung des Werbefachmanns Russell Birdwell startete Wayne eine in diesem Ausmaß noch nie dagewesene, ganz gezielt auf die Academy-Mitglieder gerichtete PR-Kampagne.

Die Schlacht begann mit einem opulenten Presseheft und einer Flut von Anzeigen, die in epischer Breite die Vorzüge dieses »wichtigsten Films aller Zeiten« herausstellten. Als man bald darauf bereits öffentlich über diese Taktik zu lachen begann, stellte

Sidney Poitier und Tony Curtis in ›The Defiant Ones‹ (Flucht in Ketten), jenem Film, der die lächerliche Antikommunisten-Regel endgültig zu Fall brachte. In den Akten der Academy wird Drehbuch-Co-Autor Ned Young allerdings noch heute unter seinem Pseudonym Nathan E. Douglas geführt

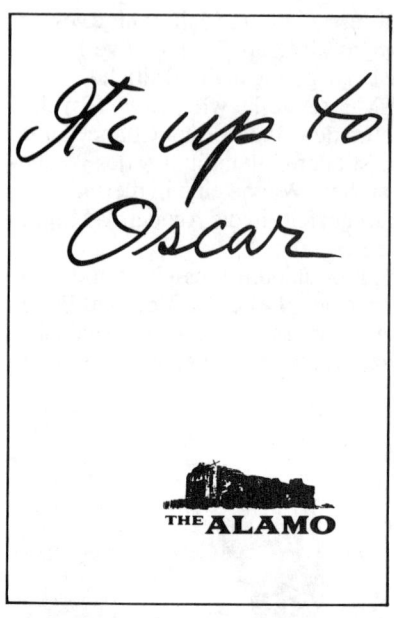

Birdwell seinen PR-Plan um und arbeitete ab sofort den patriotischen Aspekt des Films heraus. Die Anzeigen waren auf Konfrontation angelegt (»Wenn Sie nicht für *The Alamo* stimmen, sind Sie kein guter Amerikaner«), und es dauerte gar nicht lange, bis einige liberale Blätter den Fall aufgriffen. »Man kann ein guter Amerikaner sein«, konterte Dick Williams, der Feuilleton-Redakteur des Los Angeles Mirror, »und *The Alamo* trotzdem für einen mittelmäßigen Film halten«. Darauf hatten Birdwell und Wayne freilich nur gewartet. Kurzerhand verdoppelten sie ihre Anstrengungen: Schenkte man nun den neuen Anzeigen Glauben, hatte sogar der liebe Gott Gefallen an dem Film gefunden, war der Oscar nun der einzige, der ein großes Unrecht verhüten konnte.

Als die Nominierungen schließlich bekanntgegeben wurden, zeigte sich leider nur zu deutlich, daß die 150000 Dollar teure PR-Kampagne ihren Zweck erfüllt hatte. *The Alamo* hatte sieben Nominierungen erhalten, darunter auch für den »besten Film«. Obwohl der Film am Ende dann nur den Oscar für den besten

Ton tatsächlich erhielt, merkten die Studios auf: Die Wirklichkeit der beginnenden Sechziger hatte die düsteren Prognosen der
Fünfziger eher noch übertroffen. Notgedrungen verbündeten
sich jetzt die meisten, hart am Rande des Ruins stehenden Studios mit ihrem einstigen Konkurrenten, verkauften ihren Film-

53

stock zu Wucherpreisen an das Fernsehen oder machten eigene TV-Abteilungen auf. Zu allem Ärger liefen daneben auch noch die Billigproduktionen der kleinen unabhängigen Studios, allen voran »American International Pictures«, den groß budgetierten Epen der *majors* den Rang ab. Über teuren Flops wie dem Multimillionen-Remake *Mutiny on the Bounty* (Meuterei auf der Bounty, 1962) stürzten nicht nur Management-Etagen, sondern mitunter auch ganze Studios. Dennoch hatte Hollywood noch nicht wirklich die Konsequenzen aus der desolaten Situation gezogen: Statt sich den Zeichen der Zeit anzupassen, potenzierte man die PR-Anstrengungen, versuchte man mit immer raffinierteren Mitteln die Leute in jene Filme zu locken, die angesichts neuerer Entwicklungen mittlerweile hoffnungslos veraltet schienen.

Einer dieser Mittel zum Zweck war der Oscar, der in einer einzigen Nacht ein größeres Publikum erreichte als alle Anzeigen und Talkshows zusammengenommen.

Manipulierbar war die Oscarwahl aufgrund des scheinbar so narrensicheren Vorzugswahlverfahrens schon immer gewesen. Wollte z.B. ein Studioboß gleichzeitig seinem Film zur Nomination verhelfen und einen ernstzunehmenden Konkurrenten aus einem anderen Studio aus dem Felde schlagen, mußte er seine Untergebenen lediglich instruieren, den Hausfavoriten auf Platz 1 zu setzen und die Plätze darunter mit relativ indiskutablen Filmen auszufüllen.* Neu war der Gedanke, die goldene Statue als Publicitywaffe einzusetzen, also ganz sicher nicht. Dennoch machte erst die beispiellose Kampagne für *The Alamo* den Verantwortlichen die wahren Manipulationsmöglichkeiten klar.

Ein Paradebeispiel für derlei Manipulationen, ein abschreckendes Beispiel auch für die aus solchen Beeinflussungen resultierenden Wechselwirkungen ist zweifellos die 20th Century-Fox. Nach dem unerwarteten Kassenerfolg von Robert Wises *The Sound of Music* (Meine Lieder – meine Träume, 1965), der dann

---

* Mitunter brachte dieses System freilich auch unliebsame Nebenwirkungen mit sich: Wenn sich genügend viele Studios auf denselben »schwachen« Film einigten, konnte es durchaus vorkommen, daß dieser Film, der normalerweise nie eine Chance gehabt hätte, urplötzlich unter den Nominierungen auftauchte: Doris Days Nominierung für *Pillow Talk* (Bettgeflüster, 1959) wäre etwa ein Beispiel.

auch mit fünf Oscars honoriert worden war, schwor man dort plötzlich auf Musicals, ein Genre, dessen große Zeit im Grunde schon längst vergangen war, das es nun jedoch erneut zu einer kurzen Blüte brachte. Da die Nachzieher in der Regel freilich lange nicht so gut waren, genügte es nicht mehr, den etwaigen Erfolg per Oscar zu zementieren: *Dr. Dolittle* (Dr. Dolittle, 1967), *Star!* (Star, 1968), *Hello, Dolly!* (Hello, Dolly!, 1969) und andere, das war allen klar, brauchten einen Oscar, wollte das Studio überhaupt aus den roten Zahlen kommen.

Barbra Streisand in › Hello, Dolly ‹ (Hello, Dolly) – einem jener flauen, überteuerten Musicals, bei denen die 20th Century-Fox alles für eine Oscar-Nominierung zu tun bereit war

Entsprechend intensiv verliefen die PR-Bemühungen. Zu den Sondervorführungen von *Dr. Dolittle* etwa, die die Fox für einzelne Academy-Mitglieder veranstaltete, reichte man Champagner und tischte ein riesigen Buffet voll Kaviar und anderen Leckereien auf: »Wir erkannten, daß uns teure Anzeigen diesmal nicht helfen würden«, erinnert sich ein Pressemann der Fox, »die ganze Stadt zerriß sich bereits das Maul darüber, wie schlecht der Film war. Also überzogen wir das Budget gewaltig und kauften teure Tournedos und importierten Champagner. Danach zeigten wir dann den Film. Die Wähler haben ihn gewissermaßen durch eine sektfarbene Brille gesehen.«

Dennoch gingen solche Rechnungen nie wirklich auf. Wohl heimsten die Filme auf diese Weise oft erstaunlich viele Nominierungen ein, den Oscar selbst aber gewannen sie nur äußerst selten. Die Folge waren denn auch in der Regel katastrophal, zumindest für die Fox, die sich mehr als alle anderen Studios auf dieses Rezept verlassen hatte: 1969 war das Studio beinahe bankrott. Und auch dem Image des Oscars schadeten solche Manipulationen in gewisser Weise: Denn obwohl nur selten ein wirklich schwacher Film den Oscar erhielt, was man wiederum der Academy zugute halten muß, hatte derlei Praktiken doch den Nebeneffekt, daß andere, bessere Filme einfach vorzeitig aus dem Rennen um die Nominierungen geworfen wurden.

Als Folge davon gingen die Sechziger hauptsächlich als Dekade teilweise grotesker Fehlentscheidungen in die Geschichtsbücher der Academy ein. Dies alleine den PR-Maßnahmen zuschreiben zu wollen, wäre indes nicht ganz richtig. Das Durchschnittsalter der Wähler hatte sich deutlich nach oben verschoben, der Großteil unter ihnen hatte Hollywoods goldenes Zeitalter aktiv mitgeformt, war nur zu gerne bereit zu glauben, was ihnen da eingetrichtert wurde: Für die alte Garde war die goldene Statue Symbol vergangener Größe und zugleich letztes Mittel, das alte vertraute Hollywood zu erhalten, eine letzte Bastion gegen den Ansturm der »neuen Welle«. Während der Autorenfilm auf der ganzen Welt seinen Siegeszug hielt, Rebellion die Tradition ablöste, feierte Opas Kino jedes Jahr zur Oscarnacht aufs Neue jene Triumphe, die ihm ansonsten schon längst verwehrt blieben. Wann immer im Rennen um den besten Film Vergangenheit und Gegenwart aufeinanderprallten, konnte man in der Regel über den Gewinner sicher sein: George Cukors aufwendiges,

Sidney Poitier mit seinem Oscar für › Lilies of the Field ‹ (Lilien auf dem Fel-de, 1963) – Poitier ist bis heute der einzige Farbige, der für eine Hauptrolle mit einem Academy Award ausgezeichnet wurde

aber bereits damals antiquiert wirkendes Musical *My Fair Lady* (My Fair Lady, 1964) triumphierte über Kubricks brilliante Satire

Dr. Strangelove (Dr. Seltsam, 1964), Zinnemanns Kostümdrama *A Man for All Seasons* (Ein Mann zu jeder Jahreszeit, 1966) über Antonionis *Blow-Up* (Blow Up, 1966).

Die Zeit freilich blieb deshalb nicht stehen, und bald schon zeichnete sich eines immer deutlicher ab: Oscar, oder besser die Academy, brauchte eine Verjüngungskur, wollte er weiterhin als Repräsentant der Industrie ernstgenommen werden.

IX.

Im Juni 1967 wählte der Vorstand der Academy den Schauspieler Gregory Peck zum neuen Präsidenten. Hatte seinem Vorläufer Arthur Freed, einem Produzenten der alten Garde, nichts ferner gelegen, als der Überalterung der Academy entgegenzutreten, erkannte der 22 Jahre jüngere Peck das Problem nur zu klar: Hartnäckig förderte er im Laufe der nächsten Jahre den Zustrom junger Talente, ebenso hartnäckig trat er dafür ein, daß ältere Academy-Mitglieder, die seit Jahren nicht mehr in der Branche tätig waren, ab sofort nurmehr als passive, d.h. nicht wahlberechtigte Mitglieder geführt wurden.

Es war ein langwieriger Prozeß, dem vor seinem Abschluß noch diverse innovative Filme zum Opfer fallen sollten, die heute längst als Klassiker gelten: Mike Nichols' *The Graduate* (Die Reifeprüfung, 1967), den ersten wirklich populären Vertreter des New-Hollywood-Kinos, ignorierte man ebenso wie Arthur Penns gewalttätigen *Bonnie and Clyde* (Bonnie und Clyde, 1967), der Ästhetik und Inhalt des Gangsterfilms mit großem Erfolg radikal umdefinierte. Ein Jahr später überging die Academy Stanley Kubricks *2001: A Space Odyssey* (2001: Odyssee im Weltraum), fraglos der beste Film des Jahres 1968, wenn nicht sogar des ganzen Jahrzehnts, zugunsten von Carol Reeds *Oliver!* (Oliver), einem überproduzierten Musical von altem Schrot und Korn.

Bereits im Jahr darauf aber zeitigte Pecks Verjüngungskur den ersten kleineren Erfolg. Noch hatte zwar die Jugend die Herrschaft nicht völlig an sich gerissen, noch war Oscar nicht reif für einen Film wie *Easy Rider* (Easy Rider). Dennoch gab es eine gelinde Überraschung: Erstmals hatte die Academy einen gegenwartsbezogenen, noch dazu recht düsteren Film, John Schlesingers *Midnight Cowboy* (Asphalt-Cowboy), jenen opulenten Kostümdramen wie *Anne of the Thousand Days* (Königin für tausend Tage) oder *Hello, Dolly!* vorgezogen, die noch vor einem Jahr bei den Wählern sehr en vogue waren.

Fraglos hatte die aktuelle Entwicklung zu diesem plötzlichen Sinneswandel beigetragen: Spätestens seitdem *Easy Rider* die kommerzielle Zugkraft des New Hollywood unter Beweis gestellt hatte, stürzte sich die gesamte Branche förmlich auf den neuen Markt. Dennoch wäre der Wechsel wohl kaum so leicht über die Bühne gegangen, hätte Peck nicht zuvor den Grundstein gelegt. Binnen zwei Jahren änderte sich das Wählerverhalten mit einer für Oscar ungewohnten Schnelligkeit: Nun lauerte man förmlich auf jede Chance, die Schatten der Vergangenheit abzuwerfen, das Image des Oscars aufzupolieren und sich solidarisch mit den neuen *movie brats* zu stellen.

Die erste Gelegenheit ließ nicht lange auf sich warten: Zwei Tage, nachdem die abschließenden Stimmzettel für 1970 abgesandt waren, wandte sich George C. Scott an die Associated Press. »Die Oscar-Show ist eine Fleischbeschau«, meinte der für seine Leistung in *Patton* (Patton – Rebell in Uniform) nominierte Schauspieler. »Das Leben ist kein Wettrennen. Es ist ein einziger Kampf ums Überleben und es gibt einige, die dabei auf der Strecke bleiben. Und eben weil es kein Wettrennen ist, betrachte ich mich auch nicht als Konkurrent meiner Kollegen, was Auszeichnungen oder Anerkennung angeht. Deshalb lehne ich meine Nominierung für *Patton* ab.«

Es war nicht das erste Mal, daß Scott in aller Öffentlichkeit den Oscar ablehnte. Ähnlich hatte er 1961 reagiert, als er für *The Hustler* (Haie der Großstadt) nominiert worden war. »Nominierungen und Oscars gelten Leistungen auf der Leinwand«, antwortete die Academy auch diesmal in einem offiziellen Statement, »also kann die dafür verantwortliche Person auch nicht die Nominierung ablehnen. Es ist die Arbeit, die wir honorieren, nicht die Person an sich.« Damals freilich hatte die Academy den Wink verstanden und George Chakiris den Oscar als bester Nebendarsteller zuerkannt. Diesmal jedoch lag die Situation anders: Man brauchte ein kleines Symbol für den neuen Geist des Oscars, ein kleines Skandälchen, das andeutete, daß die Academy in Zukunft auch vor unbequemen Entscheidungen nicht zurückschrecken würde.

Der Oscar für George C. Scott markiert den endgültigen Um-

Gesichter aus Oscars rebellischer Dekade – George C. Scott (links) und Sacheen Littlefeather (rechts)

schlag des Pendels, das sich nun anschickte, ebenso weit in die andere Richtung auszuschlagen. Ebenso intensiv, wie sie in den Sechzigern als Bewahrer des konservativen Kinos eingesetzt worden war, fungierte die goldene Statue ab sofort als Instrument zur Verbreitung liberalpolitischer Ansichten. Binnen kürzester Zeit gewann der Oscar damit jenen radikalen Chic, der seine Geschichte in den Siebzigern zu einer ereignisreichen Skandalchronik machte.

Ohne Zweifel inspiriert von George C. Scott sandte Marlon Brando zwei Jahre später eine angebliche Indianerin, Sacheen Littlefeather*, mit einer fünf Seiten langen Rede auf die Bühne, in der er den Oscar für *The Godfather* (Der Pate, 1972) mit der Begründung ablehnte, Amerika und insbesondere Hollywood würde das indianische Volk diskriminieren.

Brandos Statement schlug wie eine Bombe ein. Tags darauf schäumte die Presse über von Artikeln, die sich über die neue Rolle des Oscars mokierten. »Was Marlon Brando da getan hat, könnte den Tod des Oscar, so wie wir ihn kennen, bedeuten«, schäumte Rona Barrett in ihrer Sendung *Good Morning America*. »Vielleicht sollte man in Zukunft nur noch Nominierungen und keine Preise mehr verteilen, damit sich nie wieder ein Gewinner so mächtig fühlt, um die Anerkennung so zu mißbrauchen wie Brando es getan hat.«

Der Vorstand der Academy jedoch, der in maßloser Unterschätzung der Lage diese zunehmende Politisierung des Oscars heraufbeschworen hatte, stand solchem Mißbrauch relativ hilflos gegenüber. Den Gewinnern den Mund zu verbieten, ging nicht an; was blieb, waren lediglich Appelle an die Betroffenen, die Show nicht als Podiumsdiskussion auszunützen. Doch Pandoras Politbüchse war geöffnet worden, und nur zu schnell hatten entsprechend engagierte Künstler die Publicitymöglichkeiten erkannt, die sich ihnen hier boten. Bedingt durch die stetig zunehmende innen- wie außenpolitische Unsicherheit der USA gingen die Erklärungen bald schon in regelrechte Kontroversen über, die gelegentlich sogar live ausgefochten wurden.

1975 verlas der Gewinner für den besten Dokumentarfilm, einer

---

* Wenig später wurde Sacheen Littlefeather als eine gewisse Maria Cruz entlarvt, eine kalifornische Gelegenheitsschauspielerin und ehemalige Miss Vampira.

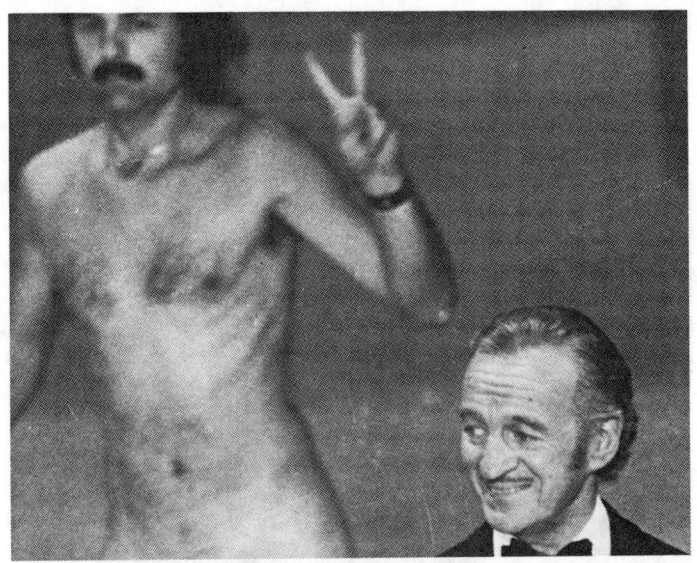

› Ist es nicht faszinierend, daß der einzige Lacher, den dieser Mann in seinem Leben je ernten wird, davon herrührt, daß er sich auszieht und allen seine Mängel zeigt? ‹ (David Nivens Kommentar zu Bob Opel, der 1974 nackt über die Bühne flitzte).

Vietnam-Anklage mit dem Titel *Hearts and Minds,* neben den üblichen Danksagungen auch noch ein kleines Telegramm aus Hanoi:»Vielen Dank, Amerika«, bekamen die 200 Millionen Zuschauer zu hören.»Vielen Dank für die Befreiung Südvietnams.« Kurz danach trat Frank Sinatra, seit kurzem glühender Verfechter der republikanischen Sache, in seiner Eigenschaft als Zeremonienmeister auf die Bühne und verlas seinerseits mit zornrotem Kopf die folgende, von TV-Produzent Howard W. Koch abgesegnete Erklärung:»Für die politischen Kommentare dieses Abends sind wir nicht verantwortlich. Und es tut uns leid, daß es überhaupt dazu kommen konnte.«

Dafür freilich war es viel zu spät, wie die Nacht des 3. April 1978 besonders drastisch demonstrierte: Diesmal hatte man der durch ihren antizionistischen Film *The Palestinians* bekanntgewordenen Vanessa Redgrave einen Oscar als beste Nebendarstellerin

John Travolta lächelt zwar, doch Vanessa Redgrave, Gewinnerin für › Julia ‹ (Julia), sieht etwas betreten drein. Kein Wunder, werden vor den Toren doch gerade Puppen mit ihrem Namen verbrannt.

zuerkannt. So endete, was als groß aufgezogene Feier zu Oscars 50. Geburtstag begann, denn bald schon in Proteststürmen sondergleichen.

Während die »Jewish Defense League« vor den Türen des Dorothy Chandler Pavillons Redgrave-Puppen mit der Aufschrift »Vanessa ist eine Mörderin« verbrannte und der »Palestine Arab Fund« mit den Schildern wie »Zionismus ist Rassismus« konterte, wurde der sorgsam hochgezüchtete Glamour auch drinnen restlos von der Politik überwältigt: Kaum auf der Bühnen angekommen, dankte Vanessa Redgrave auch schon allen, die sich nicht von den Zionisten, deren Verhalten eine Schande für alle Juden auf der ganzen Welt sei, hätten einschüchtern lassen. (Worauf sie Paddy Chayefsky in seiner Dankesrede wiederum kurz und knapp mit den Worten herunterputzte, daß ihr Oscar nichts besonderes sei und ein einfaches »Danke schön« genügt hätte.) Wie als Antwort auf solche Aktionen statuierte man gleich ein Jahr drauf ein letztes Exempel, indem man zwei Vietnam-Anklagen, *The Deer Hunter* (Die durch die Hölle gehen) und *Coming Home* (Coming Home – sie kehren heim), die wichtigsten Preise zuerkannte.

Es war sowohl der Höhepunkt als auch das Ende von Oscars politischer Dekade. Als die nächsten Academy Awards vergeben wurden, hatte sich ein neues Selbstwertgefühl im Lande breitgemacht, das derlei Kontroversen schlichtweg den Boden entzog.

X.

Mit der Geiselnahme in Teheran hatte sich der blauäugige Zweckoptimismus, mit dem Jimmy Carter 1976 zur Reparatur der Vietnam- und Watergate-Schäden angetreten war, endgültig ad absurdum geführt. Binnen kürzester Zeit wich der Drang zur Nestbeschmutzung der Rückkehr zu einer Politik der Stärke, einem neuen Konservatismus, der dem republikanischen Präsidentschaftskandidaten Ronald Reagan Ende 1979 zu einem Erdrutschsieg über seinen Gegner verhalf.

Eine derartig prägnante Wende konnte natürlich nicht ohne Einfluß auf Filmindustrie und Academy bleiben: Hatte man noch am 9. April 1979 Michael Ciminos *The Deer Hunter* zum »besten Film« gekrönt, überging man bereits ein Jahr darauf Coppolas *Apocalypse Now* (Apocalypse Now) zugunsten des Scheidungsdramas *Kramer vs. Kramer* (Kramer gegen Kramer). Im November 1980 signalisierte der Multimillionen-Flop *Heaven's Gate* (Heaven's Gate) dann das endgültige kommerzielle Ende des New Hollywood und seiner unbequem gewordenen Themen.

Ein passender Ersatz jedoch war, dank George Lucas und Steven Spielberg, die Ende der Siebziger hier als Wegbereiter fungiert hatten, schnell gefunden. Als Antwort auf die inzwischen hereingebrochenen Medienrevolution setzte Hollywood auf das überdimensionale Comic-Abenteuer, verlegte sich ab sofort auf eine Art von Kino, die sich vielleicht am besten mit den Schlagworten Neomythologie, Werbespot-Ästhetik, Überwältigungsdramaturgie oder Fortsetzungs- und Kopiersucht umschreiben läßt. Und der außerordentliche Erfolg legitimierte das Rezept nur allzu schnell: Technisch perfekte und zumeist auch recht unterhaltsame Neuzeitmärchen wie *E. T. – The Extra-Terrestrial* (E. T. – Der

Der Star von morgen – eine Maschine mit Einsteins Augen und Bambis Knubbelnäschen. › E. T.‹ hätte den Oscar als »bester Film« gewonnen und dem neomythologischen Film zum Durchbruch bei den Academy-Wählern verholfen, wenn Spielbergs Rührstück nicht so erfolgreich und das Thema seines Konkurrenten › Gandhi ‹ nicht gerade so aktuell gewesen wäre.

› Watch Out! The British Are Coming! ‹ Hugh Hudson (rechts) und David Puttnam, der Produzent des oscargekrönten Films › Chariots of Fire ‹ (Die Stunde des Siegers). In den Achtzigern freilich war der frühere Chauvinismus amerikanischer Produzenten weitgehend abgeklungen. Woher ein Film nun kam, war den meisten egal. Hauptsache, er hatte kein allzu kontroverses Thema.

Außerirdische, 1982), *Raiders of the Lost Ark* (Jäger des verlorenen Schatzes, 1981) oder *Flashdance* (Flashdance, 1983) ließen die amerikanische Filmindustrie der Achtziger von einem Einspielrekord zum nächsten taumeln.

Für Oscar, der sich seit jeher als Spiegel amerikanischen Filmschaffens verstanden wissen wollte, bedeutet dieser schier unaufhaltsame Siegeszug des neomythologischen Films heute vielleicht das größte Problem. Sieht man einmal von ihren technischen Qualitäten ab, für die sie auch regelmäßig ausgezeichnet werden, können Filme wie *Return of the Jedi* (Die Rückkehr der Jedi-Ritter, 1983) wohl kaum als oscarwürdig bezeichnet werden.

Alternativen aber gibt es immer weniger: *Ordinary People* (Eine ganz normale Familie), *Chariots of Fire* (Die Stunde des Siegers) oder *Terms of Endearment* (Zeit der Zärtlichkeit) – die Preisträger der letzten Jahre – bieten zwar gehobene, durchaus preiswürdige Unterhaltung, sind aber keineswegs repräsentativ für das Kino der Gegenwart.

Inzwischen sind die Resultate dieses Abnabelungsprozesses bereits deutlich spürbar. Die Einschaltquoten der Live-Übertragungen sind um fast ein Drittel zurückgegangen, und auch ein Academy Award für den besten Film bedeutet heute nicht mehr automatisch den ganz großen weltweiten Kassenerfolg. Es bleibt abzuwarten, ob sich Oscar schließlich, wie gehabt, dem neuen Trend fügt oder ob er sich im Alter noch zum einsamen Verfechter klassischer Kinokultur gegen einen Anstrum belangloser Comicfilme aufschwingt. Wie auch immer, der neomythologische Film ist weder die erste Herausforderung in Oscars langer Karriere, noch dürfte er die letzte sein. Die Geschichte der goldenen Statue ist noch lange nicht zu Ende geschrieben.

Daten aus 66 Oscarnächten

»Und glauben Sie's mir: Der nervöse Typ, der da den Oscar für den besten Schwarzweiß-Kurzfilm annimmt, der Typ, den Sie in Ihrem Wohnzimmer ausbuhen, weil er kein Ende findet und zum Schluß noch seiner Mutter und seinem Volksschullehrer dankt, der ihn in die Wunderwelt des Films eingeführt hat – er kommt Ihnen vermutlich wie ein Idiot vor. Aber Sie erleben mit Sicherheit auch den Höhepunkt seines ganzen bisherigen Lebens mit.«

William Goldman, Adventures in the Screen Trade

I. Der Weg zum Oscar

Alle Filme, die im Stadtgebiet von Los Angeles (Los Angeles, West Los Angeles & Beverly Hills) zwischen dem 1. Januar und dem 31. Dezember eines Jahres mindestens eine Woche lang gegen Bezahlung aufgeführt wurden, über 30 Minuten lang sind und auf 35- bzw. 70-mm-Format gedreht wurden, dürfen für Oscars vorgeschlagen werden.

Die Mitglieder der einzelnen Academy-Gilden – sprich die Regisseure, die Schauspieler, die Kameramänner, die Drehbuchautoren etc. – nominieren jeweils »ihre« fünf Kandidaten für die Endausscheidung. Eine Ausnahme bildet die Kategorie »Bester Film«: Über diese fünf zur Wahl stehenden Filme bestimmen alle rund 5000 Mitglieder.

Stehen die jeweiligen Favoriten in den verschiedenen Sektionen fest, wählen jetzt alle Academy-Mitglieder – wieder per Stimmzettel in geheimer Wahl die endgültigen Sieger. Die Auswertung erfolgt unter notarieller Aufsicht der Anwaltskanzlei Price-Waterhouse.

Die Namen der Sieger, die bis zuletzt geheimgehalten werden, stehen meist erst am Nachmittag vor der Preisverleihung fest.

II. Die Kategorien

Bester Film

Der Oscar für den »besten Film« geht an den Produzenten des jeweiligen Films, der, so die Begründung, das kreative Personal überhaupt erst vereint hat. Im Gegensatz zu allen anderen Kategorien werden hier bereits die Nominierungen von der gesamten Academy gewählt.

Die Wahl fällt dabei in der Regel kaum auf den künstlerisch besten Film des Jahres; in der Tat gab es im Gründungsjahr der Oscars eine separate Kategorie namens »Künstlerische Qualität der Produktion«, die schon ein Jahr später wieder aufgegeben wurde.

Selbst der kommerzielle Erfolg, obwohl ein recht ausschlaggebender Punkt, wurde mit dem Heraufzug der Megahit-Ära in den letzten Jahren immer unwichtiger. Daneben decken die ausgezeichneten Filme auch beinahe alle Filmgenres mit Ausnahme des Kinder- und phantastischen Films ab. Kriegsfilme (*Patton*) wurden ebenso ausgezeichnet wie Friedensfilme (*Gandhi*), Western (*Cimarron*) ebenso wie Musicals (*West Side Story*), Komödien (*Der Stadtneurotiker*) wie Krimis (*Rebecca*), große Epen (*Vom Winde verweht*) ebenso wie Familienfilme (*Zeit der Zärtlichkeit*) oder kleine Dramen im TV-Stil (*Marty*). Die einzige Gemeinsamkeit zwischen all den »besten Filmen« der letzten 57 Jahre ist interessanterweise ihre Laufzeit. »Beste Filme« tendieren für gewöhnlich recht deutlich zur Überlänge.

Da der hervorragende Gesamteindruck zumeist auf hervorragenden Einzelleistungen beruht, gewinnt ein mit dem höchsten Oscar ausgezeichneter Film im Durchschnitt vier weitere Oscars, in zwei von drei Fällen dabei auch in der Kategorie Regie. Der mit den meisten − insgesamt elf Stück − Oscars ausgezeichnete Film ist *Ben Hur*.

Bester ausländischer Film

Der Oscar für den besten nichtenglischsprachigen Film wurde, dem Vorbild der Vereinigung new yorker Filmkritiker folgend, im Jahre 1947 ins Leben gerufen. Bis 1955 wurde der Oscar ohne vorherige Nominierungen vom Academy-Vorstand vergeben, seit 1956 folgt die Verleihung der normalen Prozedur. Jedes Land

Darryl F. Zanuck, ehemaliger Chef der 20th Century-Fox und bis heute meistausgezeichneter Produzent, mit dem Irving G. Thalberg Award und dem Oscar für ›All About Eve‹ (Alles über Eva)

kann dabei nur einen Film ins Rennen schicken; ausgewählt wird dieser durch die Institution, die im betreffenden Land in etwa der Academy of Motion Picture Arts and Sciences entspricht. (In Deutschland wäre das beispielsweise ein Auswahl-Gremium der »Export-Union des Deutschen Films«.)

Um sich für einen Oscar zu qualifizieren, muß der Film zwischen dem 1. November und dem 31. Oktober des Vorjahres in seinem

Ursprungsland angelaufen sein. Ein Start in Amerika ist im Gegensatz zu allen anderen Kategorien nicht unbedingt notwendig, der Film muß jedoch in einer Kopie mit englischer Synchronisation oder englischen Untertiteln verfügbar sein. Stehen die Teilnehmer schließlich fest, sichtet ein spezieller Ausschuß das Feld und engt es über das 10/4-System (siehe Kategorie Ton) auf fünf Filme ein, die dann der gesamten Academy zur Wahl gestellt werden.

Am populärsten erwiesen sich dabei bis heute französische Filme, die insgesamt acht Mal einen Oscar für den besten ausländischen Film erhielten. Mit Volker Schlöndorffs *Die Blechtrommel* gewann 1979 zum ersten Mal ein deutscher Film diesen Oscar. Ansonsten verhielten sich die Academy-Mitglieder in Sachen Neuer Deutscher Film lange Zeit eher ablehnend: Insgesamt vier Nominierungen für *Der Hauptmann von Köpenick* (1956), *Nachts, wenn der Teufel kam* (1957), *Helden* (1958) und *Die Brücke* (1959) steht in den 23 Jahren nach Oberhausen, von Co-Produktionen einmal abgesehen, nur eine Nominierung für Geissendörfers *Die gläserne Zelle* (1978) gegenüber.

Bringt es ein englisch synchronisierter/untertitelter, ausländischer Film zu einem regulären Kinostart in Los Angeles, qualifiziert er sich damit natürlich auch für das »normale« Oscar-Rennen. Wolfgang Petersens *Das Boot*, der 1982 nicht weniger als sechs Nominierungen auf sich vereinigen konnten, wäre hier ein Beispiel.

Ausstattung

Die über die Nominierungen in dieser Kategorie abstimmende »Art Directors Branch« ist insofern ein Sonderfall innerhalb der Academy-Gilden, als in ihr sowohl Ausstatter als auch Kostümbildner vertreten sind. Aus diesem Grund reduzieren die Art Directors innerhalb der Gilde das gesamte Feld in einer Sonderabstimmung zunächst auf zehn preiswürdige Filme, aus denen die gesamte Gilde per Vorzugswahlverfahren dann die fünf für den Oscar nominierten Filme bestimmt. Seit 1941 wird neben dem eigentlichen »Art Director« auch der für die Ausstattung der Studiosets verantwortliche »Set Decorator« geehrt.

Die meisten Oscars in dieser Kategorie – insgesamt elf Stück – erhielt Cedric Gibbons für seine Arbeit an MGM-Filmen wie *Gas-*

light (Das Haus der Lady Alquist) und *An American in Paris* (Ein Amerikaner in Paris).

Darsteller

Hier kann die Auswahl der Nominierungen gelegentlich dadurch erschwert werden, daß ein Schauspieler in verschiedenen Rollen zweimal unter die besten Fünf derselben Kategorie kommt. Da dieses nach den Statuten der Academy nicht gestattet ist, wird die schauspielerische Leistung, die weniger Stimmen erhalten hat, gestrichen und die betreffenden Stimmen gemäß dem Vorzugswahlverfahren unterteilt.

Mit der Einführung der Oscars für Nebenrollen im Jahre 1936 komplizierte sich die Situation. Die Verwirrung darüber, was denn nun eine Neben- und was eine Hauptrolle war, führte schließlich 1944 zu dem merkwürdigen Resultat, daß Barry Fitzgerald für seine Rolle in *Going My Way* (Der Weg zum Glück) sowohl als bester Hauptdarsteller wie als bester Nebendarsteller nominiert wurde. In der Folge wurden dann die Studios aufgerufen, eine Rolle von vornherein als Haupt- oder Nebenrolle zu bezeichnen. Seit 1964 jedoch kann sich der einzelne Wähler wieder frei entscheiden. Sollte heute der Fall eintreten, daß derselbe Schauspieler für dieselbe Rolle in beiden Kategorien unter den besten Fünf landet, wird über das Vorzugswahlverfahren eine der beiden Nominierungen gestrichen. Gleichzeitige Nominierungen für verschiedene Rollen in verschiedenen Kategorien sind davon natürlich nicht betroffen: So ist es z.B. durchaus möglich, daß Jessica Lange für ihre Leistungen in *Frances* und *Tootsie* je eine Nominierung als beste Hauptdarstellerin und beste Nebendarstellerin erhält.

Daneben ist der Oscar für die besten Schauspieler/innen auch die einzige Kategorie, in der es bislang zu ex-aequo-Auszeichnungen kam. Bereits 1931 erhielten Fredric March und Wallace Beery gemeinsam den Oscar für den besten Darsteller, da beide in der Endabstimmung nur um eine Stimme auseinanderlagen. Eine ungewöhnlichere Situation trat jedoch 1968 ein, als sich Barbra Streisand und Katharine Hepburn den Oscar für die beste Hauptdarstellerin teilten: Nach einer Änderung der Statuten war inzwischen die *exakt* gleiche Anzahl an Stimmen für ein solches Ergebnis notwendig.

Die am häufigsten ausgezeichnete Schauspielerin ist Katharine

Hepburn, die für ihre Leistungen in *Morning Glory, Guess Who's Coming To Dinner* (Rat' mal, wer zum Essen kommt), *The Lion in Winter* (Der Löwe im Winter) und *On Golden Pond* (Am goldenen See) insgesamt viermal den Oscar erhielt.

Dokumentarfilme

Der Oscar für den besten Dokumentarfilm wurde zum ersten Mal 1941 verliehen. Zwei Jahre später unterteilte man die Kategorie dann in über 3000 Fuß lange »Documentary Features« und unter 3000 Fuß lange »Documentary Short Subjects«. Beide müssen von ihren Produzenten zur Wahl gestellt werden, wobei das Zulassungskriterium in diesem Fall etwas weniger eng gehalten ist: Dokumentarfilme müssen nicht unbedingt im Stadtgebiet von Los Angeles angelaufen sein, es genügt ein Kinostart irgendwo in Amerika. Über das 10/4-System (siehe Ton) bestimmt ein spezieller Ausschuß dann die fünf Nominierungen.
Die meisten Oscars in dieser Kategorie − insgesamt vier Stück − erhielt Walt Disney für seine Tierfilme.

Drehbuch

Die meisten Oscars in dieser Kategorie – insgesamt drei Stück – erhielten Billy Wilder, Charles Brackett, Paddy Chayefsky und Francis Ford Coppola.
Im allgemeinen wird hier in »Originalstory«, »Bearbeitung einer fremden Vorlage« und »Drehbuch nach einer Originalstory desselben Autors« unterteilt. Die einzelnen Bezeichnungen ändern sich jedoch durchschnittlich alle drei Jahre.

Ehren- und Sonderoscars

Sie werden vom Vorstand der Academy verliehen. Während die Preisträger der Sonderoscars, meist Spezialeffektfachleute, Toneffektcutter o. ä., ganz normale Oscar-Statuen erhalten, kann ein Ehrenoscar jede Form, etwa eine Statuette oder eine lebenslange Mitgliedschaft in der Academy, annehmen. Für *Snow White and the Seven Dwarfs* (Schneewittchen und die sieben Zwerge) erhielt Walt Disney beispielsweise eine große und sieben kleine Statuen, für seine Puppe Charlie McCarthy verlieh man dem Bauchredner Edgar Bergen einen Ehrenoscar aus Holz. »Juvenile Awards«

sind kleine Statuetten, die an herausragende Kinderdarsteller verliehen werden.

Irving G. Thalberg Award

Er wird seit 1937 an Produzenten verliehen, deren Gesamtwerk ein durchgehend hohes Maß an Qualität und Kreativität aufweist. Irving G. Thalberg (1899–1936) war ein aus Deutschland emigrierter Produzent, der durch sein intuitives Gespür für die Wünsche des Publikums MGM in seiner Eigenschaft als Vizepräsident zum bedeutendsten Studio der dreißiger Jahre machte. Die Preisträger erhalten eine Bronzenachbildung von Thalbergs Kopf.

Jean Hersholt Humanitarian Award

Er wird seit 1936 an Personen aus der Filmbranche verliehen, die sich durch besonderes humanitäres Engagement hervorgetan haben. Jean Hersholt (1886–1956) war ein aus Dänemark emigrierter Schauspieler, der 18 Jahre lang als Präsident dem Motion Picture Relief Fund vorstand. Die Preisträger erhalten eine gewöhnliche Oscar-Statue.

Kamera

Ähnlich wie in der Kategorie »Ausstattung« trifft auch hier ein Ausschuß der Gilde eine Vorauswahl von zehn Filmen, die dann per Vorzugswahlverfahren in einem zweiten Wahlgang auf die fünf Nominierten reduziert werden.
Die am häufigsten ausgezeichneten Kameramänner sind Joseph Ruttenberg (u.a. *Gigi*) und Leon Shamroy (u.a. *Der Seeräuber*), die beide insgesamt viermal den Oscar erhielten.

Kostüme

Der Oscar für die besten Kostüme wird seit 1948 verliehen. Wie in der Kategorie »Ausstattung« treffen auch hier die Kostümbildner innerhalb der »Art Director Branch« eine Vorauswahl von zehn Filmen, aus denen die gesamte Gilde dann die fünf Nominierungen bestimmt. Um für einen Oscar nominiert zu werden,

müssen die Kostüme speziell für diesen Film entworfen worden und in der Regel auch dem Thema angemessen sein.
Die meisten Oscars in dieser Kategorie – insgesamt acht Stück – erhielt Edith Head für ihre Arbeit an Filmen wie *Roman Holiday* (Ein Herz und eine Krone) oder *The Sting* (Der Clou).

Kurzfilme

Die Oscars für den besten Realkurzfilm und den besten Cartoon wurden zum ersten Mal 1931 verliehen. Die Bezeichnungen für die einzelnen Unterkategorien wurden im Laufe der Jahre des öfteren geändert; mitunter unterteilte man die Realkurzfilme auch in Ein- und Zweiakter. Kurzfilme müssen von ihrem Produzenten zur Wahl gestellt werden, wobei das Zulassungskriterium auch hier etwas weniger eng gehalten ist: Kurzfilme müssen nicht unbedingt im Stadtgebiet von Los Angeles angelaufen sein, es genügt ein Kinostart im gesamten Landkreis Los Angeles. Über das 10/4-System bestimmt ein spezieller Ausschuß dann die drei Nominierungen. Sollte bei der Abstimmung jedoch nicht genügend Filme über einen Durchschnitt von 8,0 kommen, wird im Gegensatz zum Auswahlverfahren in der Kategorie Ton der Film mit dem nächstniedrigen Punktestand in die Nominierungsliste aufgenommen.
Am häufigsten ausgezeichnet wurde Walt Disney, der für seine Cartoons (darunter Klassiker wie der erste Technicolor-Zeichentrickfilm *Flowers and Trees*) insgesamt siebzehn Oscars erhielt.

Musik

Der seit 1934 vergebene Oscar für die beste Musik stellt insofern eine Ausnahme dar, als der Komponist der Filmmusik hier einen offiziellen Aufnahmeantrag stellen muß. Daneben ergeben sich hier ähnliche Probleme wie in der Kategorie »Drehbuch«: Von 1938 bis 1940 unterteilte man das Feld unsinnigerweise in »Best Score« und »Original Score«, ab 1941 vergab die Academy dann je einen Oscar für »Musik für Dramen oder Komödien« und »Musik für Musicals«. Seit 1962 nun trennt man in »Originalmusik« und »Musikbearbeitung«, wobei ersterer Oscar an den Komponisten und letzterer an den jeweiligen Bearbeiter geht.
Die meisten Oscars in dieser Kategorie – insgesamt neun Stück

Kostümbildnerin Edith Head mit einigen ihrer zahlreichen Oscars

– gingen an den Dirigenten und Komponisten Alfred Newman, der neben seinen Oscar-Soundtracks unter anderem die Musik zu *Wuthering Heights* (Stürmische Höhen), *The Grapes of Wrath* (Früchte des Zorns), *All About Eve* (Alles über Eva) und *Airport* (Airport) komponierte.

Regie

Unter allen Oscars läßt sich der für die beste Regie am leichtesten voraussagen, ist der Gewinner des ungefähr einen Monat vorher

verliehenen Regiepreises der »Director's Guild of America« doch in aller Regel identisch mit dem Oscar-Preisträger.
Obwohl sich Frauenfilme im letzten Jahrzehnt immer weiter durchgesetzt haben, werden die Listen der »besten Regisseure« mehr als jede andere Kategorie weiterhin von Männern dominiert. Lina Wertmüller, die 1976 für den in Deutschland bislang nicht gezeigten Film *Pasqualino Settebellezze* eine Nominierung erhielt, ist nach wie vor die einzige Regisseurin, die in die Phalanx der 278 männlichen Regisseure einbrechen konnte.
Die meisten Oscars in dieser Kategorie – insgesamt vier Stück – erhielt John Ford für *The Informer* (Der Verräter), *The Grapes of Wrath* (Früchte des Zorns), *How Green Was My Valley* (Schlagende Wetter) und *The Quiet Man* (Der Sieger).

Schnitt

Der Oscar für den besten Schnitt wird seit 1934 verliehen. Auch hier trifft die »Film Editors Branch« eine Vorauswahl, bevor die fünf nominierten Filme dann von allen Gilde-Mitgliedern per Vorzugswahlverfahren bestimmt werden.
Die am häufigsten ausgezeichneten Cutter sind Ralph Dawson (u.a. *Robin Hood, der König der Vagabunden*) und Daniel Mandell (u.a. *Das Appartement*), die beide insgesamt je drei Oscars erhielten.

Song

Der seit 1934 verliehene Oscar für den besten Song geht an den Texter und Komponisten des jeweiligen Liedes. Nominierbar sind hier nur solche Songs, die speziell für den Film komponiert wurden, aus der Bühnenvorlage übernommene Songs können hier nicht gewählt werden – eine Einschränkung, die etwa bei den Filmfassungen von *My Fair Lady* (My Fair Lady) und *West Side Story* (West Side Story) angewendet wurde. Hingegen ist es im Gegensatz zu dem meisten anderen Kategorien durchaus möglich, daß mehrere Lieder aus demselben Film eine Oscarnomination erhalten.
Die meisten Oscars in dieser Kategorie – je vier Stück – erhielten Sammy Cahn (»Three Coins in the Fountain«), James van Heusen (»High Hopes«) und Johnny Mercer (»Days of Wine and Roses«, »Moon River«).

Spezialeffekte

Der Oscar für die besten Spezialeffekte wurde zum ersten Mal 1939 verliehen. Während man bis 1962 unter dieser Kategorie sowohl mechanische und optische Spezialeffekte als auch Toneffekte zusammenfaßte, wurde die Kategorie an 1963 in »Special Visual Effects« und »Sound Effects« unterteilt. 1981 kam schließlich noch die Kategorie »Make-Up« hinzu.

Die Auswahl der Nominierungen folgt dabei dem, bei der Kategorie »Toneffekte« geschilderten Verfahren. Sollten nicht genü-

Hunt Stromberg gratuliert Douglas Shearer, dem Chef des MGM Sound Departments, zu seinem Oscar für › Naughty Marietta ‹.

gend Filme zusammenkommen, entscheidet der Vorstand der Academy über den Preisträger in der Kategorie »Optische Spezialeffekte«.

Der am häufigsten ausgezeichnete Tricktechniker ist Dennis Muren, der für *Das Imperium schlägt zurück, E.T., Die Rückkehr der Jedi-Ritter, Indiana Jones und der Tempel des Todes* und *Die Reise ins Ich* insgesamt fünfmal den Oscar erhielt.

Ton

Der Oscar für den besten Ton wurde zum ersten Mal 1929/30 verliehen, als sich bereits abzuzeichnen begann, daß die Tage des Stummfilms gezählt waren. Gingen die Oscars dabei zunächst noch an das jeweilige »Sound Department« des Studios, werden heute nurmehr die tatsächlich Verantwortlichen ausgezeichnet. Die Auswahl der Nominierungen geht dabei nach einem relativ komplizierten Verfahren vor sich: Zunächst wird das Feld von einem speziellen Ausschuß gesichtet, der die seiner Meinung nach preiswürdigen Filme auswählt. Unter kontrollierten Bedingungen (d.h. mit optimal auf den jeweiligen Film eingestellter Tonanlage) werden die Filme dann einem weiteren Ausschuß, dem sogenannten »Sound Branch Nominating Committee«, gezeigt, daß sich dann per Vorzugswahlverfahren auf die fünf Nominierungen einigt.

Noch komplizierter geht man in der Kategorie Toneffekte vor. Auch hier trifft ein, aus mindestens zehn Toncuttern und einer gleichen Anzahl anderer Gildemitglieder bestehender Sonderausschuß zunächst eine Vorauswahl. Anhand relevanter Ausschnitte aus diesen Filmen stimmt der Ausschuß dann via Zweidrittel-Abstimmung über die Würdigkeit der einzelnen Filme ab. Fällt die Abstimmung positiv für einen Film aus, wird er nach einem Punktesystem (10 Punkte = ausgezeichnet; 4 Punkte = schlecht) bewertet. Alle Filme, die hierbei einen Durchschnitt von weniger als 8,0 Punkten erreichen, werden aus der Wertung genommen. Die drei bis fünf Filme, die nach diesem Auswahlverfahren übrig bleiben, werden dann wiederum dem »Sound Branch Nominating Committee« vorgeführt, das per Vorzugswahlverfahren die endgültigen Nominierungen bestimmt.

Die meisten Oscars in dieser Kategorie – insgesamt fünf Stück – gingen an Douglas Shearer und Fred Hynes.

*In der Regel brauchte Walt Disney, hier mit Keefe Brazelle (l.) und Marylin
Erskine, immer einige Helfer, um seine Oscars nach Hause zu tragen.*

Wissenschaftliche oder technische Leistungen

Die Oscars für besondere wissenschaftliche oder technische Leistungen werden seit 1930 von einem speziellen Komitee verliehen. Während der Oscar erster Klasse aus einer normalen Statue
besteht, erhalten die Gewinner der Oscars zweiter und dritter
Klasse eine Statuette bzw. eine Urkunde.
Oscars 1. Klasse, heute als »Academy Award of Merit« bezeichnet, werden für grundlegende Neuerungen vergeben. Preisträger
sind etwa die Eastman Kodak Company für die Entwicklung des
Sicherheitsfilms, 20th Century-Fox und Paramount für ihr Cine-
maScope- bzw. VistaVision-Verfahren oder Garrett Brown und

die Cinema Products Corp. für den Bau der Steadicam-Kamera. Oscars 2. Klasse, heute als »Scientific and Engineering Award« bezeichnet, werden für technische Neuerungen verliehen, die großes Können seitens der beteiligten Ingenieure beweisen. Preisträger sind etwa Walt Disney für die Multiplane-Kamera, Universal für Sensurround, Arnold & Richter für die Arriflex, die Eastman Kodak Company für diverses neues Filmmaterial, RCA für ein neues Richtmikrophon, Panavision für die Auto-Panatar-Linse oder John Dykstra für seine Dykstraflex. Oscars 3. Klasse, heute als »Technical Achievement Award« bezeichnet, werden für wertvolle technische Beiträge verliehen. Preisträger dieses sehr häufig vergebenen Oscars sind etwa Zoran Perisic für die Zoptic-Kamera, die Konstrukteure neuer Dollys und Lampen oder die Erfinder von glaubwürdigeren Blutersätzen und neuen Methoden für die Silberrückgewinnung aus Entwicklungsbädern.

Relativ kurzlebig waren die Oscars für **Regieassistenz** (1932 – 1937) und **Choreographie** (1935 – 1937). Mit dem Siegeszug des Tonfilms fiel natürlich auch der 1927 zum ersten und einzigen Mal vergebene Oscar für die besten **Zwischentitel** weg.

Die meisten Oscars für eine Einzelperson, ganze 25 Stück einschließlich Ehren- und wissenschaftlich/technischen Oscars, gingen an Walt Disney.

III. Kurzanleitung zur Benutzung des Datenteils

Spielfilme (Seite 85)

Alle Spielfilme, die zwischen 1927 und 1993 für einen Oscar nominiert wurden, sind alphabetisch nach Originaltitel aufgelistet. Den deutschen Titel (falls vorhanden), den Regisseur und das Ursprungsland (wenn nicht die USA) findet man dahinter. Unter dem Filmtitel steht/stehen zunächst in Kursivschrift die Kategorie/en, in der/denen der Film einen Oscar gewonnen hat, darunter – in Normalschrift – sämtliche Nominierungen. Ausnahme: Der »beste Film« des jeweiligen Wahljahres wird mit Foto vorangestellt.

Dokumentarfilme (Seite 439)

Alle Dokumentarfilme, die zwischen 1941 und 1993 für einen Oscar nominiert wurden, sind alphabetisch aufgelistet. Die fettgedruckten Sieger sind vorangestellt; hinter den Titeln findet man – soweit recherchierbar – die Produzenten und das Ursprungsland, falls der Film nicht aus den USA stammt.

Kurzfilme (Seite 464)

Alle Kurzfilme, die zwischen 1941 und 1993 für einen Oscar nominiert wurden, sind alphabetisch aufgelistet. Die fettgedruckten Sieger sind vorangestellt; hinter den Titeln findet man – soweit recherchierbar – die Produzenten und das Ursprungsland, falls der Film nicht aus den USA stammt.

Die Abkürzungen bedeuten:

(B)	Bearbeitung	(M)	Musical
(D)	Drama/Komödie	(O)	Original
(F)	Farbe	(SW)	Schwarzweiß
(K)	Komödie		

*   Ehren- oder Sonderoscar (vgl. auch Teil VI)

**   Dokumentarfilm, der in gewöhnlich dem Spielfilm vorbehaltenen Kategorien nominiert/ausgezeichnet wurde (vgl. auch Teil IV)

1. Oscar-Verleihung (1927/28)

Wings (Wings). William A. Wellman
BESTER FILM
Spezialeffekte: Roy Pomeroy

Charles › Buddy Rogers und Richard Arlen in ›Wings ‹ – zwei Schulfreunde, die sich in dasselbe Mädchen verliebt haben, mustern bei der Air Force an und werden ins Frankreich des Ersten Weltkriegs versetzt

Chang (Chang, der König der Dschungel). Merian C. Cooper, Ernest B. Schoedsack
Künstlerische Qualität

The Circus (Circus). Charles Chaplin
Produzent: Charles Chaplin*
Darsteller: Charles Chaplin
Regie (K)

The Crowd (Ein Mensch der Masse/Die Mühlen des Lebens).
King Vidor
　　Künstlerische Qualität
　　Regie

Devil Dancer. Fred Niblo
　　Kamera: George Barnes

The Dove. Roland West
　　Ausstattung: William Cameron Menzies

Drums of Love (Fanfaren der Liebe). David Wark Griffith
　　Kamera: Karl Struss

The Fair Co-Ed. Sam Wood
　　Zwischentitel: Joseph Farnham

Glorious Betsy (Die Liebe der Betty Patterson). Alan Crosland
　　Drehbuch (B): Anthony Coldeway

The Jazz Singer (Der Jazzsänger). Alan Crosland
　　Produzent: Warner Brothers*
　　Drehbuch (B): Alfred Cohn
　　Spezialeffekte: Nugent Slaughter

The Last Command (Sein letzter Befehl). Josef von Sternberg
　　Darsteller: Emil Jannings
　　Bester Film
　　Story: Lajos Biro

Laugh, Clown, Laugh (Lach, Clown, lach!). Herbert Brenon
　　Zwischentitel: Joseph Farnham

Magic Flame. Henry King
　　Kamera: George Barnes

My Best Girl (Meine beste Freundin). Sam Taylor
　　Kamera: Charles Rosher

The Noose (Die Nacht ohne Hoffnung). John Francis Dillon
　　Darsteller: Richard Barthelmess

Oh, Kay! Mervyn Le Roy
　　Zwischentitel: George Marion jr.

The Patent Leather Kid (Die Welt in Flammen). Alfred Santell
　　Darsteller: Richard Barthelmess
　　Story: Rupert Hughes

The Private Life of Helen of Troy (Das Liebesleben der schönen Helena). Alexander Korda
 Spezialeffekte: Ralph Hammeras
 Zwischentitel: Gerald Duffy

The Racket. Lewis Milestone
 Bester Film

Sadie Thompson (... aber das Fleisch ist schwach). Raoul Walsh
 Darstellerin: Gloria Swanson
 Kamera: George Barnes

Seventh Heaven (Im siebenten Himmel). Frank Borzage
 Darstellerin: Janet Gaynor
 Drehbuch (B): Benjamin Glazer
 Regie
 Bester Film
 Ausstattung: Harry Oliver

A Ship Comes In (Die neue Heimat). William K. Howard
 Darstellerin: Louise Dresser

Sorrell and Son (Hauptmann Sorrell und sein Sohn). Herbert Brenon
 Regie

Speedy (Harold Lloyd: Straßenjagd mit Speedy). Ted Wilde
 Regie (K)

Street Angel (Engel der Straße). Frank Borzage
 Darstellerin: Janet Gaynor

Sunrise (Sunrise/Sonnenaufgang). F. W. Murnau
 Darstellerin: Janet Gaynor
 Kamera: Charles Rosher, Karl Struss
 Künstlerische Qualität
 Ausstattung: Rochus Gliese

Telling the World (Zwischen Frisco und der Mandschurei). Sam Wood
 Zwischentitel: Joseph Farnham

The Tempest (Wetterleuchten). Sam Taylor
 Ausstattung: William Cameron Menzies
 Kamera: Charles Rosher

Two Arabian Knights (Schlachtenbummler). Lewis Milestone
 Regie (K)

Underworld (Unterwelt). Josef von Sternberg
Story: Ben Hecht

The Way of all Flesh (Der Weg allen Fleisches). Victor Fleming
Darsteller: Emil Jannings
Bester Film

2. Oscar-Verleihung (1928/29)

Broadway Melody. Harry Beaumont
BESTER FILM
Darstellerin: Bessie Love
Regie

› Broadway Melody ‹ – *die klassische Musical-Geschichte einiger Sängerinnen, die versuchen, am Broadway groß herauszukommen*

Alibi (Alibi). Roland West
Bester Film
Darsteller: Chester Morris

The Barker. George Fitzmaurice
 Darstellerin: Betty Compson

The Bridge of San Luis Rey (Die Brücke von San Luis Rey).
Charles J. Brabin
 Ausstattung: Cedric Gibbons

Coquette. Sam Taylor
 Darstellerin: Mary Pickford

The Divine Lady (Die ungekrönte Königin). Frank Lloyd
 Regie
 Kamera: John Seitz

Drag. Frank Lloyd
 Regie

Dynamite (Dynamit). Cecil B. DeMille
 Ausstattung: Mitchell Leisen

Four Devils (Vier Teufel). F. W. Murnau
 Kamera: Ernest Palmer

The Hollywood Revue of 1929. Charles F. Reisner
 Bester Film
 Ausstattung: Cedric Gibbons

In Old Arizona. Irving Cummings
 Darsteller: Warner Baxter
 Bester Film
 Drehbuch: Tom Barry
 Kamera: Arthur Edeson
 Regie

The Iron Mask (Die eiserne Maske). Allan Dwan
 Ausstattung: William Cameron Menzies

The Leatherneck. Howard Higgin
 Drehbuch: Elliott Clawson

The Letter. Jean de Limur
 Darstellerin: Jeanne Eagels

Madame X. Lionel Barrymore
 Darstellerin: Ruth Chatterton
 Regie

Our Dancing Daughters (Männerfang). Harry Beaumont
Drehbuch: Josephine Lovett
Kamera: George Barnes

The Patriot (Der Patriot). Ernst Lubitsch
Drehbuch: Hans Kraly
Bester Film
Ausstattung: Hans Dreier
Darsteller: Lewis Stone
Regie

Street Angel (Engel der Straße). Frank Borzage
Ausstattung: Harry Oliver
Kamera: Ernest Palmer

Thunderbolt (Thunderbolt). Josef von Sternberg
Darsteller: George Bancroft

The Valiant. William K. Howard
Darsteller: Paul Muni
Drehbuch: Tom Barry

Weary River. Frank Lloyd
Regie

White Shadows in the South Seas (Weiße Schatten).
W. S. van Dyke
Kamera: Clyde De Vinna

Wonder of Women. Clarence Brown
Drehbuch: Bess Meredyth

3. Oscar-Verleihung (1929/30)

All Quiet on the Western Front (Im Westen nichts Neues).
Lewis Milestone
   BESTER FILM
   Regie
   Drehbuch: George Abbott, Maxwell Anderson,
      Dell Andrews
   Kamera: Arthur Edeson

›All Quiet on the Western Front‹ (Im Westen nichts Neues) – eine Gruppe
*deutscher Schuljungen zieht freiwillig an die Westfront und findet dort den
Tod*

Anna Christie. Clarence Brown
   Darstellerin: Greta Garbo
   Kamera: William Daniels
   Regie

The Big House. George Hill
   Drehbuch: Frances Marion
   Ton: Douglas Shearer
   Bester Film
   Darsteller: Wallace Beery

The Big Pond. Hobart Henley
   Darsteller: Maurice Chevalier

Bulldog Drummond. F. Richard Jones
   Ausstattung: William Cameron Menzies
   Darsteller: Ronald Colman

The Case of Sergeant Grischa. Herbert Brenon
   Ton: John Tribby

Condemned. Wesley Ruggles
   Darsteller: Ronald Colman

The Devil's Holiday. Edmund Goulding
   Darstellerin: Nancy Carroll

Disraeli. Alfred E. Green
   Darsteller: George Arliss
   Bester Film
   Drehbuch: Julian Josephson

The Divorcee. Robert Z. Leonard
   Darstellerin: Norma Shearer
   Bester Film
   Drehbuch: John Meehan
   Regie

The Green Goddess. Alfred E. Green
   Darsteller: George Arliss

Hallelujah (Hallelujah). King Vidor
   Regie

Hell's Angels. Howard Hughes
   Kamera: Gaetano Gaudio, Harry Perry

King of Jazz (Der Jazzkönig). John Murray Anderson
   Ausstattung: Hermann Rosse

The Love Parade (Liebesparade). Ernst Lubitsch
  Bester Film
  Ausstattung: Hans Dreier
  Darsteller: Maurice Chevalier
  Kamera: Victor Milner
  Regie
  Ton: Franklin Hansen

Raffles. George Fitzmaurice
  Ton: Oscar Lagerstrom

The Rogue Song (Banditenlied). Lionel Barrymore, Hal Roach
  Darsteller: Lawrence Tibbett

Romance (Romanze). Clarence Brown
  Darstellerin: Greta Garbo
  Regie

Sally (Cilly). John Francis Dillon
  Ausstattung: Jack Okey

Sarah and Son. Dorothy Arzner
  Darstellerin: Ruth Chatterton

Song of the Flame. Alan Crosland
  Ton: George Groves

Street of Chance. John Cromwell
  Drehbuch: Howard Estabrook

Their Own Desire. Mason Hopper
  Darstellerin: Norma Shearer

The Trespasser. Edmund Goulding
  Darstellerin: Gloria Swanson

The Vagabond King (Der König der Vagabunden). Ludwig Berger
  Ausstattung: Hans Dreier

With Byrd at the South Pole (Mit Byrd zum Südpol).
Willard van der Veer, Joseph T. Rucker**
  Kamera: Joseph T. Rucker, Willard van der Veer

4. Oscar-Verleihung (1930/31)

Cimarron. Wesley Ruggles
BESTER FILM
Ausstattung: Max Ree
Drehbuch (B): Howard Estabrook
Darsteller: Richard Dix
Darstellerin: Irene Dunne
Kamera: Edward Cronjager
Regie

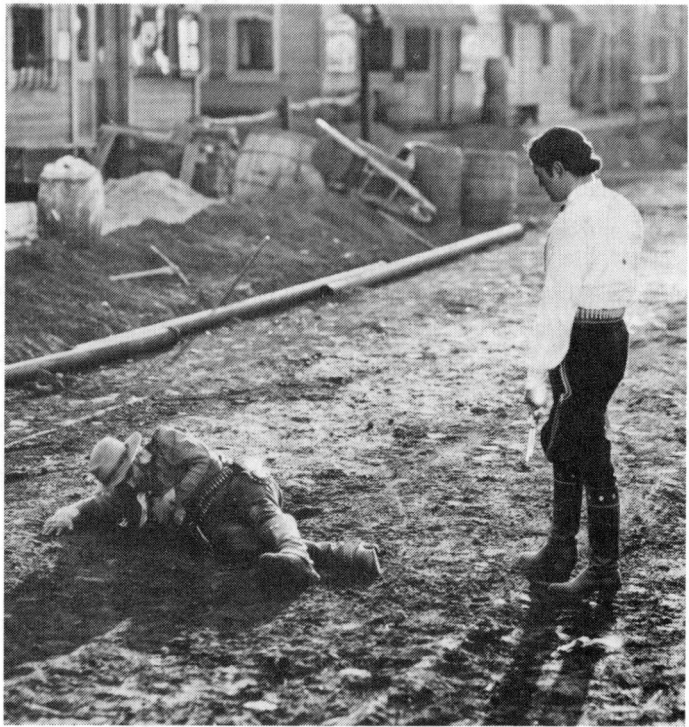

Familienchronik eines Farmers im Oklahoma des späten 19. Jahrhunderts –
William Collier jr. und Richard Dix in › Cimarron ‹

The Criminal Code (Das Strafgesetzbuch). Howard Hawks
Drehbuch (B): Seton Miller, Fred Niblo jr.

The Dawn Patrol (Start in die Dämmerung). Howard Hawks
Story: John Monk Saunders

Doorway to Hell. Archie Mayo
Story: Rowland Brown

East Lynne. Frank Lloyd
Bester Film

A Free Soul (Der Mut zum Glück). Clarence Brown
Darsteller: Lionel Barrymore
Darstellerin: Norma Shearer
Regie

The Front Page. Lewis Milestone
Bester Film
Darsteller: Adolphe Menjou
Regie

Holiday. Edward H. Griffith
Darstellerin: Ann Harding
Drehbuch (B): Horace Jackson

Just Imagine. David Butler
Ausstattung: Stephen Goosson, Ralph Hammeras

Laughter. Harry d'Abbadie d'Arrast
Story: Harry d'Abbadie d'Arrast, Douglas Doty, Donald Ogden Stewart

The Little Caesar (Der kleine Caesar). Mervyn Le Roy
Drehbuch (B): Francis Faragoh, Robert N. Lee

Min and Bill (Die fremde Mutter). George Hill
Darstellerin: Marie Dressler

Morocco (Marokko). Josef von Sternberg
Ausstattung: Hans Dreier
Darstellerin: Marlene Dietrich
Kamera: Lee Garmes
Regie

The Public Enemy (Der öffentliche Feind). William Wellman
Story: John Bright, Kubec Glasmon

The Right to Love. Richard Wallace
Kamera: Charles Lang

The Royal Family of Broadway. George Cukor, Cyril Gardner
Darsteller: Fredric March

Skippy. Norman Taurog
Regie
Bester Film
Darsteller: Jackie Cooper
Drehbuch (B): Joseph Mankiewicz, Sam Mintz

Smart Money. Alfred E. Green
Story: Lucien Hubbard, Joseph Jackson

Svengali (Svengali). Archie Mayo
Ausstattung: Anton Grot
Kamera: Barney »Chick« McGill

Tabu (Tabu). F. W. Murnau, Robert Flaherty
Kamera: Floyd Crosby

Trader Horn (Trader Horn). W. S. van Dyke
Bester Film

Whoopee. Thornton Freeland
Ausstattung: Richard Day

5. Oscar-Verleihung (1931/32)

Grand Hotel (Menschen im Hotel). Edmund Goulding
BESTER FILM

Greta Garbo und John Barrymore in › Grand Hotel ‹ (Menschen im Hotel) – in einem Berliner Hotel verknüpfen sich die Geschicke einer Ballerina, eines Juwelendiebs, eines Sterbenskranken, einer Stenographin und eines hartherzigen Geschäftsmanns

A nous la liberté (Es lebe die Freiheit). René Clair. F
Ausstattung: Lazare Meerson

Arrowsmith. John Ford
　Bester Film
　Ausstattung: Richard Day
　Drehbuch (B): Sidney Howard
　Kamera: Ray June

Bad Girl. Frank Borzage
　Drehbuch (B): Edwin Burke
　Regie
　Bester Film

The Champ (Der Champ). King Vidor
　Darsteller: Wallace Beery
　Story: Frances Marion
　Bester Film
　Regie

Dr. Jekyll and Mr. Hyde (Dr. Jekyll und Mr. Hyde). Rouben Mamoulian
　Darsteller: Fredric March
　Drehbuch (B): Percy Heath, Samuel Hoffenstein
　Kamera: Karl Struss

Emma (Emma, die Perle). Clarence Brown
　Darstellerin: Marie Dressler

Five Star Final (Spätausgabe). Mervyn Le Roy
　Bester Film

The Guardsman. Sidney Franklin
　Darsteller: Alfred Lunt
　Darstellerin: Lynn Fontanne

Lady and Gent (Wer hat hier recht?). Stephen Roberts
　Story: Grover Jones, William Slavens McNutt

One Hour With You (Eine Stunde mit Dir). George Cukor, Ernst Lubitsch
　Bester Film

Shanghai Express (Shanghai Expreß). Josef von Sternberg
　Kamera: Lee Garmes
　Bester Film
　Regie

The Sin of Madelon Claudet (Die Sünde der Madelon Claudet).
Edgar Selwyn
  Darstellerin: Helen Hayes

The Smiling Lieutenant (Der lächelnde Leutnant). Ernst Lubitsch
  Bester Film

The Star Witness. William Wellman
  Story: Lucien Hubbard

Transatlantic. William K. Howard
  Ausstattung: Gordon Wiles

What Price Hollywood. George Cukor
  Story: Adela Rogers St. John

6. Oscar-Verleihung (1932/33)

Cavalcade (Cavalcade). Frank Lloyd
BESTER FILM
Ausstattung: William S. Darling
Regie
Darstellerin: Diana Wynard

Episodische Schilderung des Überlebenskampfes einer englischen Familie nach dem Bühnenstück von Noel Coward – Diana Wynyard und Clive Davis in › Cavalcade ‹

Berkeley Square. Frank Lloyd
Darsteller: Leslie Howard

A Farewell to Arms (In einem anderen Land). Frank Borzage
Kamera: Charles Bryant Lang jr.
Ton: Harold C. Lewis
Bester Film
Ausstattung: Hans Dreier, Roland Anderson

Forty-Second Street (Die 42. Straße). Lloyd Bacon
  Bester Film
  Ton: Nathan Levinson

Golddiggers of 1933 (Die Goldgräber von 1933). Mervyn Le Roy
  Ton: Nathan Levinson

I Am a Fugitive from a Chain Gang (Jagd auf James A.).
Mervyn Le Roy
  Bester Film
  Darsteller: Paul Muni
  Ton: Nathan Levinson

Lady for a Day. Frank Capra
  Bester Film
  Darstellerin: May Robson
  Drehbuch (B): Robert Riskin
  Regie

Little Women (Vier Schwestern). George Cukor
  Drehbuch (B): Victor Heerman, Sarah Y. Mason
  Bester Film
  Regie

Morning Glory. Lowell Sherman
  Darstellerin: Katharine Hepburn

One Way Passage (Reise ohne Wiederkehr). Tay Garnett
  Story: Robert Lord

The Private Life of Henry VIII. (Das Privatleben Heinrich VIII.)
Alexander Korda. GB
  Darsteller: Charles Laughton
  Bester Film

The Prizefighter and the Lady (Männer um eine Frau).
W. S. van Dyke
  Story: Frances Marion

Rasputin and the Empress (Der Dämon Rußlands – Rasputin).
Richard Boleslawski
  Story: Charles MacArthur

Reunion in Vienna. Sidney Franklin
  Kamera: George J. Folsey jr.

She Done Him Wrong (Sie tat ihm unrecht). Lowell Sherman
  Bester Film

Sign of the Cross (Im Zeichen des Kreuzes). Cecil B. De Mille
  Kamera: Karl Struss

Smilin' Thru (Liebesleid). Sidney Franklin
  Bester Film

State Fair (Jahrmarktsrummel). Henry King
  Bester Film
  Drehbuch (B): Paul Green, Sonya Levien

When Ladies Meet. Harry Beaumont
  Ausstattung: Cedric Gibbons
  Regieassistenz: Charles Barton, Scott Beal, Charles Dorian,
    Fred Fox, Gordon Hollingshead, Dewey Starkey, William
    Tummel

7. Oscar-Verleihung (1934)

It Happened One Night (Es geschah in einer Nacht). Frank Capra
BESTER FILM
Darsteller: Clark Gable
Darstellerin: Claudette Colbert
Drehbuch (B): Robert Riskin
Regie

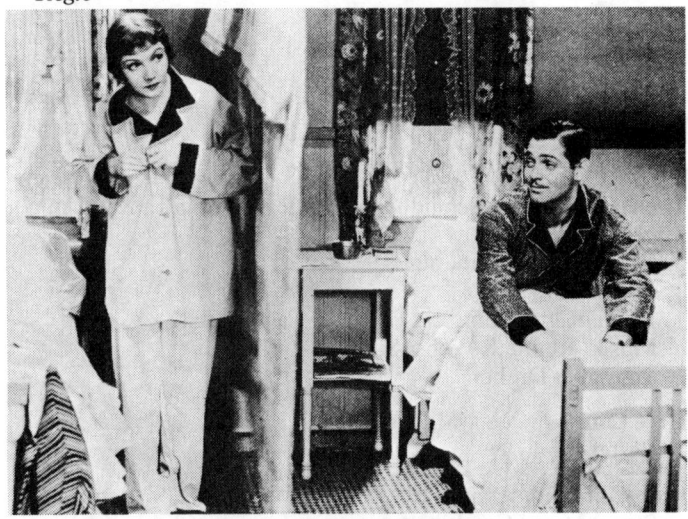

Die Mauern von Jericho drohen einzustürzen – Claudette Colbert als entfleuchte Millionenerbin und Clark Gable als rasender Reporter in › It Happened One Night ‹ (Es geschah in einer Nacht).

The Affairs of Cellini. Gregory La Cava
Ausstattung: Richard Day
Darsteller: Frank Morgan
Kamera: Charles Rosher
Ton: Thomas T. Moulton

The Barretts of Wimpole Street. Sidney Franklin
Bester Film
Darstellerin: Norma Shearer

Cleopatra (Cleopatra). Cecil B. De Mille
   Kamera: Victor Milner
   Bester Film
   Regieassistenz: Cullen Tate
   Schnitt: Anne Bauchens
   Ton: Franklin Hansen

Eskimo (Eskimo). W. S. van Dyke
   Schnitt: Conrad Nervig

Flirtation Walk. Frank Borzage
   Bester Film
   Ton: Nathan Levinson

Flying Down to Rio. Thornton Freeland
   Song: »Carioca«

The Gay Divorcee (Scheidung auf amerikanisch/Tanz mit mir!).
Mark Sandrich
   Song: »The Continental«
   Bester Film
   Ausstattung: Van Nest Polglase, Carroll Clark
   Musik: Kenneth Webb, Samuel Hoffenstein
   Ton: Carl Dreher

Here Comes the Navy. Lloyd Bacon
   Bester Film

Hide-Out (Gauner auf Urlaub). W. S. van Dyke
   Story: Mauri Grashin

The House of Rothschild. Alfred Werker
   Bester Film

Imitation of Life. John Stahl
   Bester Film
   Regieassistenz: Scott Beal
   Ton: Gilbert Kurland

The Lost Patrol (Der vermißte Spähtrupp). John Ford
   Musik: Max Steiner

Manhattan Melodrama. W. S. van Dyke
   Story: Arthur Caesar

The Merry Widow (Die lustige Witwe). Ernst Lubitsch
Ausstattung: Cedric Gibbons, Frederic Hope

One Night of Love (Das leuchtende Ziel). Victor Schertzinger
Musik: Victor Schertzinger, Gus Kahn
Ton: Paul Neal
Bester Film
Darstellerin: Grace Moore
Regie
Schnitt: Gene Milford

Operation 13. Richard Boleslawski
Kamera: George Folsey

The Richest Girl in the World. William A. Seiter
Story: Norman Krasna

She Loves Me Not. Elliott Nugent
Song: »Love in Bloom«

The Thin Man (Mordsache »Dünner Mann«). W. S. van Dyke
Bester Film
Darsteller: William Powell
Drehbuch (B): Frances Goodrich, Albert Hackett
Regie

Viva Villa (Schrei der Gehetzten). Jack Conway
Regieassistenz: John Waters
Bester Film
Drehbuch (B): Ben Hecht
Ton: Douglas Shearer

The White Parade. Irving Cummings
Bester Film

8. Oscar-Verleihung (1935)

Mutiny on the Bounty (Meuterei auf der Bounty). Frank Lloyd
BESTER FILM
Darsteller: Clark Gable, Charles Laughton, Franchot Tone
Drehbuch: Jules Furthman, Talbot Jennings, Carey Wilson
Musik: Herbert Stothart
Regie
Schnitt: Margaret Booth

*»Mutiny on the Bounty« (Meuterei auf der Bounty) – der erste Offizier eines
britischen Segelschiffes auf der Fahrt nach Tahiti inszeniert eine Meuterei
und setzt seinen tyrannischen Kapitän auf offener See aus*

Alice Adams. George Stevens
Bester Film
Darstellerin: Katharine Hepburn

All the King's Horses. Frank Tuttle
Choreographie: Leroy Prinz

Barbary Coast (San Francisco im Goldfieber). Howard Hawks
Kamera: Ray June

Becky Sharp. Rouben Mamoulian
Darstellerin: Miriam Hopkins

Big Broadcast of 1936. Norman Taurog
Choreographie: Leroy Prinz

The Bride of Frankenstein (Frankensteins Braut). James Whale
Ton: Gilbert Kurland

Broadway Hostess. Frank McDonald
Choreographie: Bobby Connolly

Broadway Melody of 1936 (Broadway-Melodie 1936).
Roy del Ruth
Choreographie: Dave Gould
Bester Film
Story: Moss Hart

Captain Blood (Unter Piratenflagge). Michael Curtiz
Bester Film
Ton: Nathan Levinson

The Crusades (Kreuzritter – Richard Löwenherz).
Cecil B. De Mille
Kamera: Victor Milner

Dangerous. Alfred E. Green
Darstellerin: Bette Davis

The Dark Angel. Sidney Franklin
Ausstattung: Richard Day
Darstellerin: Merle Oberon
Ton: Thomas T. Moulton

David Copperfield (David Copperfield). George Cukor
Bester Film
Regieassistenz: Joseph Newman
Schnitt: Robert J. Kern

Escape Me Never. Paul Czinner. GB
   Darstellerin: Elisabeth Bergner

Folies Bergere (Paradies der Liebe). Roy del Ruth
   Choreographie: Dave Gould

The Gay Deception. William Wyler
   Story: Don Hartman, Stephen Avery

Go Into Your Dance. Archie Mayo
   Choreographie: Bobby Connolly

Golddiggers of 1935 (Die Goldgräber von 1935). Busby Berkeley
   Song: »Lullaby of Broadway«
   Choreographie: Busby Berkeley

I Dream Too Much. John Cromwell
   Ton: Carl Dreher

The Informer (Der Verräter). John Ford
   Darsteller: Victor McLaglen
   Drehbuch: Dudley Nichols
   Musik: Max Steiner
   Regie
   Bester Film
   Schnitt: George Hively

King of Burlesque. Sidney Lanfield
   Choreographie: Sammy Lee

Lives of a Bengal Lancer (Bengali). Henry Hathaway
   Regieassistenz: Clem Beauchamp, Paul Wing
   Bester Film
   Ausstattung: Hans Dreier, Roland Anderson
   Drehbuch: Achmed Abdullah, John L. Balderston, Grover
      Jones, William Slavens McNutt, Waldemar Young
   Regie
   Schnitt: Ellsworth Hoagland
   Ton: Franklin Hansen

Love Me Forever. Victor Schertzinger
   Ton: John Livadary

Kolonialabenteuer in Indien – Gary Cooper und Monte Blue in › Lifes of a Bengal Lancer ‹ (Bengali)

A Midsummer Night's Dream (A Midsummer Night's Dream).
Max Reinhardt, William Dieterle
Kamera: Hal Mohr
Schnitt: Ralph Dawson
Bester Film

Les Miserables (Die Elenden). Richard Boleslawski
Bester Film
Kamera: Gregg Toland
Regieassistenz: Eric Stacey
Schnitt: Barbara McLean

Naughty Marietta (Tolle Marietta). W. S. van Dyke
Ton: Douglas Shearer
Bester Film

One Thousand Dollars a Minute. Aubrey Scotto
Ton: Republic Sound Dpt

Peter Ibbetson (Peter Ibbetson). Henry Hathaway
Musik: Ernst Toch

Private Worlds (Oberarzt Dr. Monet). Gregory La Cava
  Darstellerin: Claudette Colbert

Roberta. William A. Seiter
  Song: »Lovely To Look At«

Ruggles of Red Gap (Ein Butler in Amerika). Leo McCarey
  Bester Film

The Scoundrel (Ein charmanter Schurke). Ben Hecht, Charles
MacArthur
  Story: Ben Hecht, Charles MacArthur

She. Irving Pichel, Lansing G. Holden
  Choreographie: B. Zemach

Thanks a Million. Roy del Ruth
  Ton: E. H. Hansen

Top Hat (Ich tanz' mich in dein Herz hinein). Mark Sandrich
  Bester Film
  Ausstattung: Carroll Clark, Van Nest Polglase
  Choreographie: Hermes Pan
  Song: »Cheek To Cheek«

9. Oscar-Verleihung (1936)

The Great Ziegfeld (Der große Ziegfeld). Robert Z. Leonard
BESTER FILM
Choreographie: Seymour Felix
Hauptdarstellerin: Luise Rainer
Ausstattung: Cedric Gibbons, Eddie Imazu, Edwin B. Willis
Regie
Schnitt: William S. Gray
Story: William Anthony McGuire

William Powell (Mitte) in ›The Great Ziegfeld ‹ (Der große Ziegfeld) – ein Lebenslauf des berühmten Broadway-Produzenten

After the Thin Man (»Dünner Mann« 2. Fall). W. S. van Dyke
Drehbuch: Frances Goodrich, Albert Hackett

Anthony Adverse. Mervyn Le Roy
Kamera: Gaetano Gaudio
Musik: Erich Wolfgang Korngold
Nebendarstellerin: Gale Sondergaard

Schnitt: Ralph Dawson
Bester Film
Ausstattung: Anton Grot
Regieassistenz: William Cannon

Banjo on My Knee (Mississippi-Melodie). John Cromwell
Ton: E. H. Hansen

Born to Dance (Zum Tanzen geboren). Roy del Ruth
Choreographie: Dave Gould
Song: »I've Got You Under My Skin«

Cain and Mabel. Lloyd Bacon
Choreographie: Bobby Connolly

The Charge of the Light Brigade (Der Verrat des Surat Khan).
Michael Curtiz
Regieassistenz: Jack Sullivan
Musik: Max Steiner
Ton: Nathan Levinson

Come and Get It (Nimm was du kriegen kannst). Howard Hawks,
William Wyler
Nebendarsteller: Walter Brennan
Schnitt: Edward Curtiss

Dancing Pirate. Lloyd Corrigan
Choreographie: Russell Lewis

Dodsworth. William Wyler
Ausstattung: Richard Day
Bester Film
Drehbuch: Sidney Howard
Hauptdarsteller: Walter Huston
Nebendarstellerin: Maria Ouspenskaya
Regie
Ton: Oscar Lagerstrom

Fury (Fury). Fritz Lang
Story: Norman Krasna

The Garden of Allah (Der Garten Allahs). Richard Boleslawski
Kamera (F): W. Howard Greene, Harold Rosson*
Musik: Max Steiner
Regieassistenz: Eric G. Stacey

The General Died At Dawn. Lewis Milestone
  Kamera: Victor Milner
  Musik: Werner Janssen
  Nebendarsteller: Akim Tamiroff

General Spanky. Gordon Douglas, Fred Newmeyer
  Ton: Elmer A. Raguse

Gold Diggers of 1937. Lloyd Bacon
  Choreographie: Busby Berkeley

The Gorgeous Hussy. Clarence Brown
  Kamera: George Folsey
  Nebendarstellerin: Beulah Bondi

Last of the Mohicans (Der Letzte der Mohikaner). George B.
Seitz
  Regieassistenz: Clem Beauchamp

Libeled Lady (Lustige Sünder). Jack Conway
  Bester Film

Lloyds of London (Signale nach London). Henry King
  Ausstattung: William S. Darling
  Schnitt: Barbara McLean

The Magnificent Brute. John G. Blystone
  Ausstattung: Albert S. D'Agostino, Jack Otterson

Mr. Deeds Goes To Town (Mr. Deeds geht in die Stadt).
Frank Capra
  Regie
  Bester Film
  Drehbuch: Robert Riskin
  Hauptdarsteller: Gary Cooper
  Ton: John Livadary

My Man Godfrey (Mein Mann Gottfried). Gregory La Cava
  Drehbuch: Eric Hatch, Morris Ryskind
  Hauptdarsteller: William Powell
  Hauptdarstellerin: Carole Lombard
  Nebendarsteller: Mischa Auer
  Nebendarstellerin: Alice Brady
  Regie

One in a Million. Sidney Lanfield
  Choreographie: Jack Haskell

Pennies from Heaven. Norman Z. McLeod
  Song: »Pennies From Heaven«

Pigskin Parade (Der springende Punkt). David Butler
  Nebendarsteller: Stuart Erwin

Romeo and Juliet. George Cukor
  Bester Film
  Ausstattung: Cedric Gibbons, Frederic Hope, Edwin B. Willis
  Hauptdarstellerin: Norma Shearer
  Nebendarsteller: Basil Rathbone

San Francisco (San Francisco). W. S. van Dyke
  Ton: Douglas Shearer
  Bester Film
  Hauptdarsteller: Spencer Tracy
  Regie
  Regieassistenz: Joseph Newman
  Story: Robert Hopkins

Sing Baby Sing. Sidney Lanfield
  Song: »When Did You Leave Heaven«

The Story of Louis Pasteur (Louis Pasteur). William Dieterle
  Drehbuch: Peter Collings, Sheridan Gibney
  Hauptdarsteller: Paul Muni
  Story: Pierre Collings, Sheridan Gibney
  Bester Film

Suzy. George Fitzmaurice
  Song: »Did I Remember«

Swing Time (Swing Time). George Stevens
  Song: »The Way You Look Tonight«
  Choreographie: Hermes Pan

A Tale of Two Cities (Flucht aus Paris). Jack Conway
  Bester Film
  Schnitt: Conrad A. Nervig

The Texas Rangers (Grenzpolizei Texas). King Vidor
  Ton: Franklin Hansen

That Girl from Paris. Leigh Jason
  Ton: J. O. Aalberg

Theodora Goes Wild (Theodora wird wild).
Richard Boleslawski
  Hauptdarstellerin: Irene Dunne
  Schnitt: Otto Meyer

These Three (Infame Lügen). William Wyler
  Nebendarstellerin: Bonita Granville

Three Smart Girls. Henry Koster
  Bester Film
  Story: Adele Commandini
  Ton: Homer G. Tasker

Trail of the Lonesome Pine. Henry Hathaway
  Song: »A Melody From The Sky«

Valiant is the Word for Carrie (Die zweite Mutter).
Wesley Ruggles
  Hauptdarstellerin: Gladys George

Winterset. Alfred Santell
  Ausstattung: Perry Ferguson
  Musik: Nathaniel Shilkret

10. Oscar-Verleihung (1937)

The Life of Emile Zola (Das Leben des Emile Zola). William Dieterle

BESTER FILM
Drehbuch: Heinz Herald, Geza Herczeg, Norman Reilly Raine
Nebendarsteller: Joseph Schildkraut
Ausstattung: Anton Grot
Hauptdarsteller: Paul Muni
Musik: Max Steiner
Regie
Regieassistenz: Russ Saunders
Story: Heinz Herald, Geza Herczeg
Ton: Nathan Levinson

Biographie eines französischen Schriftstellers – Paul Muni in ›The Life of Emile Zola‹ (Das Leben des Emile Zola)

Ali Baba Goes To Town. David Butler
  Choreographie: Sammy Lee

Artists and Models (Künstlerball). Raoul Walsh
  Song: »Whispers In The Dark«

The Awful Truth (Die schreckliche Wahrheit). Leo McCarey
  Regie
  Bester Film
  Drehbuch: Vina Delmar
  Hauptdarstellerin: Irene Dunne
  Nebendarsteller: Ralph Bellamy
  Schnitt: Al Clark

Black Legion (Geheimbund »Schwarze Legion«). Archie Mayo
  Story: Robert Lord

Camille (Die Kameliendame). George Cukor
  Hauptdarstellerin: Greta Garbo

Captains Courageous (Manuel). Victor Fleming
  Hauptdarsteller: Spencer Tracy
  Bester Film
  Drehbuch: Marc Connolly, John Lee Mahin, Dale van Every
  Schnitt: Elmo Vernon

Conquest (Maria Walewska). Clarence Brown
  Ausstattung: Cedric Gibbons, William Horning
  Hauptdarsteller: Charles Boyer

A Damsel in Distress (Ein Fräulein in Nöten).
George Stevens
  Choreographie: Hermes Pan
  Ausstattung: Carroll Clark

A Day at the Races (Ein Tag beim Rennen). Sam Wood
  Choreographie: Dave Gould

Dead End (Sackgasse). William Wyler
  Bester Film
  Ausstattung: Richard Day
  Kamera: Gregg Toland
  Nebendarstellerin: Claire Trevor

Every Day's Holiday. A. Edward Sutherland
  Ausstattung: Wiard Ihnen

117

The Girl Said No. Andrew L. Stone
  Ton: A.E. Kaye

The Good Earth (Die gute Erde). Sidney Franklin
  Hauptdarstellerin: Luise Rainer
  Kamera: Karl Freund
  Bester Film
  Regie
  Schnitt: Basil Wrangell

Hitting a New High. Raoul Walsh
  Ton: John Aalberg

The Hurricane (Dann kam der Orkan). John Ford, Stuart Heisler
  Ton: Thomas Moulton
  Musik: Alfred Newman
  Nebendarsteller: Thomas Mitchell

In Old Chicago (Chicago). Henry King
  Nebendarstellerin: Alice Brady
  Regieassistenz: Robert Webb
  Bester Film
  Musik: Louis Silvers
  Story: Niven Busch
  Ton: E. H. Hansen

Lost Horizon (In den Fesseln von Shangri-La). Frank Capra
  Ausstattung: Stephen Goosson
  Schnitt: Gene Havlick, Gene Milford
  Bester Film
  Musik: Dimitri Tiomkin
  Nebendarsteller: H. B. Warner
  Regieassistenz: C. C. Coleman jr.
  Ton: John Livadary

Make a Wish. Kurt Neumann
  Musik: Dr. Hugo Riesenfeld

Manhattan Merry-Go-Round. Charles F. Riesner
  Ausstattung: John Victor Mackay

Maytime (Maienzeit). Robert Z. Leonard
  Musik: Herbert Stothart
  Ton: Douglas Shearer

Utopie vom ewigen Frieden im abgelegenen Himalaya-Tal – Ronald Colman und H. B. Warner in › Lost Horizon ‹ (In den Fesseln von Shangri-La)

Mr. Dodd Takes the Air. Alfred E. Green
Song: »Remember Me«

Night Must Fall. Richard Thorpe
Hauptdarsteller: Robert Montgomery
Nebendarstellerin: Dame May Whitty

One Hundred Men and a Girl (100 Mann und ein Mädchen).
Henry Koster
Musik: Charles Previn
Bester Film
Schnitt: Bernard W. Burton
Story: Hans Kraly
Ton: Homer Tasker

Portia on Trial. George Nichols jr.
  Musik: Alberto Colombo

The Prisoner of Zenda (Der Gefangene von Zenda). John Cromwell
  Ausstattung: Lyle Wheeler
  Musik: Alfred Newman

Quality Street. George Stevens
  Musik: Roy Webb

Ready, Willing and Able. Ray Enright
  Choreographie: Bobby Connolly

Shall We Dance? (Tanz mit mir!). Mark Sandrich
  Song: »They Can't Take That Away From Me«

Snow White and the Seven Dwarfs (Schneewittchen und die sieben Zwerge). David Hand
  Musik: Frank Churchill, Leigh Harline, Paul J. Smith

Something to Sing About. Victor Schertzinger
  Musik: Victor Schertzinger

Souls at Sea (Schiffbruch der Seelen). Henry Hathaway
  Ausstattung: Hans Dreier, Roland Anderson
  Musik: W. Franke Harling, Milan Roder
  Regieassistenz: Hal Walker

Stage Door (Bühneneingang). Gregory La Cava
  Bester Film
  Drehbuch: Morris Ryskind, Anthony Veiller
  Nebendarstellerin: Andrea Leeds
  Regie

A Star Is Born (Ein Stern geht auf). William A. Wellman
  Kamera (F): W. Howard Greene*
  Story: William A. Wellman, Robert Carson
  Bester Film
  Drehbuch: Alan Campbell, Robert Carson, Dorothy Parker
  Hauptdarsteller: Fredric March
  Hauptdarstellerin: Janet Gaynor
  Regie
  Regieassistenz: Eric Stacey

Stella Dallas (Stella Dallas). King Vidor
  Hauptdarstellerin: Barbara Stanwyck
  Nebendarstellerin: Anne Shirley

Thin Ice. Sidney Lanfield
  Choreographie: Harry Losee

Topper (Zwei Engel ohne Flügel). Norman Z. McLeod
  Nebendarsteller: Roland Young
  Ton: Elmer Raguse

Varsity Show. William Keighley
  Choreographie: Busby Berkeley

Vogues of 1938. Irving Cummings
  Ausstattung: Alexander Toluboff
  Song: »That Old Feeling«

Waikiki Wedding. Frank Tuttle
  Song: »Sweet Leilani«
  Choreographie: Leroy Prinz

Way Out West (Dick und Doof im Wilden Westen). James Horne
  Musik: Marvin Hatley

Wee Willie Winkie (Rekrut Willie Winkie). John Ford
  Ausstattung: William S. Darling, David Hall

Wells Fargo (Frisco-Express). Frank Lloyd
  Ton: L. L. Ryder

Wings Over Honolulu. H. C. Potter
  Kamera: Joseph Valentine

You're a Sweetheart. David Butler
  Ausstattung: Jack Otterson

11. Oscar-Verleihung (1938)

You Can't Take It With You (Der Lebenskünstler). Frank Capra
BESTER FILM
Regie
Drehbuch: Robert Riskin
Kamera: Joseph Walker
Nebendarstellerin: Spring Byington
Schnitt: Gene Havlick
Ton: John Livadary

James Stewart und Jean Arthur in ›You Can't Take with You ‹ (Der Lebens-künstler) – die Tochter einer reichlich exzentrischen Familie aus New York verliebt sich in einen Sohn reicher Eltern

Der Rächer der Enterbten nach dem Kampf mit dem Sheriff von Nottingham - Olivia de Havilland und Errol Flynn in ›The Adventures of Robin Hood‹ (Robin Hood, der König der Vagabunden)

The Adventures of Robin Hood (Robin Hood, der König der Vagabunden). Michael Curtiz, William Keighley
   Ausstattung: Carl J. Weyl
   Musik (O): Erich Wolfgang Korngold
   Schnitt: Ralph Dawson
   Bester Film

The Adventures of Tom Sawyer (Toms Abenteuer).
Norman Taurog
    Ausstattung: Lyle Wheeler

Alexander's Ragtime Band. Henry King
    Musik (B): Alfred Newman
    Bester Film
    Ausstattung: Bernard Herzbrun, Boris Leven
    Schnitt: Barbara McLean
    Song: »Now It Can Be Told«
    Story: Irving Berlin

Algiers. John Cromwell
    Ausstattung: Alexander Toluboff
    Hauptdarsteller: Charles Boyer
    Kamera: James Wong Howe
    Nebendarsteller: Gene Lockhart

Angels With Dirty Faces (Chikago). Michael Curtiz
    Hauptdarsteller: James Cagney
    Regie
    Story: Rowland Brown

Army Girl. George Nicholls jr.
    Kamera: Ernest Miller, Harry Wild
    Musik (O): Victor Young
    Ton: Charles Lootens

Big Broadcast of 1938. Mitchell Leisen
    Song: »Thanks For The Memory«

Blockade. William Dieterle
    Musik (O): Werner Janssen
    Story: John Howard Lawson

Blockheads (Lange Leitung). John G. Blystone
    Musik (O): Marvin Hatley

Boys Town (Teufelskerle). Norman Taurog
    Hauptdarsteller: Spencer Tracy
    Story: Eleanore Griffin, Dore Schary
    Bester Film
    Drehbuch: John Meehan, Dore Schary
    Regie

Breaking the Ice. Edward Cline
  Musik (O): Victor Young

The Buccaneer. Cecil B. De Mille
  Kamera: Victor Milner

Carefree (Sorgenfrei durch Dr. Flagg). Mark Sandrich
  Ausstattung: Van Nest Polglase
  Musik (B): Victor Baravalle
  Song: »Change Partners And Dance With Me«

The Citadel (Die Zitadelle). King Vidor. GB
  Bester Film
  Drehbuch: Ian Dalrymple, Elizabeth Hill, Frank Wead
  Hauptdarsteller: Robert Donat
  Regie

The Cowboy and the Lady (Mein Mann, der Cowboy).
H. C. Potter
  Ton: Thomas Moulton
  Musik (O): Alfred Newman
  Song: »Cowboy and the Lady«

Four Daughters (Vater dirigiert). Michael Curtiz
  Bester Film
  Drehbuch: Lenore Coffee, Julius J. Epstein
  Nebendarsteller: John Garfield
  Regie
  Ton: Nathan Levinson

Girl's School. John Brahm
  Musik (B): Morris Stoloff, Gregory Stone

Going Places. Ray Enright
  Song: »Jeepers Creepers«

Goldwyn Follies. George Marshall
  Musik (B): Alfred Newman

La grande illusion (Die große Illusion). Jean Renoir. F
  Bester Film

The Great Waltz (Der große Walzer). Julien Duvivier
  Kamera: Joseph Ruttenberg
  Nebendarstellerin: Miliza Korjus
  Schnitt: Tom Held

Holiday (Holiday). George Cukor
Ausstattung: Stephen Goosson, Lionel Banks

If I Were King (König der Vagabunden). Frank Lloyd
Ausstattung: Hans Dreier, John Goodman
Musik (O): Richard Hageman
Nebendarsteller: Basil Rathbone
Ton: L. L. Ryder

Jezebel (Jezebel – die boshafte Lady). William Wyler
Hauptdarstellerin: Bette Davis
Nebendarstellerin: Fay Bainter
Bester Film
Kamera: Ernest Haller
Musik (B): Max Steiner

Kentucky (Die goldene Peitsche). David Butler
Nebendarsteller: Walter Brennan

The Lady Objects. Erle C. Kenton
Song: »A Mist Over The Moon«

Mad About Music. Norman Taurog
Ausstattung: Jack Otterson
Kamera: Joseph Valentine
Musik (B): Charles Previn, Frank Skinner
Story: Marcella Burke, Frederick Kohner

Mannequin. Frank Borzage
Song: »Always And Always«

Marie-Antoinette (Marie-Antoinette). W. S. van Dyke
Ausstattung: Cedric Gibbons
Hauptdarstellerin: Norma Shearer
Musik (O): Herbert Stothart
Nebendarsteller: Robert Morley

Merrily We Live (Wie leben wir doch glücklich!).
Norman Z. McLeod
Ausstattung: Charles D. Hall
Kamera: Norbert Brodine
Nebendarstellerin: Billie Burke
Song: »Merrily We Live«
Ton: Elmer Raguse

Of Human Hearts. Clarence Brown
Nebendarstellerin: Beulah Bondi

Pacific Liner. Lew Landers
Musik (O): Russell Bennett

Pygmalion (Pygmalion). Anthony Asquith, Leslie Howard. GB
Drehbuch (O): George Bernard Shaw
Drehbuch (B): Ian Dalrymple, Cecil Lewis, W.P. Lipscomb
Bester Film
Hauptdarsteller: Leslie Howard
Hauptdarstellerin: Wendy Hiller

Snow White and the Seven Dwarfs (Schneewittchen und die sieben Zwerge). David Hand
Produzent: Walt Disney*

Spawn of the North (Raubfischer in Alaska). Henry Hathaway
Spezialeffekte: Gordon Jennings, Jan Domela, Dev Jennings, Irmin Roberts, Art Smith, Farciot Edouart, Loyal Griggs, Loren Ryder, Harry Mills, Louis H. Mesenkop, Walter Oberst*

Storm Over Bengal. Sidney Salkow
Musik (B): Cy Feuer

Suez (Suez). Allan Dwan
Kamera: Peverell Marley
Musik (O): Louis Silvers
Ton: Edmund Hansen

Sweethearts. W. S. van Dyke
Kamera (F): Oliver Marsh, Allen Davey*
Musik (B): Herbert Stothart
Ton: Douglas Shearer

Test Pilot (Der Werkpilot). Victor Fleming
Bester Film
Schnitt: Tom Held
Story: Frank Wead

That Certain Age. Edward Ludwig
Song: »My Own«
Ton: Bernard B. Brown

There Goes My Heart. Norman Z. McLeod
  Musik (B): Marvin Hatley

Three Comrades. Frank Borzage
  Hauptdarstellerin: Margaret Sullavan

Tropic Holiday. Theodore Reed
  Musik (B): Boris Morros

Under Western Stars. Joe Kane
  Song: »Dust«

Vivacious Lady. George Stevens
  Kamera: Robert de Grasse
  Ton: James Wilkinson

White Banners. Edmund Goulding
  Hauptdarstellerin: Fay Bainter

The Young in Heart (Gauner mit Herz). Richard Wallace
  Kamera: Leon Shamroy
  Musik (O): Franz Waxman
  Musik (B): Franz Waxman

12. Oscar-Verleihung (1939)

Gone with the Wind (Vom Winde verweht). Victor Fleming

BESTER FILM
Ausstattung: Lyle Wheeler
Drehbuch: Sidney Howard
Farbdramaturgie: William Cameron Menzies*
Hauptdarstellerin: Vivien Leigh
Kamera (F): Ernest Haller, Ray Rennahan
Nebendarstellerin: Hattie McDaniel
Regie
Schnitt: Hal C. Kern, James E. Newcom
Hauptdarsteller: Clark Gable
Musik (O): Max Steiner
Nebendarstellerin: Olivia de Havilland
Spezialeffekte: John R. Cosgrove, Fred Albin, Arthur Johns
Ton: Thomas T. Moulton

› Frankly, Scarlet! › I don't give a damn ‹ – Clark Gable und Vivien Leigh in
› Gone with the Wind ‹ (Vom Winde verweht)

Babes in Arms. Busby Berkeley
Hauptdarsteller: Mickey Rooney
Musik (B): Roger Edens, George E. Stoll

Bachelor Mother (Die Findelmutter). Garson Kanin
Story: Felix Jackson

Balalaika (Balalaika). Reinhold Schünzel
Ton: Douglas Shearer

Beau Geste (Drei Fremdenlegionäre). William Wellman
Ausstattung: Hans Dreier, Robert Odell
Nebendarsteller: Brian Donlevy

Captain Fury. Hal Roach
Ausstattung: Charles D. Hall

Dark Victory (Opfer einer großen Liebe). Edmund Goulding
Bester Film
Hauptdarstellerin: Bette Davis
Musik (O): Max Steiner

Drums Along the Mohawk (Trommeln am Mohawk). John Ford
Nebendarstellerin: Edna May Oliver

Eternally Yours (Liebestournee). Tay Garnett
Musik (O): Werner Janssen

First Love. Henry Koster
Ausstattung: Jack Otterson, Martin Obzina
Musik (B): Charles Previn

Golden Boy (Golden Boy). Rouben Mamoulian
Musik (O): Victor Young

Goodbye, Mr. Chips. Sam Wood. GB
Hauptdarsteller: Robert Donat
Bester Film
Drehbuch: Eric Maschwitz, R. C. Sherriff, Claudine West
Hauptdarstellerin: Greer Garson
Regie
Schnitt: Charles Frend
Ton: A. W. Watkins

The Great Victor Herbert (Dreivierteltakt am Broadway). Andrew L. Stone
Musik (B): Phil Boutelje, Arthur Lange
Ton: Loren Ryder

Gulliver's Travels (Gullivers Reisen). Dave Fleischer
Musik (O): Victor Young
Song: »Faithful Forever«

The Hunchback of Notre Dame (Der Glöckner von Notre-Dame). William Dieterle
Musik (B): Alfred Newman
Ton: John Aalberg

Intermezzo (Intermezzo). Gregory Ratoff
Musik (B): Lou Forbes

Juarez. William Dieterle
Nebendarsteller: Brian Aherne

Love Affair (Ruhelose Liebe). Leo McCarey
Bester Film
Ausstattung: Van Nest Polglase, Al Herman
Hauptdarstellerin: Irene Dunne
Nebendarstellerin: Maria Ouspenskaya
Song: »Wishing«
Story: Mildred Cram, Leo McCarey

The Man in the Iron Mask (Der Mann mit der eisernen Maske). James Whale
Musik (O): Lud Gluskin, Lucien Moraweck

Man of Conquest (Rache für Alamo). George Nicholls jr.
Ausstattung: John Victor Mackay
Musik (O): Victor Young
Ton: C. L. Lootens

Mr. Smith Goes to Washington (Mr. Smith geht nach Washington). Frank Capra
Story: Lewis R. Foster
Bester Film
Ausstattung: Lionel Banks
Drehbuch: Sidney Buchman
Hauptdarsteller: James Stewart

Musik (B): Dimitri Tiomkin
Nebendarsteller: Harry Carey, Claude Rains
Regie
Schnitt: Gene Havlick, Al Clark
Ton: John Livadary

Ninotchka (Ninotschka). Ernst Lubitsch
Bester Film
Drehbuch: Charles Brackett, Walter Reisch, Billy Wilder
Hauptdarstellerin: Greta Garbo
Story: Melchior Lengyel

Nurse Edith Cavell. Herbert Wilcox
Musik (O): Anthony Collins

Of Mice and Men (Von Mäusen und Menschen).
Lewis Milestone
Bester Film
Musik (O): Aaron Copland
Musik (B): Aaron Copland
Ton: Elmer Raguse

Postkutschenfahrt durchs Indianergebiet – › Stagecoach ‹ (Ringo)

Only Angels Have Wings (SOS – Feuer an Bord). Howard Hawks
  Spezialeffekte: Roy Davidson, Edwin C. Hahn

The Private Lives of Elizabeth and Essex (Günstling der Königin).
Michael Curtiz
  Ausstattung: Anton Grot
  Kamera (F): Sol Polito, W. Howard Greene
  Musik (B): Erich Wolfgang Korngold
  Spezialeffekte: Byron Haskin, Nathan Levinson
  Ton: Nathan Levinson

The Rains Came (Nacht über Indien). Clarence Brown
  Spezialeffekte: E. H. Hansen, Fred Sersen
  Ausstattung: William Darling, George Dudley
  Musik (O): Alfred Newman
  Schnitt: Barbara McLean
  Ton: E.H. Hansen

Second Fiddle. Sidney Lanfield
Song: »I Poured My Heart Into A Song«

She Married a Cop. Sidney Salkow
Musik (B): Cy Feuer

Stagecoach (Ringo). John Ford
Musik (B): Richard Hageman, Frank Harling, John Leipold,
Leo Shuken
Nebendarsteller: Thomas Mitchell
Bester Film
Ausstattung: Alexander Toluboff
Kamera (SW): Bert Glennon
Regie
Schnitt: Otho Lovering, Dorothy Spencer

Swanee River. Sidney Lanfield
Musik (B): Louis Silvers

They Shall Have Music (Musik fürs Leben). Archie Mayo
Musik (B): Alfred Newman

Topper Takes a Trip (Topper geht auf Reisen). Norman Z.
McLeod
Spezialeffekte: Roy Seawright

Union Pacific (Die Frau gehört mir). Cecil B. De Mille
Spezialeffekte: Farciot Edouart, Gordon Jennings, Loren
Ryder

Way Down South. Bernard Vorhaus
Musik (B): Victor Young

When Tomorrow Comes. John M. Stahl
Ton: Bernard B. Brown

The Wizard of Oz (Das zauberhafte Land). Victor Fleming
Musik (O): Herbert Stothart
Song: »Over The Rainbow«
Bester Film
Ausstattung: Cedric Gibbons, William A. Horning
Spezialeffekte: Arnold Gillespie, Douglas Shearer

Wuthering Heights (Stürmische Höhen). William Wyler
  Kamera (SW): Gregg Toland
  Bester Film
  Ausstattung: James Basevi
  Drehbuch: Ben Hecht, Charles MacArthur
  Hauptdarsteller: Laurence Olivier
  Musik (O): Alfred Newman
  Nebendarstellerin: Geraldine Fitzgerald
  Regie

Young Mr. Lincoln (Der junge Mr. Lincoln). John Ford
  Story: Lamar Trotti

13. Oscar-Verleihung (1940)

Rebecca (Rebecca). Alfred Hitchcock
BESTER FILM
Kamera (SW): George Barnes
Ausstattung (SW): Lyle Wheeler
Drehbuch (B): Robert E. Sherwood, Joan Harrison
Hauptdarsteller: Laurence Olivier
Hauptdarstellerin: Joan Fontaine
Nebendarstellerin: Judith Anderson
Musik (O): Franz Waxman
Regie
Schnitt: Hal C. Kern
Spezialeffekte: Jack Cosgrove, Arthur Johns

Joan Fontaine und Laurence Olivier in › Rebecca ‹ (Rebecca) – die zweite Frau eines Schloßherrn kämpft mit den Erinnerungen an die Verflossene

Abe Lincoln in Illinois. John Cromwell
  Hauptdarsteller: Raymond Massey
  Kamera (SW): James Wong Howe

All This and Heaven Too (Hölle, wo ist dein Sieg?). Anatole Litvak
  Bester Film
  Kamera (SW): Ernest Haller
  Nebendarstellerin: Barbara O'Neil

Angels over Broadway. Ben Hecht, Lee Garmes
  Drehbuch (O): Ben Hecht

Arise, My Love. Mitchell Leisen
  Story: Benjamin Glazer, John S. Toldy
  Ausstattung (SW): Hans Dreier, Robert Usher
  Kamera (SW): Charles B. Lang jr.
  Musik (B): Victor Young

Arizona (Arizona). Wesley Ruggles
  Ausstattung (SW): Lionel Banks, Robert Peterson
  Musik (O): Victor Young

Behind the News. Joseph Santley
  Ton: Charles Lootens

Bitter Sweet. W. S. van Dyke II.
  Ausstattung (F): Cedric Gibbons, John S. Detlie
  Kamera (F): Oliver T. Marsh, Allen Davey

The Blue Bird. Walter Lang
  Kamera (F): Arthur Miller, Ray Rennahan
  Spezialeffekte: Fred Sersen, E.H. Hansen

Boom Town (Der Draufgänger). Jack Conway
  Kamera (SW): Harold Rosson
  Spezialeffekte: A. Arnold Gillespie, Douglas Shearer

The Boys from Syracuse. Edward A. Sutherland
  Ausstattung (SW): John Otterson
  Spezialeffekte: John P. Fulton, Bernard B. Brown, Joseph Lapis

Captain Caution (Überfall auf die Olive Branch). Richard Wallace
  Ton: Elmer Raguse

Comrade X. King Vidor
  Story: Walter Reisch

Dark Command (Schwarzes Kommando). Raoul Walsh
  Ausstattung (SW): John Victor Mackay
  Musik (O): Victor Young

Dr. Cyclops (Dr. Zyklop). Ernest Schoedsack
  Spezialeffekte: Farciot Edouart, Gordon Jennings

Dr. Ehrlich's Magic Bullet (Die Lebensgeschichte Paul Ehrlichs).
William Dieterle
  Drehbuch (O): Norman Burnside, Heinz Herald, John Huston

Down Argentine Way (Galopp ins Glück). Irving Cummings
  Ausstattung (F): Richard Day, Joseph C. Wright
  Kamera (F): Leon Shamroy, Ray Rennahan
  Song: »Down Argentine Way«

Edison the Man (Der große Edison). Clarence Brown
  Story: Hugo Butler, Dore Schary

The Fight for Life. Pare Lorentz
  Musik (O): Louis Gruenberg

Foreign Correspondent (Mord). Alfred Hitchcock
  Bester Film
  Ausstattung (SW): Alexander Golitzen
  Drehbuch (O): Charles Bennett, Joan Harrison
  Kamera (SW): Rudolph Maté
  Nebendarsteller: Albert Bassermann
  Spezialeffekte: Paul Eagler, Thomas T. Moulton

The Grapes of Wrath (Früchte des Zorns). John Ford
  Nebendarstellerin: Jane Darwell
  Regie
  Bester Film
  Drehbuch (B): Nunnally Johnson
  Hauptdarsteller: Henry Fonda
  Schnitt: Robert E. Simpson
  Ton: E. H. Hansen

Henry Fonda (l.) in ›The Grapes of Wrath‹ (Früchte des Zorns) – auf der Suche nach einem besseren Leben ziehen depressionsgefährdete Farmer aus Oklahoma in den goldenen Westen

The Great Dictator (Der große Diktator). Charles Chaplin
Bester Film
Drehbuch (O): Charles Chaplin
Hauptdarsteller: Charles Chaplin
Musik (O): Meredith Willson
Nebendarsteller: Jack Oakie

The Great McGinty (The Great McGinty). Preston Sturges
Drehbuch (O): Preston Sturges

Hit Parade of 1941. John H. Auer
Musik (B): Cy Feuer
Song: »Who Am I?«

139

The House of Seven Gables. Joe May
  Musik (O): Frank Skinner

The Howards of Virginia. Frank Lloyd
  Musik (O): Richard Hageman
  Ton: Jack Whitney, General Service

The Invisible Man Returns (Der Unsichtbare kehrt zurück).
Joe May
  Spezialeffekte: John P. Fulton, Bernard B. Brown, Willim
    Hedgecock

Irene. Herbert Wilcox
  Musik (B): Anthony Collins

Kitty Foyle. Sam Wood
  Hauptdarstellerin: Ginger Rogers
  Bester Film
  Drehbuch (B): Dalton Trumbo
  Regie
  Ton: John Aalberg

The Letter (Das Geheimnis von Malapur). William Wyler
  Bester Film
  Hauptdarstellerin: Bette Davis
  Kamera (SW): Gaetano Gaudio
  Musik (O): Max Steiner
  Nebendarsteller: James Stephenson
  Regie
  Schnitt: Warren Low

Lillian Russell. Irving Cummings
  Ausstattung (SW): Richard Day, Joseph C. Wright

The Long Voyage Home (Der lange Weg nach Cardiff). John Ford
  Bester Film
  Drehbuch (B): Dudley Nichols
  Kamera (SW): Gregg Toland
  Musik (O): Richard Hageman
  Schnitt: Sherman Todd
  Spezialeffekte: R.T. Layton, R.O. Binger, Thomas T. Moulton

The Mark of Zorro (Im Zeichen des Zorro). Rouben Mamoulian
  Musik (O): Alfred Newman

Music in My Heart. Joseph Santley
Song: »It's A Blue World«

My Favorite Wife (Meine Lieblingsfrau). Garson Kanin
Ausstattung (SW): Van Nest Polglase, Mark-Lee Kirk
Musik (O): Roy Webb
Story: Leo McCarey, Bella Spewack, Samuel Spewack

My Son, My Son (Geliebte Söhne). Charles Vidor
Ausstattung (SW): John DuCasse Schulze

North West Mounted Police (Die scharlachroten Reiter).
Cecil B. De Mille
Schnitt: Anne Bauchens
Ausstattung (F): Hans Dreier, Roland Anderson
Kamera (F): Victor Milner, W. Howard Greene
Musik (O): Victor Young
Ton: Loren Ryder

Northwest Passage (Nordwest-Passage). King Vidor
Kamera (F): Sidney Wagner, William V. Skall

One Million B. C. (Tumak, der Herr des Urwalds). Hal Roach,
Hal Roach jr., D.W. Griffith
Musik (O): Werner Heymann
Spezialeffekte: Roy Seawright, Elmer Raguse

Our Town (Unsere kleine Stadt). Sam Wood
Bester Film
Ausstattung (SW): Lewis J. Rachmil
Hauptdarstellerin: Martha Scott
Musik (O): Aaron Copland
Musik (B): Sol Lesser, Aaron Copland
Ton: Thomas Moulton

The Philadelphia Story (Die Nacht vor der Hochzeit). George
Cukor
Drehbuch (B): Donald Ogden Stewart
Hauptdarsteller: James Stewart
Bester Film
Hauptdarstellerin: Katharine Hepburn
Nebendarstellerin: Ruth Hussey
Regie

Pinocchio (Pinocchio). Ben Sharpsteen, Hamilton Luske
Musik (O): Leigh Harline, Paul J. Smith, Ned Washington
Song: »When You Wish Upon A Star«

Pride and Prejudice (Stolz und Vorurteil). Robert Z. Leonard
Ausstattung (SW): Cedric Gibbons, Paul Groesse

The Primrose Path. Gregory La Cava
Nebendarstellerin: Marjorie Rambeau

Rhythm on the River. Victor Schertzinger
Song: »Only Forever«

The Sea Hawk (Der Herr der sieben Meere). Michael Curtiz
Ausstattung (SW): Anton Grot
Musik (B): Erich Wolfgang Korngold
Spezialeffekte: Byron Haskin, Nathan Levinson
Ton: Nathan Levinson

Second Chorus. H.C. Potter
Musik (B): Artie Shaw
Song: »Love Of My Life«

Spring Parade. Henry Koster
Kamera (SW): Joseph Valentine
Musik (B): Charles Previn
Song: »Waltzing In The Clouds«
Ton: Bernard B. Brown

Strike Up the Band. Busby Berkeley
Ton: Douglas Shearer
Musik (B): Georgie Stoll, Roger Edens
Song: »Our Love Affair«

Swiss Family Robinson (Die Insel der Verlorenen). Edward Ludwig
Spezialeffekte: Vernon L. Walker, John O. Aalberg

They Knew What They Wanted. Garson Kanin
Nebendarsteller: William Gargan

The Thief of Baghdad (Der Dieb von Bagdad). Michael Powell,
Ludwig Berger, Tim Whelan
Ausstattung (F): Vincent Korda
Kamera (F): George Perinal

Spezialeffekte: Lawrence Butler, Jack Whitney
Musik (O): Miklos Rozsa

Tin Pan Alley. Walter Lang
Musik (B): Alfred Newman

Too Many Husbands. Wesley Ruggles
Ton: John Livadary

Typhoon (Die Hölle der Südsee). Louis King
Spezialeffekte: Farciot Edouart, Gordon Jennings,
Loren Ryder

Waterloo Bridge (Ihr erster Mann). Mervyn Le Roy
Kamera (SW): Joseph Ruttenberg
Musik (O): Herbert Stothart

The Westerner (In die Falle gelockt). William Wyler
Nebendarsteller: Walter Brennan
Ausstattung (SW): James Basevi
Story: Stuart N. Lake

Women in War. John H. Auer
Spezialeffekte: Howard J. Lydecker, William Bradford, Ellis J.
Thackery, Herbert Norsch

You'll Find Out. David Butler
Song: »I'd Know You Anywhere«

14. Oscar-Verleihung (1941)

How Green Was My Valley (Schlagende Wetter). John Ford
BESTER FILM
Ausstattung (SW): Richard Day, Nathan Juran, Thomas Little
Kamera (SW): Arthur Miller
Nebendarsteller: Donald Crisp
Regie
Drehbuch (B): Philip Dunne
Musik (D): Alfred Newman
Nebendarstellerin: Sara Allgood
Schnitt: James B. Clark
Ton: E. H. Hansen

Kindheit in einer walisischen Bergarbeiterstadt – Roddy McDowall in › How Green was my Valley ‹ (Schlagende Wetter)

All American Co-Ed. LeRoy Prinz
 Musik (M): Edward Ward
 Song: »Out Of The Silence«

All That Money Can Buy. William Dieterle
 Musik (D): Bernard Herrmann
 Hauptdarsteller: Walter Huston

Aloma of the South Seas (Aloma, die Tochter der Südsee). Alfred
Santell
 Kamera (F): Wilfred M. Cline, Karl Struss, William Snyder
 Spezialeffekte: Farciot Edouart, Gordon Jennings, Louis Me-
 senkop

Appointment for Love. William A. Seiter
 Ton: Bernard B. Brown

Back Street. Robert Stevenson
 Musik (D): Frank Skinner

Ball of Fire (Die merkwürdige Zähmung der Gangsterbraut Su-
garpuss). Howard Hawks
 Hauptdarstellerin: Barbara Stanwyck
 Musik (D): Alfred Newman
 Story: Thomas Monroe, Billy Wilder
 Ton: Thomas Moulton

Billy the Kid (Der letzte Bandit). David Miller
 Kamera (F): William V. Skall, Leonard Smith

Birth of the Blues. Victor Schertzinger
 Musik (M): Robert Emmett Dolan

Blood and Sand (König der Toreros). Rouben Mamoulian
 Kamera (F): Ernest Palmer, Ray Rennahan
 Ausstattung (F): Richard Day, Joseph C. Wright, Thomas
 Little

Blossoms in the Dust (Blüten im Staub). Mervyn Le Roy
 Ausstattung (F): Cedric Gibbons, Urie McCleary, Edwin B.
 Willis
 Bester Film
 Hauptdarstellerin: Greer Garson
 Kamera (F): Karl Freund, W. Howard Greene

145

Blues in the Night. Anatole Litvak
Song: »Blues In The Night«

Buck Privates. Arthur Lubin
Musik (M): Charles Previn
Song: »Boogie Woogie Bugle Boy of Company B«

Cheers for Miss Bishop. Tay Garnett
Musik (D): Edward Ward

The Chocolate Soldier. Roy del Ruth
Kamera (SW): Karl Freund
Musik (M): Herbert Stothart, Bronislau Kaper
Ton: Douglas Shearer

Citizen Kane (Citizen Kane). Orson Welles
Drehbuch (O): Herman J. Mankiewicz, Orson Welles
Bester Film
Ausstattung (SW): Perry Ferguson, Van Nest Polglase, Al Fields, Darrell Silvera
Hauptdarsteller: Orson Welles
Kamera (SW): Gregg Toland
Musik (D): Bernard Herrmann
Regie
Schnitt: Robert Wise
Ton: John Aalberg

The Devil and Miss Jones. Sam Wood
Drehbuch (O): Norman Krasna
Nebendarsteller: Charles Coburn

The Devil Pays Off. John H. Auer
Ton: Charles Lootens

Dive Bomber. Michael Curtiz
Kamera (F): Bert Glennon

Dr. Jekyll and Mr. Hyde (Arzt und Dämon). Victor Fleming
Kamera (SW): Joseph Ruttenberg
Musik (D): Franz Waxman
Schnitt: Harold F. Kress

Dumbo (Dumbo − der fliegende Elefant). Ben Sharpsteen
Musik (M): Frank Churchill, Oliver Wallace
Song: »Baby Mine«

Fantasia (Fantasia). Ben Sharpsteen
Ton: Walt Disney, William Garity, John N. A. Hawkins, RCA*
Visualisierte Musik: Leopold Stokowski*

The Flame of New Orleans (Die Abenteurerin). René Clair
Ausstattung (SW): Martin Obzina, Jack Otterson, Russell A. Gausman

Flight Command. Frank Borzage
Spezialeffekte: A. Arnold Gillespie, Douglas Shearer

The Great Lie. Edmund Goulding
Nebendarstellerin: Mary Astor

Here Comes Mr. Jordan (Urlaub vom Himmel). Alexander Hall
Drehbuch (B): Sidney Buchman, Seton I. Miller
Story: Harry Segall
Bester Film
Hauptdarsteller: Robert Montgomery
Kamera (SW): Joseph Walker
Nebendarsteller: James Gleason
Regie

Hold Back the Dawn (Das goldene Tor). Mitchell Leisen
Bester Film
Ausstattung (SW): Hans Dreier, Robert Usher, Sam Comer
Drehbuch (B): Charles Brackett, Billy Wilder
Hauptdarstellerin: Olivia de Havilland
Kamera (SW): Leo Tover
Musik (D): Victor Young

I Wanted Wings. Mitchell Leisen
Spezialeffekte: Farciot Edouart, Gordon Jennings, Louis Mesenkop

Ice-Capades. Joseph Santley
Musik (M): Cy Feuer

The Invisible Woman (Die unsichtbare Frau). A. Edward Sutherland
Spezialeffekte: John Fulton, John Hall

King of the Zombies. Jean Yarbrough
Musik (D): Edward Kay

Ladies in Retirement (Das Geheimnis der drei Schwestern).
Charles Vidor
Ausstattung (SW): Lionel Banks, George Montgomery
Musik (D): Morris Stoloff, Ernst Toch

Lady Be Good. Norman Z. McLeod
Song: »The Last Time I Saw Paris«

The Lady Eve (Die Falschspielerin). Preston Sturges
Story: Monckton Hoffe

Las Vegas Nights. Ralph Murphy
Song: »Dolores«

The Little Foxes (Die kleinen Füchse). William Wyler
Bester Film
Ausstattung (SW): Stephen Goosson, Howard Bristol
Drehbuch (B): Lillian Hellman
Hauptdarstellerin: Bette Davis
Musik (D): Meredith Willson
Nebendarstellerin: Patricia Collinge, Teresa Wright
Regie
Schnitt: Daniel Mandell

Lousiana Purchase. Irving Cummings
Ausstattung (F): Raoul Pene du Bois, Stephen A. Seymour
Kamera (F): Harry Hallenberger, Ray Rennahan

Lydia (Ein Frauenherz vergißt nie). Julien Duvivier
Musik (D): Miklos Rozsa

The Maltese Falcon (Die Spur des Falken). John Huston
Bester Film
Drehbuch (B): John Huston
Nebendarsteller: Sydney Greenstreet

Meet John Doe (Hier ist John Doe). Frank Capra
Story: Richard Connell, Robert Presnell

The Men in Her Life (Roman einer Tänzerin). Gregory Ratoff
Ton: John Livadary

Mercy Island. William Morgan
Musik (D): Cy Feuer, Walter Scharf

148

Night Train to Munich. Carol Reed
Story: Gordon Wellesley

One Foot in Heaven (Schritt in den Himmel). Irving Rapper
Bester Film

Penny Serenade (Akkorde der Liebe). George Stevens
Hauptdarsteller: Cary Grant

Ridin' on a Rainbow. Lew Landers
Song: »Be Honest With Me«

The Sea Wolf (Der Seewolf). Michael Curtiz
Spezialeffekte: Byron Haskin, Nathan Levinson

Sergeant York (Sergeant York). Howard Hawks
Hauptdarsteller: Gary Cooper
Schnitt: William Holmes
Bester Film
Ausstattung (SW): John Hughes, Fred MacLean
Drehbuch (O): Harry Chandlee, Abem Finkel, John Huston,
   Howard Koch

› *Sergeant York* ‹ *(Sergeant York) – ein sanfter Farmer entwickelt sich zum Kriegshelden*

Kamera (SW): Sol Polito
Musik (D): Max Steiner
Nebendarsteller: Walter Brennan
Nebendarstellerin: Margaret Wycherly
Regie
Ton: Nathan Levinson

Skylark (Eheposse). Mark Sandrich
Ton: Loren Ryder

So Ends Our Night. John Cromwell
Musik (D): Louis Gruenberg

Son of Monte Christo (Die Stunde der Vergeltung). Rowland V. Lee
Ausstattung (SW): John DuCasse Schulze, Edward G. Boyle

The Strawberry Blonde (Schönste der Stadt). Raoul Walsh
Musik (M): Heinz Roemheld

Sun Valley Serenade (Adoptiertes Glück). H. Bruce Humberstone
Kamera (SW): Edward Cronjager
Musik (M): Emil Newman
Song: »Chattanooga Choo Choo«

Sundown (Waffenschmuggler von Kenia). Henry Hathaway
Ausstattung (SW): Alexander Golitzen, Richard Irvine
Kamera (SW): Charles Lang
Musik (D): Miklos Rosza

Sunny. Herbert Wilcox
Musik (M): Anthony Collins

Suspicion (Verdacht). Alfred Hitchcock
Hauptdarstellerin: Joan Fontaine
Bester Film
Musik (D): Franz Waxman

Tall, Dark and Handsome. H. Bruce Humberstone
Drehbuch (O): Karl Tunberg, Darrell Ware

Thanks a Million. Melville Crossman
Musik (D): Edward Ward

150

That Hamilton Woman (Lord Nelsons letzte Liebe).
Alexander Korda
Ton: Jack Whitney, General Service
Ausstattung (SW): Vincent Korda, Julia Heron
Kamera (SW): Rudolph Maté
Spezialeffekte: Lawrence Butler, William H. Wilmarth

That Uncertain Feeling (Ehekomödie). Ernst Lubitsch
Musik (D): Werner Heymann

This Woman is Mine. Frank Lloyd
Musik (D): Richard Hageman

Tom, Dick and Harry. Garson Kanin
Drehbuch (O): Paul Jarrico

Topper Returns (Die merkwürdigen Abenteuer des Mr. Topper).
Roy del Ruth
Spezialeffekte: Roy Seawright, Elmer Raguse
Ton: Elmer Raguse

When Ladies Meet. Robert Z. Leonard
Ausstattung (SW): Cedric Gibbons, Randall Duell, Edwin B.
Willis

A Yank in the R.A.F.. Henry King
Spezialeffekte: Fred Sersen, E. H. Hansen

You'll Never Get Rich (Wer wird schon reich beim Militär?).
Sidney Lanfield
Musik (M): Morris Stoloff
Song: »Since I Kissed My Baby Goodbye«

15. Oscar-Verleihung (1942)

Mrs. Miniver (Mrs. Miniver). William Wyler
BESTER FILM
Drehbuch (B): George Froeschel, James Hilton, Claudine
  West, Arthur Wimperis
Hauptdarstellerin: Greer Garson
Kamera (SW): Joseph Ruttenberg
Nebendarstellerin: Teresa Wright
Regie
Hauptdarsteller: Walter Pidgeon
Nebendarsteller: Henry Travers
Nebendarstellerin: Dame May Whitty
Schnitt: Harold F. Kress
Spezialeffekte: A. Arnold Gillespie, Warren Newcombe,
  Douglas Shearer
Ton: Douglas Shearer

*Propagandastück über eine englische Familie im Zweiten Weltkrieg – Wal-
ter Pidgeon und Greer Garson in › Mrs. Miniver ‹ (Mrs. Miniver)*

Always in My Heart (Im Schatten des Herzens). Jo Graham
Song: »Always In My Heart«

Arabian Nights (Arabische Nächte). John Rawlins
Ausstattung (F): Alexander Golitzen, Jack Otterson, Russell A. Gausman, Ira S. Webb
Kamera (F): Milton Krasner, William V. Skall, W. Howard Greene
Musik (D): Frank Skinner
Ton: Bernard Brown

Babes on Broadway. Busby Berkeley
Song: »How About You?«

Bambi (Bambi). David Hand
Musik (D): Frank Churchill, Edward Plumb
Song: »Love Is A Song«
Ton: Sam Slyfield

The Black Swan (Der Seeräuber). Henry King
Kamera (F): Leon Shamroy
Musik (D): Alfred Newman
Spezialeffekte: Fred Sersen, Roger Heman, George Leverett

Captains of the Clouds. Michael Curtiz
Ausstattung (F): Ted Smith, Casey Roberts
Kamera (F): Sol Polito

The Corsican Brothers (Blutrache). Gregory Ratoff
Musik (D): Dimitri Tiomkin

Desperate Journey (Sabotageauftrag Berlin). Raoul Walsh
Spezialeffekte: Byron Haskin, Nathan Levinson

Flying Tigers (Unternehmen Tigersprung). David Miller
Musik (D): Victor Young
Spezialeffekte: Howard Lydecker, Daniel J. Bloomberg
Ton: Daniel J. Bloomberg

Flying with Music. George Archainbaud
Musik (M): Edward Ward
Song: »Pennies For Peppino«

For Me and My Gal. Busby Berkeley
Musik (M): Roger Edens, Georgie Stoll

Friendly Enemies. Allan Dwan
   Ton: Jack Whitney

George Washington Slept Here. William Keighley
   Ausstattung (SW): Max Parker, Mark-Lee Kirk, Casey
     Roberts

The Gold Rush (Goldrausch). Charles Chaplin
   Musik (D): Max Terr
   Ton: James Fields

Hellzapoppin' (In der Hölle ist der Teufel los). H. C. Potter
   Song: »Pig Foot Pete«

Holiday Inn (Musik, Musik). Mark Sandrich
   Song: »White Christmas«
   Musik (M): Robert Emmett Dolan
   Story: Irving Berlin

I Married a Witch (Meine Frau, die Hexe). René Clair
   Musik (D): Roy Webb

The Invaders. Michael Powell. GB
   Story: Emeric Pressburger
   Bester Film
   Drehbuch (B): Rodney Ackland, Emeric Pressburger

Invisible Agent (Der unsichtbare Agent). Edwin L. Marin
   Spezialeffekte: John Fulton, Bernard B. Brown

It Started with Eve (Die ewige Eva). Henry Koster
   Musik (M): Charles Previn, Hans Salter

Joan of Paris. Robert Stevenson
   Musik (D): Roy Webb

Johnny Doughboy. John H. Auer
   Musik (M): Walter Scharf

Johnny Eager (Der Tote lebt). Mervyn Le Roy
   Nebendarsteller: Van Heflin

The Jungle Book (Das Dschungelbuch). Zoltan Korda
   Ausstattung (F): Vincent Korda, Julia Heron
   Kamera (F): W. Howard Greene
   Musik (D): Miklos Rozsa
   Spezialeffekte: Lawrence Butler, William II. Wilmarth

King's Row. Sam Wood
Bester Film
Kamera (SW): James Wong Howe
Regie

Klondike Fury. William K. Howard
Musik (D): Edward Kay

The Magnificent Ambersons (Der Glanz des Hauses Amberson).
Orson Welles
Bester Film
Ausstattung (SW): Albert S. D'Agostino, Al Fields, Darrell
Silvera
Kamera (SW): Stanley Cortez
Nebendarstellerin: Agnes Moorehead

The Mayor of 44th Street. Alfred E. Green
Song: »There's A Breeze On Lake Louise«

Moontide (Nacht am Hafen). Archie Mayo
Kamera (SW): Charles Clarke

My Gal Sal (Die Königin vom Broadway). Irving Cummings
Ausstattung (F): Richard Day, Joseph Wright, Thomas Little
Musik (M): Alfred Newman

My Sister Eileen (Meine Schwester Ellen). Alexander Hall
Hauptdarstellerin: Rosalind Russell

The Navy Comes Through. A. Edward Sutherland
Spezialeffekte: Vernon L. Walker, James G. Stewart

Now, Voyager (Reise aus der Vergangenheit). Irving Rapper
Musik (D): Max Steiner
Hauptdarstellerin: Bette Davis
Nebendarstellerin: Gladys Cooper

Once Upon a Honeymoon (Es war einmal in den Flitterwochen).
Leo McCarey
Ton: Steve Dunn

One of Our Aircraft Is Missing. Michael Powell, Emeric
Pressburger. GB
Drehbuch (O): Michael Powell, Emeric Pressburger
Spezialeffekte: Ronald Neame, C. C. Stevens

Orchestra Wives. Archie Mayo
Song: »I've Got A Gal in Kalamazoo«

The Pied Piper. Irving Pichel
Bester Film
Hauptdarsteller: Monty Woolley
Kamera (SW): Edward Cronjager

The Pride of the Yankees (Der große Wurf). Sam Wood
Schnitt: Daniel Mandell
Bester Film
Ausstattung (SW): Perry Ferguson, Howard Bristol
Drehbuch (B): Herman J. Mankiewicz, Jo Swerling
Hauptdarsteller: Gary Cooper
Hauptdarstellerin: Teresa Wright
Kamera (SW): Rudolph Maté
Musik (D): Leigh Harline
Spezialeffekte: Jack Cosgrove, Ray Binger, Thomas T.
    Moulton
Story: Paul Gallico
Ton: Thomas Moulton

Random Harvest (Gefundene Jahre). Mervyn Le Roy
Bester Film
Ausstattung (SW): Cedric Gibbons, Randall Duell, Edwin B.
    Willis, Jack Moore
Drehbuch (B): George Froeschel, Claudine West, Arthur
    Wimperis
Hauptdarsteller: Ronald Colman
Musik (D): Herbert Stothart
Nebendarstellerin: Susan Peters
Regie

Reap the Wild Wind (Piraten im Karibischen Meer). Cecil B. De
Mille
Spezialeffekte: Farciot Edouart, Gordon Jennings, William L.
    Pereira, Louis Mesenkop
Ausstattung (F): Hans Dreier, Roland Anderson, George
    Sawley
Kamera (F): Victor Milner, William V. Skall

156

Gary Cooper in › Pride of the Yankees ‹ (Der große Wurf) – die Lebensge-schichte des amerikanischen Baseballspielers Lou Gehrig

The Road to Morocco (Der Weg nach Marokko). David Butler
  Drehbuch (O): Frank Butler, Don Hartman
  Ton: Loren Ryder

The Shanghai Gesture. Josef von Sternberg
  Ausstattung (SW): Boris Leven
  Musik (D): Richard Hageman

Silver Queen. Lloyd Bacon
  Ausstattung (SW): Ralph Berger, Emile Kuri
  Musik (D): Victor Young

The Spoilers (Die Freibeuterin). Ray Enright
  Ausstattung (SW): John B. Goodman, Jack Otterson, Russell
    A. Gausman, Edward R. Robinson

Take a Letter, Darling (Liebling, zum Diktat). Mitchell Leisen
  Ausstattung (SW): Hans Dreier, Roland Anderson, Sam
    Comer
  Kamera (SW): John Mescall
  Musik (D): Victor Young

The Talk of the Town. George Stevens
  Bester Film
  Ausstattung (SW): Lionel Banks, Rudolph Sternad,
    Fay Babcock
  Drehbuch (B): Sidney Buchman, Irwin Shaw
  Kamera (SW): Ted Tetzlaff
  Musik (D): Frederick Hollander, Morris Stoloff
  Schnitt: Otto Meyer
  Story: Sidney Harmon

Ten Gentlemen from West Point. Henry Hathaway
  Kamera (SW): Leon Shamroy

This Above All. Anatole Litvak
  Ausstattung (SW): Richard Day, Joseph Wright,
    Thomas Little
  Kamera (SW): Arthur Miller
  Schnitt: Walter Thompson
  Ton: E. H. Hansen

To Be Or Not To Be (Sein oder Nichtsein). Ernst Lubitsch
  Musik (D): Werner Heymann

To the Shores of Tripoli. H. Bruce Humberstone
  Kamera (F): Edward Cronjager, William V. Skall

Tortilla Flat. Victor Fleming
  Nebendarsteller: Frank Morgan

Wake Island. John Farrow
  Bester Film
  Drehbuch (O): W. R. Burnett, Frank Butler
  Nebendarsteller: William Bendix
  Regie

The War Against Mrs. Hadley. Harold S. Bucquet
  Drehbuch (O): George Oppenheimer

Woman of the Year (Die Frau, von der man spricht). George Stevens
>Drehbuch (O):< Michael Kanin, Ring Lardner jr.
Hauptdarstellerin: Katharine Hepburn

Yankee Doodle Dandy. Michael Curtiz
Hauptdarsteller: James Cagney
Musik (M): Ray Heindorf, Heinz Roemheld
Ton: Nathan Levinson
Bester Film
Nebendarsteller: Walter Huston
Regie
Schnitt: George Amy
Story: Robert Buckner

You Were Never Lovelier (Du warst niemals berückender). William A. Seiter
Musik (M): Leigh Harline
Song: »Dearly Beloved«
Ton: John Livadary

Youth on Parade. Albert S. Rogell
Song: »It Seems I Heard That Song Before«

16. Oscar-Verleihung (1943)

Casablanca (Casablanca). Michael Curtiz
   BESTER FILM
   Drehbuch (B): Julius J. Epstein, Philip G. Epstein, Howard
      Koch
   Regie
   Hauptdarsteller: Humphrey Bogart
   Kamera (SW): Arthur Edeson
   Musik (D): Max Steiner
   Nebendarsteller: Claude Rains
   Schnitt: Owen Marks

› The fundamental things apply as time goes by ‹ – Dooley Wilson, Humphrey
Bogart und Ingrid Bergman in › Casablanca ‹ (Casablanka)

Action in the North Atlantic. Lloyd Bacon
Story: Guy Gilpatric

Air Force (Airforce). Howard Hawks
Schnitt: George Amy
Drehbuch (O): Dudley Nichols
Kamera (SW): James Wong Howe, Elmer Dyer, Charles Marshall
Spezialeffekte: Hans Koenekamp, Rex Wimpy, Nathan Levinson

The Amazing Mrs. Holliday. Bruce Manning
Musik (D): Hans J. Salter, Frank Skinner

The Bombardier (Ohne Rücksicht auf Verluste). Richard Wallace
Spezialeffekte: Vernon L. Walker, James G. Stewart, Roy Granville

Cabin in the Sky. Vincente Minnelli
Song: »Happiness Is A Thing Called Joe«

The Commandos Strike At Dawn. John Farrow
Musik (D): Louis Gruenberg, Morris Stoloff

Coney Island. Walter Lang
Musik (M): Alfred Newman

The Constant Nymph (Liebesleid). Edmund Goulding
Hauptdarstellerin: Joan Fontaine

Corvette K-225. Richard Rossen
Kamera (SW): Tony Gaudio

Crash Dive. Archie Mayo
Spezialeffekte: Fred Sersen, Roger Heman

Destination Tokyo. Delmer Daves
Story: Steve Fisher

The Fallen Sparrow. Richard Wallace
Musik (D): C. Bakaleinikoff, Roy Webb

Five Graves to Cairo (Fünf Gräber bis Kairo). Billy Wilder
Ausstattung (SW): Hans Dreier, Ernst Fegte, B. Granger
Kamera (SW): John Seitz
Schnitt: Doane Harrison

Flight for Freedom. Lothar Mendes
  Ausstattung (SW): Albert S. D'Agostino, Carroll Clark, Darrell Silvera, Harley Miller

For Whom the Bell Tolls (Wem die Stunde schlägt). Sam Wood
  Nebendarstellerin: Katina Paxinou
  Bester Film
  Ausstattung (F): Hans Dreier, Haldane Douglas, Bertram Granger
  Hauptdarsteller: Gary Cooper
  Hauptdarstellerin: Ingrid Bergman
  Kamera (F): Ray Rennahan
  Musik (D): Victor Young
  Nebendarsteller: Akim Tamiroff
  Schnitt: Sherman Todd, John Link

The Gang's All Here. Busby Berkeley
  Ausstattung (F): James Basevi, Joseph C. Wright, Thomas Little

Hangmen Also Die (Auch Henker sterben). Fritz Lang
  Musik (D): Hanns Eisler
  Ton: Jack Whitney

Heaven Can Wait (Ein himmlischer Sünder). Ernst Lubitsch
  Bester Film
  Kamera (F): Edward Cronjager
  Regie

Hello, Frisco, Hello. H. Bruce Humberstone
  Song: »You'll Never Know«
  Kamera (F): Charles G. Clarke, Allen Davey

Her's To Hold. Frank Ryan
  Song: »Say A Prayer For The Boys Over There«

Hi Diddle Diddle. Andrew L. Stone
  Musik (D): Phil Boutelje

Hit Parade of 1943. Albert Rogell
  Musik (M): Walter Scharf
  Song: »Change Of Heart«

Holy Matrimony. John M. Stahl
  Drehbuch (B): Nunnally Johnson

› For Whom the Bell Tolls ‹ (Wem die Stunde schlägt) – Ingrid Bergman und Gary Cooper im Hemingway'schen Strudel des Spanischen Bürgerkriegs

The Human Comedy. Clarence Brown
   Story: William Saroyan
   Bester Film
   Hauptdarsteller: Mickey Rooney
   Kamera (SW): Harry Stradling
   Regie

In Old Oklahoma (Die Hölle von Oklahoma). Albert S. Rogell
   Musik (D): Walter Scharf
   Ton: Daniel J. Bloomberg

In Which We Serve. Noel Coward, David Lean. GB
   Bester Film
   Drehbuch (O): Noel Coward

Johnny Come Lately. William K. Howard
   Musik (D). Leigh Harline

The Kansan (Der Sheriff von Kansas). George Archainbaud
   Musik (D): Gerard Carbonara

Lady of Burlesque. William A. Wellman
  Musik (D): Arthur Lange

Lassie Come Home (Heimweh). Fred M. Wilcox
  Kamera (F): Leonard Smith

Madame Curie (Madame Curie). Mervyn Le Roy
  Bester Film
  Ausstattung (SW): Cedric Gibbons, Paul Groesse, Edwin B.
    Willis, Hugh Hunt
  Hauptdarsteller: Walter Pidgeon
  Hauptdarstellerin: Greer Garson
  Kamera (SW): Joseph Ruttenberg
  Musik (D): Herbert Stothart
  Ton: Douglas Shearer

Mission to Moscow (Botschafter in Moskau). Michael Curtiz
  Ausstattung (SW): Carl Weyl, George J. Hopkins

The Moon and Sixpence (Der Besessene von Tahiti). Albert
Lewin
  Musik (D): Dimitri Tiomkin

The More the Merrier (Immer mehr, immer fröhlicher). George
Stevens
  Nebendarsteller: Charles Coburn
  Bester Film
  Drehbuch (B): Richard Flournoy, Lewis R. Foster, Frank
    Ross, Robert Russell
  Hauptdarstellerin: Jean Arthur
  Regie
  Story: Frank Ross, Robert Russell

The North Star. Lewis Milestone
  Ausstattung (SW): Perry Ferguson, Howard Bristol
  Drehbuch (O): Lillian Hellman
  Kamera (SW): James Wong Howe
  Musik (D): Aaron Copland
  Spezialeffekte: Clarence Slifer, R. O. Binger, Thomas
    T. Moulton
  Ton: Thomas T. Moulton

The Ox-Bow Incident (Ritt zum Ox-Bow). William A. Wellman
  Bester Film

Phantom of the Opera (Phantom der Oper). Arthur Lubin
  Ausstattung (F): Alexander Golitzen, John B. Goodman, Russell A. Gausman, Ira S. Webb
  Kamera (F): Hal Mohr, W. Howard Greene
  Musik (M): Edward Ward
  Ton: Bernard B. Brown

Princess O'Rourke. Norman Krasna
  Drehbuch (O): Norman Krasna

Riding High (Lach und wein mit mir). George Marshall
  Ton: Loren L. Ryder

Sahara (Sahara). Zoltan Korda
  Kamera (SW): Rudolph Maté
  Nebendarsteller: J. Carrol Naish
  Ton: John Livadary

Saludos Amigos (Saludos Amigos). Bill Roberts, Jack Kinney, Hamilton Luske, Wilfred Jackson**
  Musik (M): Edward H. Plumb, Paul J. Smith, Charles Wolcott
  Song: »Saludos Amigos«
  Ton: C. O. Slyfield

Shadow of a Doubt (Im Schatten des Zweifels). Alfred Hitchcock
  Story: Gordon McDonell

The Sky's the Limit. Edward H. Griffith
  Musik (M): Leigh Harline
  Song: »My Shining Hour«

So Proudly We Hail (Mutige Frauen). Mark Sandrich
  Drehbuch (O): Allan Scott
  Kamera (SW): Charles Lang
  Nebendarstellerin: Paulette Goddard
  Spezialeffekte: Farciot Edouart, Gordon Jennings, George Dutton

So This Is Washington. Raymond McCarey
  Ton: J. L. Fields

Something to Shout About. Gregory Ratoff
  Musik (M): Morris Stoloff
  Song: »You'd Be So Nice To Come Home To«

The Song of Bernadette (Das Lied von Bernadette). Henry King
  Ausstattung (SW): James Basevi, William Darling, Thomas
    Little
  Hauptdarstellerin: Jennifer Jones
  Kamera (SW): Arthur Miller
  Musik (D): Alfred Newman
  Bester Film
  Drehbuch (B): George Seaton
  Nebendarsteller: Charles Bickford
  Nebendarstellerin: Gladys Cooper, Anne Revere
  Regie
  Schnitt: Barbara McLean
  Ton: E. H. Hansen

Stage Door Canteen. Frank Borzage
  Musik (M): Frederic E. Rich
  Song: »We Mustn't Say Goodbye«

Stand By for Action. Robert Z. Leonard
  Spezialeffekte: A. Arnold Gillespie, Donald Jahraus, Michael
    Steinore

Star Spangled Rhythm. George Marshall
  Musik (M): Robert Emmett Dolan
  Song: »Black Magic«

Thank Your Lucky Stars. David Butler
  Song: »They're Either Too Young Or Too Old«

This is the Army. Michael Curtiz
  Musik (M): Ray Heindorf
  Ausstattung (F): John Hughes, Lt. John Koenig, George J.
    Hopkins
  Ton: Nathan Levinson

This Land is Mine (Dies ist mein Land). Jean Renoir
  Ton: Stephen Dunn

Thousands Cheer. George Sidney
  Ausstattung (F): Cedric Gibbons, Daniel Cathcart, Edwin B.
    Willis, Jacques Mersereau
  Kamera (F): George Folsey
  Musik (M): Herbert Stothart

Victory Through Air Power. David Hand, H. C. Potter
Musik (D): Edward H. Plumb, Paul J. Smith, Oliver G. Wallace

Watch on the Rhine (Watch on the Rhine). Herman Shumlin
Hauptdarsteller: Paul Lukas
Bester Film
Drehbuch (B): Dashiell Hammett
Nebendarstellerin: Lucile Watson

17. Oscar-Verleihung (1944)

Going My Way (Der Weg zum Glück). Leo McCarey
BESTER FILM
Drehbuch (B): Frank Butler, Frank Cavett
Hauptdarsteller: Bing Crosby
Nebendarsteller: Barry Fitzgerald
Regie
Song: »Swinging On A Star«
Story: Leo McCarey
Hauptdarsteller: Barry Fitzgerald
Kamera (SW): Lionel Lindon
Schnitt: Leroy Stone

Bing Crosby als singender Slum-Pfarrer in › Going My Way ‹ (Der Weg zum Glück)

Address Unknown. William Cameron Menzies
  Ausstattung (SW): Lionel Banks, Walter Holscher,
    Joseph Kish
  Musik (D): Morris Stoloff, Ernst Toch

The Adventures of Mark Twain (Die Abenteuer des Mark Twain).
Irving Rapper
  Ausstattung (SW): John J. Hughes, Fred MacLean
  Musik (D): Max Steiner
  Spezialeffekte: Paul Detlefsen, John Crouse, Nathan
    Levinson

Brazil. Joseph Santley
  Musik (M): Walter Scharf
  Song: »Rio de Janeiro«
  Ton: Daniel J. Bloomberg

The Bridge of San Luis Rey. Rowland V. Lee
  Musik (D): Dimitri Tiomkin

Casanova Brown (So ein Papa). Sam Wood
  Ausstattung (SW): Perry Ferguson, Julia Heron
  Musik (D): Arthur Lange
  Ton: Thomas T. Moulton

Christmas Holiday (Weihnachtsurlaub). Robert Siodmak
  Musik (D): H. J. Salter

The Climax. George Waggner
  Ausstattung (F): John B. Goodman, Alexander Golitzen,
    Russell A. Gausman, Ira S. Webb

Cover Girl (Es tanzt die Göttin). Charles Vidor
  Musik (M): Carmen Dragon, Morris Stoloff
  Ausstattung (F): Lionel Banks, Cary Odell, Fay Babcock
  Kamera (F): Rudolph Maté, Allen M. Davey
  Song: »Long Ago And Far Away«
  Ton: John Livadary

Days of Glory. Jacques Tourneur
  Spezialeffekte: Vernon L. Walker, James G. Stewart, Roy
    Granville

The Desert Song (Liebeslied der Wüste). Robert Florey
  Ausstattung (F): Charles Novi, Jack McConaghy

Double Indemnity (Frau ohne Gewissen). Billy Wilder
    Bester Film
    Drehbuch (B): Raymond Chandler, Billy Wilder
    Hauptdarstellerin: Barbara Stanwyck
    Kamera (SW): John Seitz
    Musik (D): Miklos Rozsa
    Regie
    Ton: Loren Ryder

Dragon Seed. Jack Conway, Harold S. Bucquet
    Kamera (SW): Sidney Wagner
    Nebendarstellerin: Aline MacMahon

The Fighting Seabees (Alarm im Pazifik). Edward Ludwig
    Musik (D): Walter Scharf, Roy Webb

Follow the Boy. A. Edward Sutherland
    Song: »I'll Walk Alone«

Gaslight (Das Haus der Lady Alquist). George Cukor
    Ausstattung (SW): Cedric Gibbons, William Ferrari, Edwin B.
      Willis, Paul Huldschinsky
    Hauptdarstellerin: Ingrid Bergman
    Bester Film
    Drehbuch (B): John L. Balderston, Walter Reisch, John van
      Druten
    Hauptdarsteller: Charles Boyer
    Kamera (SW): Joseph Ruttenberg
    Nebendarstellerin: Angela Lansbury

A Guy Named Joe. Victor Fleming
    Story: David Boehm, Chandler Sprague

Hail the Conquering Hero (Heil dem siegreichen Helden). Preston Sturges
    Drehbuch (O): Preston Sturges

The Hairy Ape. Alfred Santell
    Musik (D): Michel Michelet, Edward Paul

Higher and Higher. Tim Whelan
    Musik (M): Constantin Bakaleinikoff
    Song: »I Couldn't Sleep A Wink Last Night«

Psychothriller um Schizophrenie und versteckte Rubine – Ingrid Bergman, Charles Boyer und Joseph Cotten in › Gaslight ‹ (Das Haus der Lady Alquist)

His Butler's Sister (Die Stubenfee). Frank Borzage
Ton: Bernard B. Brown

Hollywood Canteen (Hollywood-Kantine). Delmer Daves
Musik (M): Ray Heindorf
Song: »Sweet Dreams Sweetheart«
Ton: Nathan Levinson

Home in Indiana. Henry Hathaway
Kamera (F): Edward Cronjager

Irish Eyes Are Smiling. Gregory Ratoff
Musik (M): Alfred Newman

It Happened Tomorrow (Es geschah morgen). René Clair
Musik (D): Robert Stolz
Ton: Jack Whitney

Jack London. Alfred Santell
  Musik (D): Frederic E. Rich

Janie. Michael Curtiz
  Schnitt: Owen Marks

Kismet (Kismet). William Dieterle
  Ausstattung (F): Cedric Gibbons, Daniel B. Cathcart, Edwin
    B. Willis, Richard Pefferle
  Kamera (F): Charles Rosher
  Musik (D): Herbert Stothart
  Ton: Douglas Shearer

Knickerbocker Holiday. Harry Joe Brown
  Musik (M): Werner R. Heymann, Kurt Weill

Lady in the Dark. Mitchell Leisen
  Ausstattung (F): Hans Dreier, Raoul Pene du Bois, Ray Moyer
  Kamera (F): Ray Rennahan
  Musik (M): Robert Emmett Dolan

Lady Let's Dance. Frank Woodruff
  Musik (M): Edward Kay
  Song: »Silver Shadows And Golden Dreams«

Laura (Laura). Otto Preminger
  Kamera (SW): Joseph LaShelle
  Ausstattung (SW): Lyle Wheeler, Leland Fuller,
    Thomas Little
  Drehbuch (B): Jay Dratler, Samuel Hoffenstein, Betty Rein-
    hardt
  Nebendarsteller: Clifton Webb
  Regie

Lifeboat (Das Rettungsboot). Alfred Hitchcock
  Kamera (SW): Glen MacWilliams
  Regie
  Story: John Steinbeck

Meet Me In St. Louis (Meet Me In St. Louis). Vincente Minnelli
  Drehbuch (B): Irving Brecher, Fred F. Finkelhoffe
  Kamera (F): George Folsey
  Musik (M): Georgie Stoll
  Song: »The Trolley Song«

The Merry Monahans. Charles Lamont
Musik (M): H. J. Salter

Minstrel Man. Joseph H. Lewis
Musik (M): Leo Erdody, Ferdie Grofe
Song: »Remember Me To Carolina«

The Miracle of Morgan's Creek. Preston Sturges
Drehbuch (O): Preston Sturges

Mr. Skeffington (Das Leben der Mrs. Skeffington).
Vincent Sherman
Hauptdarstellerin: Bette Davis
Nebendarsteller: Claude Rains

Mrs. Parkington (Tagebuch einer Frau). Tay Garnett
Hauptdarstellerin: Greer Garson
Nebendarstellerin: Agnes Moorehead

Music in Manhattan. John H. Auer
Ton: Stephen Dunn

No Time For Love. Mitchell Leisen
Ausstattung (SW): Hans Dreier, Robert Usher, Sam Comer

None But The Lonely Heart. Clifford Odets
Nebendarstellerin: Ethel Barrymore
Hauptdarsteller: Cary Grant
Musik (D): Constantin Bakaleinikoff, Hanns Eisler
Schnitt: Roland Gross

None Shall Escape. André de Toth
Story: Alfred Neumann, Joseph Than

The Princess and the Pirate (Das Korsarenschiff). David Butler
Ausstattung (F): Ernst Fegte, Howard Bristol
Musik (D): David Rose

Secret Command. A. Edward Sutherland
Spezialeffekte: David Allen, Ray Cory, Robert Wright, Russell Malmgren, Harry Kusnick

Sensations of 1945 (Sensationen für Millionen). Andrew L. Stone
Musik (M): Mahlon Merrick

The Seventh Cross (Das siebte Kreuz). Fred Zinnemann
Nebendarsteller: Hume Cronyn

Since You Went Away (Als du Abschied nahmst). John Cromwell
Musik (D): Max Steiner
Bester Film
Ausstattung (SW): Mark-Lee Kirk, Victor A. Gangelin
Hauptdarstellerin: Claudette Colbert
Kamera (SW): Stanley Cortez, Lee Garmes
Nebendarsteller: Monty Woolley
Nebendarstellerin: Jennifer Jones
Schnitt: Hal C. Kern, James E. Newcom
Spezialeffekte: John R. Cosgrove, Arthur Johns

Song of the Open Road. S. Sylvan Simon
Musik (M): Charles Previn
Song: »Too Much In Love«

Step Lively. Tim Whelan
Ausstattung (SW): Albert S. D'Agostino, Carroll Clark, Darrell Silvera, Claude Carpenter

The Story of Dr. Wassell (Dr. Wassels Flucht nach Java). Cecil B. De Mille
Spezialeffekte: Farciot Edouart, Gordon Jennings, George Dutton

The Sullivans (Fünf Helden). Lloyd Bacon
Story: Edward Doherty, Jules Schermer

Summer Storm (Sommerstürme). Douglas Sirk
Musik (D): Karl Hajos

Sweet and Lowdown. Archie Mayo
Song: »I'm Making Believe«

Thirty Seconds Over Tokyo (Dreißig Sekunden über Tokio). Mervyn Le Roy
Spezialeffekte: A. Arnold Gillespie, Donald Jahraus, Warren Newcombe, Douglas Shearer
Kamera (SW): Robert Surtees, Harold Rosson

Three Russian Girls. Fedor Ozep, Henry S. Kesler
Musik (D): Franke Harling

Two Girls and a Sailor (Mein Schatz ist ein Matrose). Richard Thorpe
Drehbuch (O): Richard Connell, Gladys Lehman

The Uninvited (Der unheimliche Gast). Lewis Allen
  Kamera (SW): Charles Lang

Up In Arms. Elliott Nugent
  Musik (M): Louis Forbes, Ray Heindorf
  Song: »Now I Know«

Up In Mabel's Room. Allan Dwan
  Musik (D): Edward Paul

Voice in the Wind. Arthur Ripley
  Musik (D): Michel Michelet
  Ton: W. M. Dalgleish

The White Cliffs of Dover. Clarence Brown
  Kamera (SW): George Folsey

Wilson. Henry King
  Ausstattung (F): Wiard Ihnen, Thomas Little
  Drehbuch (O): Lamar Trotti
  Kamera (F): Leon Shamroy
  Schnitt: Barbara McLean
  Ton: E. H. Hansen
  Bester Film
  Hauptdarsteller: Alexander Knox
  Musik (D): Alfred Newman
  Regie
  Spezialeffekte: Fred Sersen, Roger Heman

A Wing and a Prayer. Henry Hathaway
  Drehbuch (O): Jerome Cady

Woman of the Town. George Archainbaud
  Musik (D): Miklos Rozsa

18. Oscar-Verleihung (1945)

The Lost Weekend (Das verlorene Wochenende). Billy Wilder
BESTER FILM
Drehbuch (B): Charles Brackett, Billy Wilder
Hauptdarsteller: Ray Milland
Regie
Kamera (SW): John F. Seitz
Musik (D): Miklos Rozsa
Schnitt: Doane Harrison

Ray Milland und Howard da Silva in ›The Lost Weekend‹ (Das verlorene Wochenende) – zwei Tage im Leben eines alkoholsüchtigen Schriftstellers

The Affairs of Susan (Oh, Susanne). William A. Seiter
Story: Laszlo Gorog, Thomas Monroe

Anchors Aweigh (Urlaub in Hollywood). George Sidney
   Musik (M): Georgie Stoll
   Bester Film
   Hauptdarsteller: Gene Kelly
   Kamera (F): Robert Planck, Charles Boyle
   Song: »I Fall In Love Too Easily«

Belle of the Yukon. William A. Seiter
   Musik (M): Arthur Lange
   Song: »Sleighride In July«

The Bells of St. Mary's (Die Glocken von St. Marien).
Leo McCarey
   Ton: Stephen Dunn
   Bester Film
   Hauptdarsteller: Bing Crosby
   Hauptdarstellerin: Ingrid Bergman
   Musik (D): Robert Emmett Dolan
   Regie
   Schnitt: Harry Marker
   Song: »Aren't You Glad You're You«

Blood on the Sun (Spionage in Fern-Ost). Frank Lloyd
   Ausstattung (SW): Wiard Ihnen, A. Roland Fields

Brewster's Millions. Allan Dwan
   Musik (D): Lou Forbes

Can't Help Singing (Das Lied des goldenen Westens). Frank
Ryan
   Musik (M): Jerome Kern, H.J. Salter
   Song: »More And More«

Captain Eddie. Lloyd Bacon
   Spezialeffekte: Fred Sersen, Sol Halprin, Roger Heman, Harry
     Leonard

Captain Kidd (Unter schwarzer Flagge). Rowland V. Lee
   Musik (D): Werner Janssen

The Corn is Green (Das grüne Korn). Irving Rapper
   Nebendarsteller: John Dall
   Nebendarstellerin: Joan Lorring

Dillinger (Jagd auf Dillinger). Max Nosseck
  Drehbuch (O): Philip Yordan

Earl Carroll Vanities. Joseph Santley
  Song: »Endlessly«

Enchanted Cottage (Mit den Augen der Liebe). John Cromwell
  Musik (D): Roy Webb

Experiment Perilous (Experiment in Terror). Jacques Tourneur
  Ausstattung (SW): Albert S. D'Agostino, Jack Okey, Darrell
    Silvera, Claude Carpenter

Flame of the Barbary Coast (San Francisco-Lilly). Joseph Kane
  Musik (D): Dale Butts, Morton Scott
  Ton: Daniel J. Bloomberg

Frenchman's Creek (Der Pirat und die Dame). Mitchell Leisen
  Ausstattung (F): Hans Dreier, Ernst Fegte, Sam Comer

G. I. Honeymoon. Phil Karlstein
  Musik (D): Edward J. Kay

G. I. Joe (Schlachtgewitter am Monte Cassino). William A.
Wellman
  Drehbuch (B): Leopold Atlas, Guy Endore, Philip Stevenson
  Musik (D): Louis Applebaum, Ann Ronell
  Nebendarsteller: Robert Mitchum
  Song: »Linda«

Guest in the House. John Brahm
  Musik (D): Werner Janssen

Guest Wife (Seine Frau ist meine Frau). Sam Wood
  Musik (D): Daniele Amfitheatrof

Here Come the Waves. Mark Sandrich
  Song: »Accentuate The Positive«

Hitchhike to Happiness. Joseph Santley
  Musik (M): Morton Scott

The House on 92nd Street (Das Haus in der 92. Straße).
Henry Hathaway
  Story: Charles G. Booth

Incendiary Blonde. George Marshall
Musik (M): Robert Emmett Dolan

The Keys of the Kingdom (Schlüssel zum Himmelreich).
John M. Stahl
Ausstattung (SW): James Basevi, William Darling, Thomas
Little, Frank E. Hughes
Hauptdarsteller: Gregory Peck
Kamera (SW): Arthur Miller
Musik (D): Alfred Newman

Lady on a Train. Charles David
Ton: Bernard B. Brown

Leave Her to Heaven (Todsünde). John M. Stahl
Kamera (F): Leon Shamroy
Ausstattung (F): Lyle Wheeler, Maurice Ransford, Thomas
Little
Hauptdarstellerin: Gene Tierney
Ton: Thomas T. Moulton

Love Letters (Liebesbriefe). William Dieterle
Ausstattung (SW): Hans Dreier, Roland Anderson, Sam Co-
mer, Ray Moyer
Hauptdarstellerin: Jennifer Jones
Musik (D): Victor Young
Song: »Love Letters«

The Man Who Walked Alone. Christy Cabanne
Musik (D): Karl Hajos

Marie-Louise. Leopold Lindtberg. Schweiz
Drehbuch (O): Richard Schweizer

A Medal for Benny. Irving Pichel
Nebendarsteller: J. Carrol Naish
Story: John Steinbeck, Jack Wagner

Mildred Pierce (Solange ein Herz schlägt). Michael Curtiz
Hauptdarstellerin: Joan Crawford
Bester Film
Drehbuch (B): Ranald MacDougall
Kamera (SW): Ernest Haller
Nebendarstellerin: Eve Arden, Ann Blyth

Music for Millions (Musik für Millionen). Henry Koster
Drehbuch (O): Myles Connolly

National Velvet. Clarence Brown
Nebendarstellerin: Anne Revere
Schnitt: Robert J. Kern
Ausstattung (F): Cedric Gibbons, Urie McCleary, Edwin B. Willis, Mildred Griffiths
Kamera (F): Leonard Smith
Regie

Objective Burma! (Der Held von Burma). Raoul Walsh
Musik (D): Franz Waxman
Schnitt: George Amy
Story: Alvah Bessie

Paris-Underground. Gregory Ratoff
Musik (D): Alexander Tansman

The Picture of Dorian Gray (Das Bildnis des Dorian Gray). Albert Lewin
Kamera (SW): Harry Stradling
Ausstattung (SW): Cedric Gibbons, Hans Peters, Edwin B. Willis, John Bonar, Hugh Hunt
Nebendarstellerin: Angela Lansbury

Pride of the Marines. Sam Wood
Drehbuch (B): Albert Maltz

Rhapsody in Blue (Rhapsodie in Blau). Irving Rapper
Musik (M): Ray Heindorf, Max Steiner
Ton: Nathan Levinson

Salty O'Rourke (Gauner und Gangster). Raoul Walsh
Drehbuch (O): Milton Holmes

San Antonio (Ein Mann der Tat). David Butler
Ausstattung (F): Ted Smith, Jack McConaghy
Song: »Some Sunday Morning«

Sing Your Way Home. Anthony Mann
Song: »I'll Buy That Dream«

Michael Curtiz bringt Joan Crawford ihren Oscar für › Mildred Pierce ‹ (Solange ein Herz schlägt) ans Bett

A Song to Remember (Polonaise). Charles Vidor
    Hauptdarsteller: Cornel Wilde
    Kamera (F): Tony Gaudio, Allen M. Davey
    Musik (D): Miklos Rozsa, Morris Stoloff
    Schnitt: Charles Nelson
    Story: Ernst Marischka
    Ton: John Livadary

The Southerner (Der Mann aus dem Süden). Jean Renoir
    Musik (D): Werner Janssen
    Regie
    Ton: Jack Whitney

181

The Spanish Main (Die Seeteufel von Cartagena). Frank Borzage
   Kamera (F): George Barnes

Spellbound (Ich kämpfe um dich). Alfred Hitchcock
   Musik (D): Miklos Rozsa
   Bester Film
   Kamera (SW): George Barnes
   Nebendarsteller: Michael Chekhov
   Regie
   Spezialeffekte: Jack Cosgrove

State Fair (Jahrmarkt der Liebe). Walter Lang
   Song: »It Might As Well Be Spring«
   Musik (M): Charles Henderson, Alfred Newman

Sunbonnet Sue. Ralph Murphy
   Musik (M): Edward J. Kay

They Were Expendable (Schnellboote vor Bataan). John Ford
   Spezialeffekte: A. Arnold Gillespie, Douglas Jahraus,
      R. A. MacDonald, Michael Steinore
   Ton: Douglas Shearer

This Love of Ours (Die Liebe unseres Lebens). William Dieterle
   Musik (D): H. J. Salter

A Thousand and One Nights (1001 Nacht). Alfred E. Green
   Ausstattung (F): Stephen Goosson, Rudolph Sternad, Frank
      Tuttle
   Spezialeffekte: L. W. Butler, Ray Bomba

The Three Caballeros (Drei Caballeros). Norman Ferguson
   Musik (M): Edward Plumb, Paul J. Smith, Charles Wolcott
   Ton: C. O. Slyfield

Three is a Family. Edward Ludwig
   Ton: W. V. Wolfe

Tonight and Every Night. Victor Saville
   Musik (M): Marlin Skiles, Morris Stoloff
   Song: »Anywhere«

A Tree Grows in Brooklyn (Ein Baum wächst in Brooklyn).
Elia Kazan
   Nebendarsteller: James Dunn
   Drehbuch (B): Frank Davis, Tess Slesinger

The Unseen. Lewis Allen
  Ton: Loren L. Ryder

The Valley of Decision (Die Entscheidung). Tay Garnett
  Hauptdarstellerin: Greer Garson
  Musik (D): Herbert Stothart

What Next, Corporal Hargrove?. Richard Thorpe
  Drehbuch (O): Harry Kurnitz

Why Girls Leave Home. William Berke
  Musik (M): Walter Greene
  Song: »The Cat And The Canary«

Woman in the Window (Gefährliche Begegnung). Fritz Lang
  Musik (D): Hugo Friedhofer, Arthur Lange

Wonder Man (Der Wundermann). H. Bruce Humberstone
  Spezialeffekte: John Fulton, A. W. Johns
  Musik (M): Lou Forbes, Ray Heindorf
  Song: »So In Love«
  Ton: Gordon Sawyer

19. Oscarverleihung (1946)

The Best Years of our Lives. Die besten Jahre unseres Lebens.
William Wyler
  BESTER FILM
  Drehbuch (B): Robert E. Sherwood
  Hauptdarsteller: Fredric March
  Musik (D): Hugo Friedhofer
  Nebendarsteller: Harold Russell
  Regie
  Schnitt: Daniel Mandell
  Sonderoscar: Harold Russell *
  Ton: Gordon Sawyer

Feldwebel nach dem Krieg – Fredric March in ›The Best Years of Our Lives ‹

Anna and the King of Siam (Anna und der König von Siam).
John Cromwell
  Ausstattung (SW): Lyle Wheeler, William Darling, Thomas
    Little, Frank E. Hughes
  Kamera (SW): Arthur Miller
  Drehbuch (B): Sally Benson, Talbot Jennings
  Musik (D): Bernard Herrmann
  Nebendarstellerin: Gale Sondergaard

Blithe Spirit (Geisterkomödie). David Lean. GB
Spezialeffekte: Thomas Howard

The Blue Dahlia (Die blaue Dahlie). George Marshall
Drehbuch (O): Raymond Chandler

Blue Skies (Blau ist der Himmel). Stuart Heisler
Musik (M): Robert Emmett Dolan
Song: »You Keep Coming Back Like A Song«

Brief Encounter (Begegnung). David Lean. GB
Drehbuch (B): Anthony Havelock-Allan, David Lean, Ronald Neame
Hauptdarstellerin: Celia Johnson
Regie

Caesar and Cleopatra (Cäsar und Cleopatra). Gabriel Pascal. GB
Ausstattung (F): John Bryan

Canyon Passage (Feuer am Horizont). Jacques Tourneur
Song: »Ole Buttermilk Sky«

Centennial Summer. Otto Preminger
Musik (M): Alfred Newman
Song: »All Through The Day«

The Dark Mirror (Der schwarze Spiegel). Robert Siodmak
Story: Vladimir Pozner

The Dolly Sisters (Dolly Sisters). Irving Cummings
Song: »I Can't Begin To Tell You«

Duel in the Sun (Duell in der Sonne). King Vidor
Hauptdarstellerin: Jennifer Jones
Nebendarstellerin: Lillian Gish

Les enfants du paradis (Kinder des Olymp). Marcel Carné. F
Drehbuch (O): Jacques Prévert

The Green Years (Das Vermächtnis). Victor Saville
Kamera (SW): George Folsey
Nebendarsteller: Charles Coburn

The Harvey Girls. George Sidney
Song: »On The Atchinson, Topeka and Santa Fé«
Musik (M): Lennie Hayton

Henry V (Heinrich V.). Laurence Olivier. GB
Produzent, Regisseur und Hauptdarsteller: Laurence Olivier*
Bester Film
Ausstattung (F): Paul Sheriff, Carmen Dillon
Hauptdarsteller: Laurence Olivier
Musik (D): William Walton

Humoresque (Humoreske). Jean Negulesco
Musik (D): Franz Waxman

It's a Wonderful Life (Ist das Leben nicht schön?). Frank Capra
Bester Film
Hauptdarsteller: James Stewart
Regie
Schnitt: William Hornbeck
Ton: John Aalberg

The Jolson Story (Der Jazzsänger). Alfred E. Green
Musik (M): Morris Stoloff
Ton: John Livadary
Hauptdarsteller: Larry Parks
Kamera (F): Joseph Walker
Nebendarsteller: William Demarest
Schnitt: William Lyon

The Killers (Rächer der Unterwelt). Robert Siodmak
Drehbuch (B): Anthony Veiller
Musik (D): Miklos Rozsa
Regie
Schnitt: Arthur Hilton

Kitty (Eine Lady mit Vergangenheit). Victor Saville
Ausstattung (SW): Hans Dreier, Walter Tyler, Sam Comer,
   Ray Moyer

Night and Day (Tag und Nacht denk ich an dich). Michael Curtiz
Musik (M): Ray Heindorf, Max Steiner

Notorious (Berüchtigt/Weißes Gift). Alfred Hitchcock
Drehbuch (O): Ben Hecht
Nebendarsteller: Claude Rains

The Razor's Edge (Auf Messers Schneide). Edmund Goulding
Nebendarstellerin: Anne Baxter
Bester Film
Ausstattung (SW): R. Day, N. Juran, T. Little, P. S. Fox
Nebendarsteller: Clifton Webb

186

The Road to Utopia (Der Weg nach Utopia). Hal Walker
Drehbuch (O): Norman Panama, Melvin Frank

Roma, citta aperta (Rom − offene Stadt). Roberto Rossellini. I
Drehbuch (B): Sergio Amidei, Federico Fellini

Saratoga Trunk (Spiel mit dem Schicksal). Sam Wood
Nebendarstellerin: Flora Robson

The Seventh Veil (Der letzte Schleier). Compton Bennett. GB
Drehbuch (O): Muriel Box, Sydney Box

Sister Kenny (Schwester Kenny). Dudley Nichols
Hauptdarstellerin: Rosalind Russell

The Spiral Staircase (Die Wendeltreppe). Robert Siodmak
Nebendarstellerin: Ethel Barrymore

A Stolen Life (Die große Lüge). Curtis Bernhardt
Spezialeffekte: William McGann, Nathan Levinson

The Strange Love of Martha Ivers. Lewis Milestone
Story: Jack Patrick

The Stranger (Die Spur eines Fremden). Orson Welles
Story: Victor Trivas

To Each His Own (Mutterherz). Mitchell Leisen
Hauptdarstellerin: Olivia de Havilland
Story: Charles Brackett

Vacation from Marriage. Alexander Korda. GB
Story: Clemence Dane

The Yearling (Die Wildnis ruft). Clarence Brown
Ausstattung (F): Cedric Gibbons, Paul Groesse,
    Edwin B. Willis
Kamera (F): Charles Rosher, Leonard Smith, Arthur Arling
Bester Film
Hauptdarsteller: Gregory Peck
Hauptdarstellerin: Jane Wyman
Regie
Schnitt: Harold Kress

20. Oscar-Verleihung (1947)

Gentleman's Agreement (Tabu der Gerechten). Elia Kazan
BESTER FILM
Nebendarstellerin: Celeste Holm
Regie
Drehbuch (B): Moss Hart
Hauptdarsteller: Gregory Peck
Hauptdarstellerin: Dorothy McGuire
Nebendarstellerin: Anne Revere
Schnitt: Harmon Jones

Gregory Peck und Dorothy McGuire in › Gentleman's Agreement ‹ (Tabu der Gerechten) – für einen Artikel über Anti-Semitismus gibt sich ein Reporter als Jude aus

The Bachelor and the Bobby-Soxer (So einfach ist die Liebe nicht). Irving Reis
  Drehbuch (O): Sidney Sheldon

Bill and Coo. Ken Murray
  Innovativster Film*

The Bishop's Wife (Jede Frau braucht einen Engel).
Henry Koster
  Ton: Goldwyn Sound Department
  Bester Film
  Musik (D): Hugo Friedhofer
  Regie
  Schnitt: Monica Collingwood

Black Narcissus (Schwarze Narzisse). Michael Powell, Emeric Pressburger. GB
  Ausstattung (F): Alfred Junge
  Kamera (F): Jack Cardiff

Body and Soul (Jagd nach Millionen). Robert Rossen
  Schnitt: Francis Lyon, Robert Parrish
  Drehbuch (O): Abraham Polonsky
  Hauptdarsteller: John Garfield

Boomerang (Bumerang). Elia Kazan
  Drehbuch (B): Richard Murphy

La cage aux rossignols (Der Nachtigallenkäfig). Jean Dréville. F
  Story: Georges Chaperot, Rene Wheeler

Captain from Castille (Der Kapitän von Kastilien). Henry King
  Musik (D): Alfred Newman

Crossfire (Im Kreuzfeuer). Edward Dmytryk
  Bester Film
  Drehbuch (B): John Paxton
  Nebendarsteller: Robert Ryan
  Nebendarstellerin: Gloria Grahame
  Regie

A Double Life (Ein doppeltes Leben). George Cukor
  Hauptdarsteller: Ronald Colman
  Musik (D): Miklos Rozsa
  Drehbuch (O): Ruth Gordon, Garson Kanin
  Regie

The Egg and I (Das Ei und ich). Chester Erskine
Nebendarstellerin: Marjorie Main

The Farmer's Daughter (Die Farmerstochter). H. C. Potter
Hauptdarstellerin: Loretta Young
Nebendarsteller: Charles Bickford

Fiesta (Mexikanische Nächte). Richard Thorpe
Musik (M): Johnny Green

Forever Amber (Amber, die große Kurtisane). Otto Preminger
Musik (D): David Raksin

The Foxes of Harrow (Eine Welt zu Füßen). John M. Stahl
Ausstattung (SW): Lyle Wheeler, Maurice Ransford, Thomas
Little, Paul S. Fox

The Ghost and Mrs. Muir. Joseph L. Mankiewicz
Kamera (SW): Charles Lang jr.

Good News. Charles Walters
Song: »Pass That Peace Pipe«

Great Expectations (Geheimnisvolle Erbschaft). David Lean. GB
Ausstattung (SW): John Bryan, Wilfred Shingleton
Kamera (SW): Guy Green
Bester Film
Drehbuch (B): David Lean, Ronald Neame, Anthony Have-
lock-Allan
Regie

Green Dolphin Street (Taifun). Victor Saville
Spezialeffekte: A. Arnold Gillespie, Warren Newcombe,
Douglas Shearer, Michael Steinore
Kamera (SW): George Folsey
Schnitt: George White
Ton: MGM Sound Department

It Happened on Fifth Avenue (Ein Leben wie ein Millionär).
Roy del Ruth
Story: Herbert Clyde Lewis, Frederick Stephani

Kiss of Death (Der Todeskuß). Henry Hathaway
Nebendarsteller: Richard Widmark
Story: Eleazar Lipsky

Charles Dickens à la David Lean – Valerie Hobson und John Mills in › Great Expectations ‹ (Geheimnisvolle Erbschaft)

Life with Father (Unser Leben mit Vater). Michael Curtiz
  Ausstattung (F): Robert M. Haas, George James Hopkins
  Hauptdarsteller: William Powell
  Kamera (F): Peverell Marley, William V. Skall
  Musik (D): Max Steiner

Miracle on 34th Street (Das Wunder von Manhattan).
George Seaton
  Drehbuch (B): George Seaton
  Nebendarsteller: Edmund Gwenn
  Story: Valentine Davies
  Bester Film

Monsieur Verdoux (Der Heiratsschwindler von Paris).
Charles Chaplin
Drehbuch (O): Charles Chaplin

Mother Wore Tights. Walter Lang
Musik (M): Alfred Newman
Kamera (F): Harry Jackson
Song: »You Do«

Mourning Becomes Electra. Dudley Nichols
Hauptdarsteller: Michael Redgrave
Hauptdarstellerin: Rosalind Russell

My Wild Irish Rose. David Butler
Musik (M): Ray Heindorf, Max Steiner

Odd Man Out (Ausgestoßen). Carol Reed. GB
Schnitt: Fergus McDonnell

The Paradine Case (Der Fall Paradin). Alfred Hitchcock
Nebendarstellerin: Ethel Barrymore

The Perils of Pauline (Pauline, laß das Küssen sein). George
Marshall
Song: »I Wish I Didn't Love You So«

Possessed (Hemmungslose Liebe). Curtis Bernhardt
Hauptdarstellerin: Joan Crawford

Ride the Pink Horse (Reite auf dem rosa Pferd). Robert
Montgomery
Nebendarsteller: Thomas Gomez

Road to Rio (Der Weg nach Rio). Norman Z. McLeod
Musik (M): Robert Emmett Dolan

Sciuscia (Ragazzi) (Schuschia). Vittorio de Sica. I
*Bester Auslandsfilm**
Drehbuch (O): Sergio Amidei, Adolfo Franci, C.G. Viola, Ce-
sare Zavattini

Smash Up — The Story of a Woman. Stuart Heisler
Hauptdarstellerin: Susan Hayward
Story: Dorothy Parker, Frank Cavett

192

Song of the South (Onkel Remus' Wunderland). Wilfred Jackson, Harve Foster
  Hauptdarsteller: James Baskett*
  Song: »Zip-A-Dee-Doo-Dah«
  Musik (M): Daniele Amfitheatrof, Paul J. Smith, Charles Wolcott

The Time, the Place and the Girl (Der Himmel voller Geigen). David Butler
  Song: »A Gal In Calico«

T-Men (Geheimagent T). Anthony Mann
  Ton: Sound Services Inc.

Unconquered (Die Unbesiegten). Cecil B. De Mille
  Spezialeffekte: Farciot Edouart, Devereux Jennings, Gordon Jennings, Wallace Kelley, Paul Lerpae, George Dutton

21. Oscar-Verleihung (1948)

Hamlet (Hamlet). Laurence Olivier. GB

BESTER FILM

Ausstattung (SW): Roger K. Furse, Carmen Dillon
Hauptdarsteller: Laurence Olivier
Kostüme (SW): Roger K. Furse
Musik (D): William Walton
Nebendarstellerin: Jean Simmons
Regie

*Sein oder Nichtsein, das ist hier die Frage ... – Laurence Olivier als › Hamlet ‹
(Hamlet)*

B. F. 's Daughter. Robert Z. Leonard
Kostüme (SW): Irene

Casbah (Casbah – verbotene Gassen). John Berry
Song: »For Every Man There's A Woman«

Deep Waters. Henry King
Spezialeffekte: Ralph Hammeras, Fred Sersen, Edward Snyder, Roger Heman

Easter Parade (Osterspaziergang). Charles Walters
Musik (M): Johnny Green, Roger Edens

The Emperor Waltz (Ich küsse ihre Hand, Madame). Billy Wilder
Kostüme (F): Edith Head, Gile Steele
Musik (M): Victor Young

A Foreign Affair (Eine auswärtige Affäre). Billy Wilder
Drehbuch: Charles Brackett, Billy Wilder, Richard L. Breen
Kamera (SW): Charles B. Lang jr.

Die Gezeichneten. Fred Zinnemann. Schweiz/USA
Kinderdarsteller: Ivan Jandl*
Story: Richard Schweizer, David Wechsler
Drehbuch: Richard Schweizer, David Wechsler
Hauptdarsteller: Montgomery Clift
Regie

Green Grass of Wyoming. Louis King
Kamera (F): Charles G. Clarke

I Remember Mama (Geheimnis einer Mutter). George Stevens
Hauptdarstellerin: Irene Dunne
Kamera (SW): Nicholas Musuraca
Nebendarsteller: Oscar Homolka
Nebendarstellerin: Barbara Bel Geddes, Ellen Corby

Joan of Arc (Johanna von Orleans). Victor Fleming
Produzent: Walter Wanger*
Kamera (F): Joseph Valentine, William V. Skall, Winton Hoch
Kostüme (F): Dorothy Jeakins, Karinska
Ausstattung (F): R. Day, Edwin Casey Roberts, Joseph Kish
Hauptdarstellerin: Ingrid Bergman
Musik (D): Hugo Friedhofer
Nebendarsteller: José Ferrer
Schnitt: Frank Sullivan

Johnny Belinda (Schweigende Lippen). Jean Negulesco
  Hauptdarstellerin: Jane Wyman
  Bester Film
  Ausstattung (SW): Robert Haas, William Wallace
  Drehbuch: Irmgard von Cube, Allen Vincent
  Hauptdarsteller: Lew Ayres
  Kamera (SW): Ted McCord
  Musik (D): Max Steiner
  Nebendarsteller: Charles Bickford
  Nebendarstellerin: Agnes Moorehead
  Regie
  Schnitt: David Weisbart
  Ton: Warner Bros. Sound Department

Key Largo (Hafen des Lasters). John Huston
  Nebendarstellerin: Claire Trevor

The Louisiana Story (Louisiana-Legende). Robert Flaherty
  Story: Frances Flaherty, Robert Flaherty

The Loves of Carmen (Liebesnacht in Sevilla). Charles Vidor
  Kamera (F): William Snyder

The Luck of the Irish. Henry Koster
  Nebendarsteller: Cecil Kellaway

Monsieur Vincent (Monsieur Vincent). Maurice Cloche. F
  Bester Auslandsfilm*

Moonrise (Erbe des Henkers). Frank Borzage
  Ton: Republic Sound Department

The Naked City (Stadt ohne Maske). Jules Dassin
  Kamera (SW): William Daniels
  Schnitt: Paul Weatherwax
  Story: Malvin Wald

The Paleface (Sein Engel mit den zwei Pistolen).
Norman Z. McLeod
  Song: »Buttons And Bows«

The Pirate (Der Pirat). Vincente Minnelli
  Musik (M): Lennie Hayton

196

Portrait of Jennie (Jenny). William Dieterle
  Spezialeffekte: Paul Eagler, J. McMillan Johnson, Russell Shearman, Clarence Slifer, Charles Freeman, James G. Stewart
  Kamera (SW): Joseph August

Red River (Panik am roten Fluß). Howard Hawks
  Schnitt: Christian Nyby
  Story: Borden Chase

The Red Shoes (Die roten Schuhe). Michael Powell, Emeric Pressburger. GB
  Ausstattung (F): Hein Heckroth, Arthur Lawson
  Musik (D): Brian Easdale
  Bester Film
  Schnitt: Reginald Mills
  Story: Emeric Pressburger

Romance on the High Seas (Zaubernächte in Rio). Michael Curtiz
  Musik (M): Ray Heindorf
  Song: »It's Magic«

Sitting Pretty (Belvedere räumt auf). Walter Lang
  Hauptdarsteller: Clifton Webb

The Snake Pit (Die Schlangengrube). Anatole Litvak
  Ton: Fox Sound Department
  Bester Film
  Drehbuch: Frank Partos, Millen Brand
  Hauptdarstellerin: Olivia de Havilland
  Musik (D): Alfred Newman
  Regie

Sorry, Wrong Number (Du lebst noch 105 Minuten). Anatole Litvak
  Hauptdarstellerin: Barbara Stanwyck

That Lady in Ermine (Die Frau im Hermelin). Ernst Lubitsch
  Song: »This Is The Moment«

The Three Musketeers (Die drei Musketiere). George Sidney
  Kamera (F): Robert Planck

Goldgräber in Mexiko – Bruce Bennett, Tim Holt, Humphrey Bogart und Walter Huston in › Treasure of Sierra Madre ‹ (Der Schatz der Sierra Madre)

Treasure of Sierra Madre (Der Schatz der Sierra Madre). John Huston
> *Drehbuch:* John Huston
> *Nebendarsteller:* Walter Huston
> *Regie*
> Bester Film

Wet Blanket Policy. Dick Lundy
> Song: »The Woody Woodpecker Song«

When My Baby Smiles At Me. Walter Lang
> Hauptdarsteller: Dan Dailey
> Musik (M): Alfred Newman

22. Oscar-Verleihung (1949)

All the King's Men (Der Mann, der herrschen wollte). Robert Rossen

BESTER FILM
Hauptdarsteller: Broderick Crawford
Nebendarstellerin: Mercedes McCambridge
Drehbuch (B): Robert Rossen
Nebendarsteller: John Ireland
Regie
Schnitt: Robert Parrish, Al Clark

Broderick Crawford (Mitte) in › All the King's Men ‹ (Der Mann, der herrschen wollte) – Politmelodrama nach der Karriere von Huey Long

Adventures of Don Juan (Liebesabenteuer des Don Juan). Vincent Sherman
  Kostüme (F): Leah Rhodes, Travilla und Marjorie Best
  Ausstattung (F): Edward Carrere, Lyle Reifsnider

The Barkleys of Broadway (Tänzer vom Broadway). Charles Walters
  Kamera (F): Harry Stradling

Battleground (Kesselschlacht). William A. Wellman
  Drehbuch (O): Robert Pirosh
  Kamera (SW): Paul C. Vogel
  Bester Film
  Nebendarsteller: James Whitmore
  Regie
  Schnitt: John Dunning

Beyond the Forest. King Vidor
  Musik (D): Max Steiner

Champion (Zwischen Frauen und Seilen). Mark Robson
  Schnitt: Harry Gerstad
  Drehbuch (B): Carl Foreman
  Hauptdarsteller: Kirk Douglas
  Kamera (SW): Frank Planer
  Musik (D): Dimitri Tiomkin
  Nebendarsteller: Arthur Kennedy

Come to the Stable (Und der Himmel lacht dazu). Henry Koster
  Ausstattung (SW): Lyle Wheeler, Joseph C. Wright, Thomas
    Little, Paul S. Fox
  Hauptdarstellerin: Loretta Young
  Kamera (SW): Joseph LaShelle
  Nebendarstellerin: Celeste Holm, Elsa Lanchester
  Song: »Through A Long And Sleepless Night«
  Story: Clare Boothe Luce

Edward, My Son. George Cukor
  Hauptdarstellerin: Deborah Kerr

The Fallen Idol (Kleines Herz in Not). Carol Reed. GB
  Drehbuch (B): Graham Greene
  Regie

The Hasty Heart (Gezählte Stunden). Vincent Sherman
Hauptdarsteller: Richard Todd

The Heiress (Die Erbin). William Wyler
Ausstattung (SW): John Meehan, Harry Horner, Emile Kuri
Hauptdarstellerin: Olivia de Havilland
Kostüme (SW): Edith Head, Gile Steele
Musik (D): Aaron Copland
Bester Film
Kamera (SW): Leo Tover
Nebendarsteller: Ralph Richardson
Regie

It Happens Every Spring. Lloyd Bacon
Story: Shirley W. Smith, Valentine Davies

It's a Great Feeling (Ein tolles Gefühl). David Butler
Song: »It's A Great Feeling«

Jolson Sings Again. Henry Levin
Drehbuch (O): Sidney Buchman
Kamera (F): William Snyder
Musik (M): Morris Stoloff, George Duning

Ladri di biciclette (Fahrraddiebe). Vittorio de Sica. I
Bester Auslandsfilm*
Drehbuch (B): Cesare Zavattini

A Letter to Three Wives (Ein Brief an drei Frauen). Joseph L. Mankiewicz
Drehbuch (B): Joseph L. Mankiewicz
Regie
Bester Film

Little Women (Kleine tapfere Jo). Mervyn LeRoy
Ausstattung (F): Cedric Gibbons, Paul Groesse, Edwin B. Willis, Jack D. Moore
Kamera (F): Robert Planck, Charles Schoenbaum

Look for the Silver Lining (Stern vom Broadway). David Butler
Musik (M): Ray Heindorf

Madame Bovary (Madame Bovary). Vincente Minnelli
Ausstattung (SW): Cedric Gibbons, Jack Martin Smith, Edwin B. Willis, Richard A. Pefferle

Mighty Joe Young (Panik um King Kong). Ernest B. Schoedsack
Spezialeffekte

Mother is a Freshman. Lloyd Bacon
Kostüme (F): Kay Nelson

My Foolish Heart (Angst vor der Schande). Mark Robson
Hauptdarstellerin: Susan Hayward
Song: »My Foolish Heart«

Neptune's Daughter (Neptuns Tochter). Edward Buzzell
Song: »Baby, It's Cold Outside«

On the Town (Heut' geh'n wir bummeln). Gene Kelly, Stanley
Donen
Musik (M): Roger Edens, Lennie Hayton

Once More, My Darling. Robert Montgomery
Ton: Universal Sound Department

Paisa (Paisa). Roberto Rossellini. I
Drehbuch (O): Alfred Hayes, Federico Fellini, Sergio Amidei,
Marcello Pagliero, Roberto Rossellini

Passport to Pimlico (Blockade in London). Henry Cornelius. GB
Drehbuch (O): T. E. B. Clarke

Pinky. Elia Kazan
Hauptdarstellerin: Jeanne Crain
Nebendarstellerin: Ethel Barrymore, Ethel Waters

Prince of Foxes (In den Klauen des Borgia). Henry King
Kamera (SW): Leon Shamroy
Kostüme (SW): Vittorio Nino Novarese

The Quiet One (Einer von den Stillen). Sidney Meyers
Drehbuch (O): Helen Levitt, Janice Loeb, Sidney Meyers

Sand. Louis King
Kamera (F): Charles G. Clarke

Sands of Iwo Jima (Du warst unser Kamerad). Allan Dwan
Hauptdarsteller: John Wayne
Schnitt: Richard L. van Enger
Story: Harry Brown
Ton: Republic Sound Department

Saraband for Dead Lovers (Königsliebe). Basil Dearden. GB
Ausstattung (F): Jim Morahan, William Kellner, Michael
Relph

She Wore a Yellow Ribbon (Der Teufelshauptmann). John Ford
Kamera (F): Winton Hoch

So Dear To My Heart. Harold Schuster, Hamilton Luske
Song: »Lavender Blue«

The Stratton Story. Sam Wood
Story: Douglas Morrow

Tulsa (Tulsa). Stuart Heisler
Spezialeffekte

Twelve O'Clock High (Der Kommandeur). Henry King
Nebendarsteller: Dean Jagger
Ton: Fox Sound Department
Bester Film
Hauptdarsteller: Gregory Peck

White Heat (Sprung in den Tod). Raoul Walsh
Story: Virgina Kellogg

The Window (Das unheimliche Fenster). Ted Tetzlaff
Schnitt: Frederic Knudtson

23. Oscar-Verleihung (1950)

All About Eve (Alles über Eva). Joseph L. Mankiewicz
BESTER FILM
Drehbuch (B): Joseph L. Mankiewicz
Kostüme (SW): Edith Head, Charles LeMaire
Nebendarsteller: George Sanders
Regie
Ton: Fox Sound Dpt
Ausstattung (SW): Lyle Wheeler, George Davis, Thomas
 Little, Walter M. Scott
Hauptdarstellerin: Anne Baxter, Bette Davis
Kamera (SW): Milton Krasner
Musik (D): Alfred Newman
Nebendarstellerin: Celeste Holm, Thelma Ritter
Schnitt: Barbara McLean

Zynischer Blick aufs Theaterleben – Gary Merrill und Bette Davis in › All About Eve ‹ (Alles über Eva)

Adam's Rib (Ehekrieg). George Cukor
Drehbuch (O): Ruth Gordon, Garson Kanin

Annie Get Your Gun (Duell in der Manege). George Sidney
Musik (M): Adolph Deutsch, Roger Edens
Ausstattung (F): Cedric Gibbons, Paul Groesse, Edwin B.
   Willis, Richard A. Pefferle
Kamera (F): Charles Rosher
Schnitt: James E. Newcom

The Asphalt Jungle (Asphalt-Dschungel). John Huston
Drehbuch (B): Ben Maddow, John Huston
Kamera (SW): Harold Rosson
Nebendarsteller: Sam Jaffe
Regie

Au-dela des grilles (Die Mauern von Malapaga).
René Clément. F/I
Bester Auslandsfilm*

The Black Rose (Die schwarze Rose). Henry Hathaway
Kostüme (F): Michael Whittaker

Born Yesterday (Die ist nicht von gestern). George Cukor
Hauptdarstellerin: Judy Holliday
Bester Film
Drehbuch (B): Albert Mannheimer
Kostüme (SW): Jean Louis
Regie

Broken Arrow (Der gebrochene Pfeil). Delmer Daves
Drehbuch (B): Michael Blankfort
Kamera (F): Ernest Palmer
Nebendarsteller: Jeff Chandler

Caged (Frauengefängnis). John Cromwell
Drehbuch (O): Virgina Kellogg, Bernard C. Schoenfeld
Hauptdarstellerin: Eleanor Parker
Nebendarstellerin: Hope Emerson

Captain Carey, USA. Mitchell Leisen
Song: »Mona Lisa«

Cinderella (Cinderella). Wilfred Jackson, Hamilton Luske, Clyde Geronimi
  Musik (M): Oliver Wallace, Paul J. Smith
  Song: »Bibbidy-Bobbidi-Boo«
  Ton: Disney Sound Dpt

Cyrano de Bergerac (Der letzte Musketier). Michael Gordon
  Hauptdarsteller: José Ferrer

Destination Moon (Endstation Mond). Irving Pichel
  Spezialeffekte
  Ausstattung (F): Ernst Fegte, George Sawley

Father of the Bride (Vater der Braut). Vincente Minnelli
  Bester Film
  Drehbuch (B): Frances Goodrich, Albert Hackett
  Hauptdarsteller: Spencer Tracy

The Flame and the Arrow (Der Rebell). Jacques Tourneur
  Kamera (F): Ernest Haller
  Musik (D): Max Steiner

The Furies (Farm der Besessenen). Anthony Mann
  Kamera (SW): Victor Milner

The Gunfighter (Der Scharfschütze). Henry King
  Story: William Bowers, André de Toth

Harvey (Mein Freund Harvey). Henry Koster
  Nebendarstellerin: Josephine Hull
  Hauptdarsteller: James Stewart

I'll Get By. Richard Sale
  Musik (M): Lionel Newman

King Solomon's Mines (König Salomons Diamanten). Compton Bennett, Andrew Marton
  Kamera (F): Robert Surtees
  Schnitt: Ralph E. Winters, Conrad A. Nervig
  Bester Film

Louisa (Alter schützt vor Liebe nicht). Alexander Hall
  Ton: Universal Sound Dpt.

The Magnificent Yankee. John Sturges
   Hauptdarsteller: Louis Calhern
   Kostüme (SW): Walter Plunkett

The Men (Die Männer). Fred Zinnemann
   Drehbuch (O): Carl Foreman

Mister 880. Edmund Goulding
   Nebendarsteller: Edmund Gwenn

Mystery Street. John Sturges
   Story: Leonard Spigelglass

No Sad Songs for Me (Mein Glück in Deine Hände). Rudolph Maté
   Musik (D): George Duning

No Way Out (Haß ist blind). Joseph L. Mankiewicz
   Drehbuch (O): Joseph L. Mankiewicz, Lesser Samuels

Our Very Own (Unser eigenes Ich). David Miller
   Ton: Goldwyn Sound Dpt

Panic in the Streets (Unter Geheimbefehl). Elia Kazan
   Story: Edna Anhalt, Edward Anhalt

The Red Danube (Schicksal in Wien). George Sidney
   Ausstattung (SW): Cedric Gibbons, Hans Peters, Edwin B.
   Willis, Hugh Hunt

Riso amaro (Bitterer Reis). Giuseppe de Santis. I
   Story: Giuseppe de Santis, Carlo Lizzani

Samson and Delilah (Samson und Delilah). Cecil B. De Mille
   Ausstattung (F): Hans Dreier, Walter Tyler, Sam Comer,
   Ray Moyer
   Kostüme (F): Edith Head, Dorothy Jeakins, Elois Jenssen, Gile
   Steele, Gwen Wakeling
   Kamera (F): George Barnes
   Musik (D): Victor Young
   Spezialeffekte

Singing Guns (Rauchende Pistolen). R. G. Springsteen
   Song: »Mule Train«

Rückzug in die Erinnerung an vergangene Größe – Gloria Swanson (l.) als vergessener Stummfilmstar in › Sunset Boulevard ‹ (Boulevard der Dämmerung)

Sunset Boulevard (Boulevard der Dämmerung). Billy Wilder
  Ausstattung (SW): Hans Dreier, John Meehan, Sam Comer, Ray Moyer
  Drehbuch (O): Charles Brackett, Billy Wilder, D. M. Marshman jr.
  Musik (D): Franz Waxman
  Bester Film
  Hauptdarsteller: William Holden
  Hauptdarstellerin: Gloria Swanson
  Kamera (SW): John F. Seitz
  Nebendarsteller: Erich von Stroheim
  Nebendarstellerin: Nancy Olson
  Regie
  Schnitt: Arthur Schmidt, Doane Harrison

That Forsythe Woman (Das Schicksal der Irene Forsythe). Compton Bennett
   Kostüme (F): Walter Plunkett, Valles

The Third Man (Der dritte Mann). Carol Reed. GB
   Kamera (SW): Robert Krasker
   Regie
   Schnitt: Oswald Hafenrichter

Three Little Words (Drei kleine Worte). Richard Thorpe
   Musik (M): André Previn

The Toast of New Orleans (Der Fischer von Louisiana). Norman Taurog
   Song: »Be My Love«

Trio (So ist das Leben). Ken Annakin, Harold French. GB
   Ton: Rank-Sydney Box

Wabash Avenue (Varieté-Prinzessin). Henry Koster
   Song: »Wilhelmina«

The West Point Story. Roy del Ruth
   Musik (M): Ray Heindorf

When Willie Comes Marching Home (So ein Pechvogel). John Ford
   Story: Sy Gomberg

24. Oscar-Verleihung (1951)

An American in Paris (Ein Amerikaner in Paris).
Vincente Minnelli

BESTER FILM
Ausstattung (F): Cedric Gibbons, Preston Ames, Edwin B. Willis, Keogh Gleason
Drehbuch (O): Alan Jay Lerner
Kamera (F): Alfred Gilks, John Alton
Kostüme (F): Orry-Kelly, Walter Plunkett, Irene Sharaff
Musik (M): Johnny Green, Saul Chaplin
Regie
Schnitt: Adrienne Fazan

Glorreicher Technicolor-Musicalkitsch auf halbem Weg zur Kunst – › An American in Paris ‹ (Ein Amerikaner in Paris)

The African Queen (African Queen). John Huston
 Hauptdarsteller: Humphrey Bogart
 Drehbuch (B): James Agee, John Huston
 Hauptdarstellerin: Katharine Hepburn
 Regie

Alice in Wonderland (Alice im Wunderland). Clyde Geronimi,
Hamilton Luske, Wilfred Jackson
 Musik (M): Oliver Wallace

The Big Carnival/Ace in the Hole (Reporter des Satans).
Billy Wilder
 Drehbuch (O): Billy Wilder, Lesser Samuels, Walter Newman

The Blue Veil (Das Herz einer Mutter). Curtis Bernhardt
 Hauptdarstellerin: Jane Wyman
 Nebendarstellerin: Joan Blondell

Bright Victory (Sieg über das Dunkel). Mark Robson
 Hauptdarsteller: Arthur Kennedy
 Ton: Leslie I. Carey

The Bullfighter and the Lady. Budd Boetticher
 Story: Budd Boetticher, Ray Nazarro

Come Fill the Cup. Gordon Douglas
 Nebendarsteller: Gig Young

David and Batsheba (David und Batsheba). Henry King
 Ausstattung (F): Lyle Wheeler, George Davis, Thomas Little,
  Paul S. Fox
 Drehbuch (O): Philip Dunne
 Kamera (F): Leon Shamroy
 Kostüme (F): Charles LeMaire, Edward Stevenson
 Musik (D): Alfred Newman

Death of a Salesman (Tod eines Handlungsreisenden).
Laslo Benedek
 Hauptdarsteller: Fredric March
 Kamera (SW): Franz Planer
 Musik (D): Alex North
 Nebendarsteller: Kevin McCarthy
 Nebendarstellerin: Mildred Dunnock

Decision Before Dawn (Entscheidung vor Morgengrauen).
Anatole Litvak
  Bester Film
  Schnitt: Dorothy Spencer

Detective Story (Polizeirevier 21). William Wyler
  Drehbuch (B): Philip Yordan, Robert Wyler
  Hauptdarstellerin: Eleanor Parker
  Nebendarstellerin: Lee Grant
  Regie

Fourteen Hours (Vierzehn Stunden). Henry Hathaway
  Ausstattung (SW): Lyle Wheeler, Leland Fuller, Thomas
    Little, Fred J. Rode

The Frogmen (Froschmänner). Lloyd Bacon
  Kamera (SW): Norbert Brodine
  Story: Oscar Millard

Go for Broke!. Robert Pirosh
  Drehbuch (O): Robert Pirosh

Golden Girl. Lloyd Bacon
  Song: »Never«

The Great Caruso (Der große Caruso). Richard Thorpe
  Ton: Douglas Shearer
  Kostüme (F): Helen Rose, Gile Steele
  Musik (M): Peter Herman Adler, Johnny Green

Here Comes the Groom (Hochzeitsparade). Frank Capra
  Song: »In The Cool, Cool, Cool Of The Evening«
  Story: Robert Riskin, Liam O'Brien

The House on Telegraph Hill. Robert Wise
  Ausstattung (SW): Lyle Wheeler, John DeCuir, Thomas
    Little, Paul S. Fox

I Want You (Im Sturm der Zeit). Mark Robson
  Ton: Gordon Sawyer

Kind Lady. John Sturges
  Kostüme (SW): Walter Plunkett, Gile Steele

The Mating Season (SOS – Zwei Schwiegermütter).
Mitchell Leisen
 Nebendarstellerin: Thelma Ritter

The Model and the Marriage Broker. George Cukor
 Kostüme (SW): Charles LeMaire, Renie

The Mudlark (Der Dreckspatz und die Königin). Jean Negulesco
 Kostüme (SW): Edward Stevenson, Margaret Furse

On the Riviera (An der Riviera). Walter Lang
 Ausstattung (F): Lyle Wheeler, Leland Fuller, Joseph C.
   Wright, Thomas Little, Walter M. Scott
 Musik (M): Alfred Newman

A Place in the Sun (Ein Platz an der Sonne). George Stevens
 Drehbuch (B): Michael Wilson, Harry Brown
 Kamera (SW): William C. Mellor
 Kostüme (SW): Edith Head
 Musik (D): Franz Waxman
 Regie
 Schnitt: William Hornbeck
 Bester Film
 Hauptdarsteller: Montgomery Clift
 Hauptdarstellerin: Shelley Winters

Quo Vadis? (Quo vadis?). Mervyn Le Roy
 Bester Film
 Ausstattung (F): William A. Horning, Cedric Gibbons, Edward Carfagno, Hugh Hunt
 Kamera (F): Robert Surtees, William V. Skall
 Kostüme (F): Herschel McCoy
 Musik (D): Miklos Rozsa
 Nebendarsteller: Leo Genn, Peter Ustinov
 Schnitt: Ralph E. Winters

Rashomon (Rashomon). Akira Kurosawa. Japan
 *Bester Auslandsfilm**

Rich, Young and Pretty. Norman Taurog
 Song: »Wonder Why«

La Ronde (Der Reigen). Max Ophüls. F
 Ausstattung (SW): D'Eaubonne
 Drehbuch (B): Jacques Natanson, Max Ophüls

Royal Wedding (Königliche Hochzeit). Stanley Donen
Song: »Too Late Now«

Seven Days to Noon (Eine Stadt hält den Atem an). John Boulting, Ray Boulting. GB
Story: Paul Dehn, James Bernard

Show Boat (Mississippi-Melodie). George Sidney
Kamera (F): Charles Rosher
Musik (M): Adolph Deutsch, Conrad Salinger

Strangers on a Train (Der Fremde im Zug/Verschwörung im Nordexpreß). Alfred Hitchcock
Kamera (SW): Robert Burks

A Streetcar Named Desire (Endstation Sehnsucht). Elia Kazan
Ausstattung (SW): Richard Day, George James Hopkins
Hauptdarstellerin: Vivien Leigh
Nebendarsteller: Karl Malden
Nebendarstellerin: Kim Hunter
Bester Film
Drehbuch (B): Tennessee Williams
Hauptdarsteller: Marlon Brando
Kamera (SW): Harry Stradling
Kostüme (SW): Lucinda Ballard
Musik (D): Alex North
Regie
Ton: Nathan Levinson

The Strip. Leslie Kardos
Song: »A Kiss To Build A Dream On«

Tales of Hoffmann (Hoffmanns Erzählungen). Michael Powell, Emeric Pressburger. GB
Ausstattung (F): Hein Heckroth
Kostüme (F): Hein Heckroth

Teresa (Teresa). Fred Zinnemann
Story: Alfred Hayes, Stewart Stern

Too Young to Kiss (Zu jung zum Küssen). Robert Z. Leonard
Ausstattung (SW): Cedric Gibbons, Paul Groesse, Edwin B. Willis, Jack D. Moore

Geistige Zerstörung einer Neurotikerin durch die Anima ihres Schwagers – Marlon Brando und Vivien Leigh in ›A Streetcar Named Desire‹ (Endstation Sehnsucht)

Two Tickets to Broadway (Drei Frauen erobern New York). James V. Kern
  Ton: John O. Aalberg

The Well (Stadt in Aufruhr). Leo Popkin, Russell Rouse
  Drehbuch (O): Clarence Greene, Russell Rouse
  Schnitt: Chester Schaeffer

When Worlds Collide (Der jüngste Tag). Rudolph Maté
  Spezialeffekte
  Kamera (F): John F. Seitz, W. Howard Greene

25. Oscar-Verleihung (1952)

The Greatest Show on Earth (Die größte Schau der Welt).
Cecil B. De Mille
BESTER FILM
Story: Frederic M. Frank, Theodore St. John, Frank Cavett
Kostüme (F): Edith Head, Dorothy Jeakins, Miles White
Schnitt: Anne Bauchens
Regie

› *The Greatest Show on Earth* ‹ *(Die größte Schau der Welt) – Liebe und Intrigen unter dem Zirkuszelt*

Affair in Trinidad (Affäre in Trinidad). Vincent Sherman
Kostüme (SW): Jean Louis

The Atomic City (Die Stadt der tausend Gefahren). Jerry Hopper
Drehbuch (O): Sydney Boehm

The Bad and the Beautiful (Die Stadt der Illusionen). Vincente Minnelli

    Ausstattung (SW): Cedric Gibbons, Edward Carfagno, Edwin B. Willis, Keogh Gleason
    Drehbuch (B): Charles Schnee
    Kamera (SW): Robert Surtees
    Kostüme (SW): Helen Rose
    Nebendarstellerin: Gloria Grahame
    Hauptdarsteller: Kirk Douglas

Because You're Mine (Mein Herz singt nur für Dich). Alexander Hall

    Song: »Because You're Mine«

The Big Sky (Das Geheimnis der Indianerin). Howard Hawks
    Kamera (SW): Russell Harlan
    Nebendarsteller: Arthur Hunnicutt

Breaking the Sound Barrier (Der unbekannte Feind). David Lean. GB

    Ton: London Film Sound Dpt
    Drehbuch (O): Terence Rattigan

Carrie (Carrie). William Wyler
    Ausstattung (SW): Hal Pereira, Roland Anderson, Emile Kuri
    Kostüme (SW): Edith Head

Come Back, Little Sheba (Kehr zurück, kleine Sheba). Daniel Mann

    Hauptdarstellerin: Shirley Booth
    Nebendarstellerin: Terry Moore
    Schnitt: Warren Low

Five Fingers (Der Fall Cicero). Joseph L. Mankiewicz
    Drehbuch (B): Michael Wilson
    Regie

Flat Top (Sturmgeschwader Komet). Lesley Selander
    Schnitt: William Austin

Hans Christian Andersen (Hans Christian Andersen und die Tänzerin). Charles Vidor

    Ausstattung (F): Richard Day, Clave, Howard Bristol
    Kamera (F): Harry Stradling

Kostüme (F): Clave, Mary Wills, Madame Karinska
Musik (M): Walter Scharf
Song: »Thumbelina«
Ton: Gordon Sawyer

High Noon (Zwölf Uhr mittags). Fred Zinnemann
Hauptdarsteller: Gary Cooper
Musik (D): Dimitri Tiomkin
Schnitt: Elmo Williams, Harry Gerstad
Song: »High Noon (Do Not Forsake Me, Oh My Darlin')«
Bester Film
Drehbuch (B): Carl Foreman
Regie

Ivanhoe (Ivanhoe, der schwarze Ritter). Richard Thorpe
Bester Film
Kamera (F): F.A. Young
Musik (D): Miklos Rozsa

The Jazz Singer. Michael Curtiz
Musik (M): Ray Heindorf, Max Steiner

Jeux interdits (Verbotene Spiele). René Clément. F
Bester Auslandsfilm*

Just for You (Nur für Dich). Michael Carreras
Song: »Zing A Little Zong«

The Lavender Hill Mob (Das Glück kam über Nacht). Charles
Crichton. GB
Drehbuch (O): T. E. B. Clarke
Hauptdarsteller: Alec Guinness

The Man in the White Suit (Der Mann im weißen Anzug). Ale-
xander Mackendrick. GB
  Drehbuch (B): Roger MacDougall, John Dighton, Alexander
  Mackendrick

The Medium (Das Medium). Gian-Carlo Menotti
Musik (M): Gian-Carlo Menotti

The Member of the Wedding (Das Mädchen Frankie).
Fred Zinnemann
Hauptdarstellerin: Julie Harris

Der einsame Westerner als symbolischer Kämpfer gegen den McCarthyismus – Grace Kelly und Gary Cooper in › High Noon ‹ (Zwölf Uhr mittags)

The Merry Widow (Die lustige Witwe). Curtis Bernhardt
   Ausstattung (F): Cedric Gibbons, Paul Groesse, Edwin B.
      Willis, Arthur Krams
   Kostüme (F): Helen Rose, Gile Steele

Million Dollar Mermaid (Die goldene Nixe). Mervyn Le Roy
   Kamera (F): George J. Folsey

The Miracle of Our Lady of Fatima (Die Heilige von Fatima).
John Brahm
  Musik (D): Max Steiner

Moulin Rouge (Moulin Rouge). John Huston
  Ausstattung (F): Paul Sheriff, Marcel Vertes
  Kostüme (F): Marcel Vertes
  Bester Film
  Hauptdarsteller: José Ferrer
  Nebendarstellerin: Colette Marchand
  Regie
  Schnitt: Ralph Kemplen

My Cousin Rachel (Meine Cousine Rachel). Henry Koster
  Ausstattung (SW): Lyle Wheeler, John DeCuir, Walter M.
    Scott
  Kamera (SW): Joseph LaShelle
  Kostüme (SW): Charles LeMaire, Dorothy Jeakins
  Nebendarsteller: Richard Burton

My Son John. Leo McCarey
  Story: Leo McCarey

The Narrow Margin (Um Haaresbreite). Richard Fleischer
  Story: Martin Goldsmith, Jack Leonard

Navajo (Navajo). Norman Foster
  Kamera (SW): Virgil E. Miller

Pat and Mike (Pat und Mike). George Cukor
  Drehbuch (O): Ruth Gordon, Garson Kanin

Plymouth Adventure (Schiff ohne Heimat). Clarence Brown
  Spezialeffekte

The Pride of St. Louis. Harmon Jones
  Story: Guy Trosper

The Promoter. Ronald Neame. GB
  Ton: Ronald Neame

The Quiet Man (Der Sieger). John Ford
  Kamera (F): Winton C. Hoch, Archie Stout
  Regie
  Bester Film

Ausstattung (F): Frank Hotaling, John McCarthy, Charles
  Thompson
Drehbuch (B): Frank S. Nugent
Nebendarsteller: Victor McLaglen
Ton: Daniel J. Bloomberg

Rashomon (Rashomon). Akira Kurosawa. Japan
  Ausstattung (SW): Matsuyama, H. Motsumoto

Singin' in the Rain (Du sollst mein Glücksstern sein). Gene Kelly,
Stanley Donen
  Musik (M): Lennie Hayton
  Nebendarstellerin: Jean Hagen

The Sniper. Edward Dmytryk
  Story: Edna Anhalt, Edward Anhalt

The Snows of Kilimanjaro (Schnee am Kilimandscharo).
Henry King
  Ausstattung (F): Lyle Wheeler, John DeCuir, Thomas Little,
    Paul S. Fox
  Kamera (F): Leon Shamroy

Son of Paleface (Bleichgesicht Junior). Frank Tashlin
  Song: »Am I In Love«

The Star. Stuart Heisler
  Hauptdarstellerin: Bette Davis

Sudden Fear (Maskierte Herzen). David Miller
  Hauptdarstellerin: Joan Crawford
  Kamera (SW): Charles B. Lang jr.
  Kostüme (SW): Sheila O'Brien
  Nebendarsteller: Jack Palance

The Thief (Der Dieb). Russell Rouse
  Musik (D): Herschel Burke Gilbert

Viva Zapata! (Viva Zapata). Elia Kazan
  Nebendarsteller: Anthony Quinn
  Ausstattung (SW): Lyle Wheeler, Leland Fuller, Thomas
    Little, Claude Carpenter
  Drehbuch (O): John Steinbeck
  Hauptdarsteller: Marlon Brando
  Musik (D): Alex North

With a Song in My Heart (Mit einem Lied im Herzen).
Walter Lang
  Musik (M): Alfred Newman
  Hauptdarstellerin: Susan Hayward
  Kostüme (F): Charles LeMaire
  Nebendarstellerin: Thelma Ritter
  Ton: Thomas T. Moulton

26. Oscar-Verleihung (1953)

From Here to Eternity (Verdammt in alle Ewigkeit).
Fred Zinnemann
  BESTER FILM
  Drehbuch (B): Daniel Taradash
  Kamera (SW): Burnett Guffey
  Nebendarsteller: Frank Sinatra
  Nebendarstellerin: Donna Reed

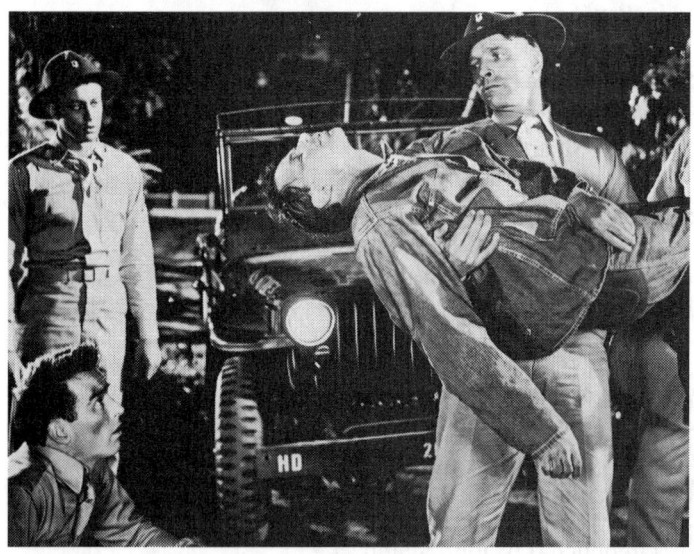

Soldatenschicksale im Hawaii der Pearl Harbour-Tage – Montgomery Clift
(2.v.l.), Frank Sinatra (3.v.l.) und Burt Lancaster (4.v.l.)

Regie
Schnitt: William Lyon
Ton: John P. Livadary
Hauptdarsteller: Montgomery Clift, Burt Lancaster
Hauptdarstellerin: Deborah Kerr
Kostüme (SW): Jean Louis
Musik (D): Morris Stoloff, George Duning

Above and Beyond (Die letzte Entscheidung). Norman Panama, Melvin Frank
Musik (D): Hugo Friedhofer
Story: Beirne Lay jr.

The Actress. George Cukor
Kostüme (SW): Walter Plunkett

All the Brothers Were Valiant (Die schwarze Perle).
Richard Thorpe
Kamera (F): George Folsey

The Band Wagon (Vorhang auf). Vincente Minnelli
Drehbuch (O): Betty Comden, Adolph Green
Kostüme (F): Mary Ann Neberg
Musik (M): Adolph Deutsch

Beneath the Twelve-Mile Reef (Das Höllenriff). Robert D. Webb
Kamera (F): Edward Cronjager

The Caddy (Der Tolpatsch). Norman Taurog
Song: »That's Amore«

Calamity Jane (Schwere Colts in zarter Hand). David Butler
Song: »Secret Love«
Musik (M). Ray Heindorf
Ton: William A. Mueller

Call Me Madam (Madam macht Geschichte(n)). Walter Lang
Musik (M): Alfred Newman
Kostüme (F): Irene Sharaff

The Captain's Paradise (Der Schlüssel zum Paradies).
Anthony Kimmins
Story: Alec Coppel

Crazylegs. Hall Bartlett
Schnitt: Irvine (Cotton) Warburton

The Cruel Sea (Der große Atlantik). Charles Frend. GB
Drehbuch (B): Eric Ambler

The Desert Rats (Die Wüstenratten). Robert Wise
Drehbuch (O): Richard Murphy

Dream Wife (Du und keine andere). Sidney Sheldon
Kostüme (SW): Helen Rose, Herschel McCoy

5000 Fingers of Dr. T.. Roy Rowland
Musik (M): Frederick Hollander, Morris Stoloff

The Fourposter (Das Himmelbett). Irving Reis
Kamera (SW): Hal Mohr

Hondo (Man nennt mich Hondo). John Farrow
Nebendarstellerin: Geraldine Page

How to Marry a Millionaire (Wie angelt man sich einen Millionär?). Jean Negulesco
Kostüme (F): Charles LeMaire, Travilla

Julius Caesar (Julius Cäsar). Joseph L. Mankiewicz
Ausstattung (SW): Cedric Gibbons, Edward Carfagno, Edwin
    B. Willis, Hugh Hunt
Bester Film
Hauptdarsteller: Marlon Brando
Kamera (SW): Joseph Ruttenberg
Musik (D): Miklos Rozsa

Kiss Me Kate (Küß mich Kätchen!). George Sidney
Musik (M): André Previn, Saul Chaplin

Knights of the Round Table (Die Ritter der Tafelrunde).
Richard Thorpe
    Ausstattung (F): Alfred Junge, Hans Peters, John Jarvis
    Ton: A. W. Watkins

Lili (Lili). Charles Walters
Musik (D): Bronislau Kaper
    Ausstattung (F): Cedric Gibbons, Paul Groesse, Edwin B.
    Willis, Arthur Krams

224

Hauptdarstellerin: Leslie Caron
Kamera (F): Robert Planck
Regie

Little Fugitive (Der kleine Ausreißer). Ray Ashley, Morris Engel, Ruth Orkin
Story: Ray Ashley, Morris Engel, Ruth Orkin

Martin Luther (Martin Luther). Irving Pichel
Ausstattung (SW): Fritz Maurischat, Paul Markwitz
Kamera (SW): Joseph C. Brun

Miss Sadie Thompson (Fegefeuer). Curtis Bernhardt
Song: »Sadie Thompson's Song (Blue Pacific Blues)«

The Mississippi Gambler (Die Welt gehört ihm). Rudolph Maté
Ton: Leslie I. Carey

Mogambo (Mogambo). John Ford
Hauptdarstellerin: Ava Gardner
Nebendarstellerin: Grace Kelly

The Moon is Blue (Die Jungfrau auf dem Dach). Otto Preminger
Hauptdarstellerin: Maggie McNamara
Schnitt: Otto Ludwig
Song: »The Moon Is Blue«

The Naked Spur (Nackte Gewalt). Anthony Mann
Drehbuch (O): Sam Rolfe, Harold Jack Bloom

Pickup on South Street (Polizei greift ein). Samuel Fuller
Nebendarstellerin: Thelma Ritter

The President's Lady (Gefährtin seines Lebens). Henry Levin
Ausstattung (SW): Lyle Wheeler, Leland Fuller, Paul S. Fox
Kostüme (SW): Charles LeMaire, Renie

The Robe (Das Gewand). Henry Koster
Ausstattung (F): Lyle Wheeler, George W. Davis, Walter M. Scott, Paul S. Fox
Kostüme (F): Charles LeMaire, Emile Santiago
Bester Film
Hauptdarsteller: Richard Burton
Kamera (F): Leon Shamroy

Roman Holiday (Ein Herz und eine Krone). William Wyler
Hauptdarstellerin: Audrey Hepburn
Kostüme (SW): Edith Head
Story: Ian McLellan Hunter
Bester Film
Ausstattung (SW): Hal Pereira, Walter Tyler
Drehbuch (B): Ian McLellan Hunter, John Dighton
Kamera (SW): Franz Planer, Henry Alekan
Nebendarsteller: Eddie Albert
Regie
Schnitt: Robert Swink

Shane (Mein großer Freund Shane). George Stevens
Kamera (F): Loyal Griggs
Bester Film
Drehbuch (B): A. B. Guthrie jr.
Nebendarsteller: Brandon de Wilde, Jack Palance
Regie

Small Town Girl. Leslie Kardos
Song: »My Flaming Heart«

Stalag 17 (Stalag 17). Billy Wilder
Hauptdarsteller: William Holden
Nebendarsteller: Robert Strauss
Regie

The Story of Three Loves (War es die große Liebe?). Gottfried
Reinhardt, Vincente Minnelli
Ausstattung (F): Cedric Gibbons, Preston Ames, Edward
Carfagno, Gabriel Scognamillo, Edwin B. Willis, Keogh
Gleason, Arthur Krams, Jack D. Moore

Take the High Ground (Sprung auf, marsch, marsch!).
Richard Brooks
Drehbuch (O): Millard Kaufman

This is Cinerama. Merian C. Cooper, Robert L. Bendick**
Musik (D): Louis Forbes

Titanic (Untergang der Titanic). Jean Negulesco
Drehbuch (O): Charles Brackett, Walter Reisch,
Richard Breen
Ausstattung (SW): Lyle Wheeler, Maurice Ransford,
Stuart Reiss

› Roman Holiday ‹ (Ein Herz und eine Krone) – der Reporter (Gregory Peck) bettet die entfleuchte Prinzessin (Audrey Hepburn) zur Nachtruhe

Torch Song (Herzen im Fieber). Charles Walters
Nebendarstellerin: Marjorie Rambeau

War of the Worlds (Kampf der Welten). Byron Haskin
Spezialeffekte
Schnitt: Everett Douglas
Ton: Loren L. Ryder

Young Bess (Die Thronfolgerin). George Sidney
Ausstattung (F): Cedric Gibbons, Urie McCleary, Edwin B.
Willis, Jack D. Moore
Kostüme (F): Walter Plunkett

227

27. Oscar-Verleihung (1954)

On the Waterfront (Die Faust im Nacken). Elia Kazan
BESTER FILM
Ausstattung (SW): Richard Day
Drehbuch (O): Budd Schulberg
Hauptdarsteller: Marlon Brando
Kamera (SW): Boris Kaufman
Nebendarstellerin: Eva Marie Saint
Regie
Schnitt: Gene Milford
Musik (D): Leonard Bernstein
Nebendarsteller: Lee J. Cobb, Karl Malden, Rod Steiger

› *I coulda had class. I coulda been a contender* ‹ – *Marlon Brando (Mitte) als rebellischer Hafenarbeiter*

Las Aventuras de Robinson Crusoe (Robinson Crusoe).
Luis Buñuel. Mexiko
   Hauptdarsteller: Dan O'Herlihy

The Barefoot Contessa (Die barfüßige Gräfin). Joseph L.
Mankiewicz
   Nebendarsteller: Edmond O'Brien
   Drehbuch (O): Joseph Mankiewicz

Brigadoon (Brigadoon). Vincente Minnelli
   Ausstattung (F): Cedric Gibbons, Preston Ames, Edwin B.
     Willis, Keogh Gleason
   Kostüme (F): Irene Sharaff
   Ton: Wesley C. Miller

Broken Lance (Die gebrochene Lanze). Edward Dmytryk
   Story: Philip Yordan
   Nebendarstellerin: Katy Jurado

The Caine Mutiny (Die Caine war ihr Schicksal). Edward
Dmytryk
   Bester Film
   Drehbuch (B): Stanley Roberts
   Hauptdarsteller: Humphrey Bogart
   Musik (D): Max Steiner
   Nebendarsteller: Tom Tully
   Schnitt: William A. Lyon, Henry Batista
   Ton: John P. Livadary

Carmen Jones (Carmen Jones). Otto Preminger
   Hauptdarstellerin: Dorothy Dandridge
   Musik (M): Herschel Burke Gilbert

The Country Girl (Ein Mädchen vom Lande). George Seaton
   Drehbuch (B): George Seaton
   Hauptdarstellerin: Grace Kelly
   Bester Film
   Ausstattung (SW): Hal Pereira, Roland Anderson, Sam
     Comer, Grace Gregory
   Hauptdarsteller: Bing Crosby
   Kamera (SW): John F. Warren
   Regie

Meuterei auf der Caine – Humphrey Bogart als Captain Queeg in › The Caine Mutiny ‹ (Die Caine war ihr Schicksal)

Désirèe (Désirèe). Henry Koster
Ausstattung (F): Lyle Wheeler, Leland Fuller, Walter M. Scott, Paul S. Fox
Kostüme (F): Charles LeMaire, René Hubert

The Egyptian (Sinuhe, der Ägypter). Michael Curtiz
Kamera (F): Leon Shamroy

Executive Suite (Die Intriganten). Robert Wise
Ausstattung (SW): Cedric Gibbons, Edward Carfagno, Edwin B. Willis, Emile Kuri
Kamera (SW): George Folsey
Kostüme (SW): Helen Rose
Nebendarstellerin: Nina Foch

Geneviève (Die feurige Isabella). Henry Cornelius. GB
Drehbuch (O): William Rose
Musik (D): Muir Mathieson

The Glenn Miller Story (Die Glenn Miller Story). Anthony Mann
Ton: Leslie I. Carey
Drehbuch (O): Valentine Davies, Oscar Brodney
Musik (M): Joseph Gershenson, Henry Mancini

Hell and High Water (Inferno). Samuel Fuller
Spezialeffekte

The High and the Mighty (Es wird immer wieder Tag).
William Wellman
Musik (D): Dimitri Tiomkin
Nebendarstellerin: Jan Sterling, Claire Trevor
Regie
Schnitt: Ralph Dawson
Song: »The High And The Mighty«

It Should Happen To You. George Cukor
Kostüme (SW): Jean Louis

Jeux interdits (Verbotene Spiele). René Clément. F
Story: François Boyer

Jigokumon (Das Höllentor). Teinosuke Kinugasa. Japan
Bester Auslandsfilm*
Kostüme (F): Sanzo Wada

Knock on Wood (Die Lachbombe). Norman Panama,
Melvin Frank
Drehbuch (O): Norman Panama, Melvin Frank

The Little Kidnappers (Besiegter Haß). Philip Leacock. GB
Kinderdarsteller: Jon Whiteley, Vincent Winter*

Madame de ... (Madame de ...). Max Ophüls. F/I
Kostüme (SW): Georges Annenkov, Rosine Delamare

The Magnificent Obsession (Die wunderbare Macht).
Douglas Sirk
Hauptdarstellerin: Jane Wyman

Night People (Das unsichtbare Netz). Nunnally Johnson
Story: Jed Harris, Tom Reed

Pane, amore e fantasia (Brot, Liebe und Fantasie).
Luigi Comencini. I
Story: Ettore Margadonna

Le plaisir (Pläsier). Max Ophüls. F
    Ausstattung (SW): Max Ophüls

Rear Window (Das Fenster zum Hof). Alfred Hitchcock
    Drehbuch (B): John Michael Hayes
    Kamera (F): Robert Burks
    Regie
    Ton: Loren L. Ryder

Red Garters. George Marshall
    Ausstattung (F): Hal Pereira, Roland Anderson, Sam Comer,
        Ray Moyer

Rogue Cop (Heißes Pflaster). Roy Rowland
    Kamera (SW): John Seitz

Sabrina (Sabrina). Billy Wilder
    Kostüme (SW): Edith Head
    Ausstattung (SW): Hal Pereira, Walter Tyler, Sam Comer,
        Ray Moyer
    Drehbuch (B): Billy Wilder, Samuel Taylor, Ernest Lehman
    Hauptdarstellerin: Audrey Hepburn
    Kamera (SW): Charles Lang jr.
    Regie

Seven Brides for Seven Brothers (Eine Braut für sieben Brüder).
Stanley Donen
    Musik (M): Adolph Deutsch, Saul Chaplin
    Bester Film
    Drehbuch (B): Albert Hackett, Frances Goodrich, Dorothy
        Kingsley
    Kamera (F): George Folsey
    Schnitt: Ralph E. Winters

The Silver Chalice (Der silberne Kelch). Victor Saville
    Kamera (F): William V. Skall
    Musik (D): Franz Waxman

A Star is Born (Ein neuer Stern am Himmel). George Cukor
    Ausstattung (F): Malcolm Bert, Gene Allen, Irene Sharaff,
        George James Hopkins
    Hauptdarsteller: James Mason
    Hauptdarstellerin: Judy Garland

Kostüme (F): Jean Louis, Mary Ann Nyberg, Irene Sharaff
Musik (M): Ray Heindorf
Song: »The Man That Got Away«

Stazione Termini (Rom, Station Termini). Vittorio
de Sica. I/USA
Kostüme (SW): Christian Dior

Susan Slept Here (Eine Nacht mit Susanne). Frank Tashlin
Song: »Hold My Hand«
Ton: John O. Aalberg

Them! (Formicula). Gordon Douglas
Spezialeffekte

There's No Business Like Show Business (Rhythmus im Blut).
Walter Lang
Kostüme (F): Charles LeMaire, Travilla, Miles White
Musik (M): Alfred Newman, Lionel Newman
Story: Lamar Trotti

Three Coins in the Fountain (Drei Münzen im Brunnen).
Jean Negulesco
Kamera (F): Milton Krasner
Song: »Three Coins In The Fountain«
Bester Film

20000 Leagues Under the Sea (Zwanzigtausend Meilen unter
dem Meer). Richard Fleischer
Ausstattung (F): John Meehan, Emile Kuri
Spezialeffekte
Schnitt: Elmo Williams

White Christmas (Weiße Weihnachten). Michael Curtiz
Song: »Count Your Blessings Instead Of Sheep«

28. Oscar-Verleihung (1955)

Marty (Marty). Delbert Mann
   BESTER FILM
   Drehbuch (B): Paddy Chayefsky
   Hauptdarsteller: Ernest Borgnine
   Regie
   Ausstattung (SW): Edward S. Haworth, Walter Simonds, Robert Priestley
   Kamera (SW): Joseph LaShelle
   Nebendarsteller: Joe Mantell
   Nebendarstellerin: Betsy Blair

› Marty ‹ (Marty) – der Fleischergeselle (Ernest Borgnine) und seine Frau in spe (Betsy Blair)

Bad Day at Black Rock (Stadt der Angst). John Sturges
   Drehbuch (B): Millard Kaufman
   Hauptdarsteller: Spencer Tracy
   Regie

Battle Cry (Urlaub bis zum Wecken). Raoul Walsh
   Musik (D): Max Steiner

234

Blackboard Jungle (Die Saat der Gewalt). Richard Brooks
Ausstattung (SW): Cedric Gibbons, Randall Duell, Edwin B.
Willis, Henry Grace
Drehbuch (B): Richard Brooks
Kamera (SW): Russell Harlan
Schnitt: Ferris Webster

The Bridges at Toko-Ri (Die Brücken von Toko-Ri).
Mark Robson
Spezialeffekte
Schnitt: Alma Macrorie

The Court-Martial of Billy Mitchell (Verdammt zum Schweigen).
Otto Preminger
Drehbuch (O): Milton Sperling, Emmet Lavery

Daddy Long Legs (Daddy Langbein). Jean Negulesco
Ausstattung (F): Lyle Wheeler, John DeCuir, Walter M. Scott,
Paul S. Fox
Musik (M): Alfred Newman
Song: »Something's Gotta Give«

The Dam Busters (The Dambusters). Michael Anderson. GB
Spezialeffekte

East of Eden (Jenseits von Eden). Elia Kazan
Nebendarstellerin: Jo van Fleet
Drehbuch (B): Paul Osborn
Hauptdarsteller: James Dean
Regie

Guys and Dolls (Schwere Jungen, leichte Mädchen). Joseph L.
Mankiewicz
Ausstattung (F): Oliver Smith, Joseph C. Wright,
Howard Bristol
Kamera (F): Harry Stradling
Kostüme (F): Irene Sharaff
Musik (M): Jay Blackton, Cyril J. Mockridge

I'll Cry Tomorrow (Und morgen werde ich weinen). Daniel Mann
Kostüme (SW): Helen Rose
Ausstattung (SW): Cedric Gibbons, Malcolm Brown, Edwin
B. Willis, Hugh B. Hunt
Hauptdarstellerin: Susan Hayward
Kamera (SW): Arthur E. Arling

Interrupted Melody (Unterbrochene Melodie). Curtis Bernhardt
   Drehbuch (O): William Ludwig, Sonya Levien
   Hauptdarstellerin: Eleanor Parker
   Kostüme (F): Helen Rose

It's Always Fair Weather (Vorwiegend heiter). Gene Kelly,
Stanley Donen
   Drehbuch (O): Betty Comden, Adolph Green
   Musik (M): André Previn

Love Is a Many Splendored Thing (Alle Herrlichkeit auf Erden).
Henry King
   Kostüme (F): Charles LeMaire
   Musik (D): Alfred Newman
   Song: »Love Is A Many Splendored Thing«
   Bester Film
   Ausstattung (F): Lyle Wheeler, George W. Davis, Walter M.
     Scott, Jack Stubbs
   Hauptdarstellerin: Jennifer Jones
   Kamera (F): Leon Shamroy
   Ton: Carl W. Faulkner

Love Me Or Leave Me (Tyrannische Liebe). Charles Vidor
   Story: Daniel Fuchs
   Drehbuch (B): Daniel Fuchs, Isobel Lennart
   Hauptdarsteller: James Cagney
   Musik (M): Percy Faith, George Stoll
   Song: »I'll Never Stop Loving You«
   Ton: Wesley C. Miller

A Man Called Peter (Ein Mann namens Peter). Henry Koster
   Kamera (F): Harold Lipstein

The Man with the Golden Arm (Der Mann mit dem goldenen
Arm). Otto Preminger
   Ausstattung (SW): Joseph C. Wright, Darrell Silvera
   Hauptdarsteller: Frank Sinatra
   Musik (D): Elmer Bernstein

Mister Roberts (Keine Zeit für Heldentum). John Ford,
Mervyn Le Roy
   Nebendarsteller: Jack Lemmon
   Bester Film
   Ton: William A. Mueller

Le mouton à cinq pattes (Das Kalb mit den fünf Füßen).
Henri Verneuil. F
>   Story: Jean Marsan, Henry Troyat, Jacques Perret, Henri Verneuil, Raoul Ploquin

Not As a Stranger (... und nicht als ein Fremder). Stanley Kramer
>   Ton: Watson Jones

Oklahoma! (Oklahoma). Fred Zinnemann
>   *Musik (M):* Robert Russell Bennett, Jay Blackton,
>   Adolph Deutsch
>   *Ton:* Fred Hynes
>   Kamera (F): Robert Surtees
>   Schnitt: Gene Ruggiero, George Boemler

Pete Kelly's Blues (Es geschah in einer Nacht). Jack Webb
>   Nebendarstellerin: Peggy Lee

The Pickwick Papers (Mr. Pickwick). Noel Langley. GB
>   Kostüme (SW): Beatrice Dawson

Picnic (Picknick). Joshua Logan
>   *Ausstattung (F):* William Flannery, Jo Mielziner, Robert Priestley
>   *Schnitt:* Charles Nelson, William A. Lyon
>   Bester Film
>   Musik (D): George Duning
>   Nebendarsteller: Arthur O'Connell
>   Regie

The Private War of Major Benson (Der Privatkrieg des Major Benson). Jerry Hopper
>   Story: Joe Connelly, Bob Mosher

Queen Bee (Ehe in Fesseln). Ranald MacDougall
>   Kamera (SW): Charles Lang
>   Kostüme (SW): Jean Louis

The Rains of Ranchipur (Der große Regen). Jean Negulesco
>   Spezialeffekte

Rebel Without a Cause (... denn sie wissen nicht, was sie tun).
Nicholas Ray
>   Nebendarsteller: Sal Mineo
>   Nebendarstellerin: Natalie Wood
>   Story: Nicholas Ray

The Rose Tattoo (Die tätowierte Rose). Daniel Mann
Ausstattung (SW): Hal Pereira, Tambi Larsen, Sam Comer, Arthur Krams
Hauptdarstellerin: Anna Magnani
Kamera (SW): James Wong Howe
Bester Film
Kostüme (SW): Edith Head
Musik (D): Alex North
Nebendarstellerin: Marisa Pavan
Schnitt: Warren Low

The Seven Little Boys (Komödiantenkinder). Melville Shavelson
Drehbuch (O): Melville Shavelson, Jack Rose

Shin heike monogatari (Die Samurai-Sippe der Taira).
Kenji Mizoguchi. Japan
*Bester Auslandsfilm**

Strategic Air Command (In geheimer Kommandosache).
Anthony Mann
Story: Beirne Lay jr.

Summertime (Traum meines Lebens). David Lean. GB/USA
Hauptdarstellerin: Katharine Hepburn
Regie

The Tender Trap (Die zarte Falle). Charles Walters
Song: »(Love Is) The Tender Trap«

To Catch a Thief (Über den Dächern von Nizza).
Alfred Hitchcock
Kamera (F): Robert Burks
Ausstattung (F): Hal Pereira, Joseph McMillan Johnson, Sam
Comer, Arthur Krams
Kostüme (F): Edith Head

Trial (Das Komplott). Mark Robson
Nebendarsteller: Arthur Kennedy

Ugetsu monogatari (Ugetsu – Erzählungen unter dem Regen-
mond). Kenji Mizoguchi. Japan
Kostüme (SW): Tadaoto Kainoscho

Unchained. Hall Bartlett
Song: «Unchained Melody«

Les vacances de M. Hulot (Die Ferien des Herrn Hulot).
Jacques Tati. F
Drehbuch (O): Jacques Tati, Henri Marquet

The Virgin Queen (Die jungfräuliche Königin). Henry Koster
Kostüme (F): Charles LeMaire, Mary Wills

29. Oscar-Verleihung (1956)

Around the World in 80 Days (In 80 Tagen um die Welt). Michael Anderson

BESTER FILM

Drehbuch (B): James Poe, John Farrow, S. J. Perelman
Kamera (F): Lionel Lindon
Musik (D): Victor Young
Schnitt: Gene Ruggiero, Paul Weatherwax
Ausstattung (F): James W. Sullivan, Ken Adams, Ross J. Dowd
Kostüme (F): Miles White
Regie

› *Around the World in 80 Days* ‹ *(In 80 Tagen um die Welt) – der spleenige Weltreisende Phileas Fogg (David Niven) und sein Adlatus Passepartout (Cantinflas)*

Anastasia (Anastasia). Anatole Litvak. GB
Hauptdarstellerin: Ingrid Bergman
Musik (D): Alfred Newman

Baby Doll (Baby Doll). Elia Kazan
Drehbuch (B): Tennessee Williams
Hauptdarstellerin: Carroll Baker
Kamera (SW): Boris Kaufman
Nebendarstellerin: Mildred Dunnock

The Bad Seed (Böse Saat). Mervyn Le Roy
Hauptdarstellerin: Nancy Kelly
Kamera (SW): Hal Rosson
Nebendarstellerin: Eileen Heckart, Patty McCormack

Le ballon rouge (Der rote Ballon). Albert Lamorisse. F
Drehbuch (O): Albert Lamorisse

The Best Things in Life Are Free (Fanfaren der Freude). Michael Curtiz
Musik (M): Lionel Newman

Between Heaven and Hell (Zwischen Mitternacht und Morgen). Richard Fleischer
Musik (D): Hugo Friedhofer

Biruma no tategoto (Freunde bis zum letzten). Kon Ichikawa. Japan
Bester Auslandsfilm

The Bold and the Brave (Ein Fetzen Leben). Lewis R. Foster
Drehbuch (O): Robert Lewin
Nebendarsteller: Mickey Rooney

The Brave One (Roter Staub). Irving Rapper
Story: Robert Rich (= Dalton Trumbo)
Schnitt: Merrill G. White
Ton: John Myers

Bus Stop (Bus Stop). Joshua Logan
Nebendarsteller: Don Murray

The Eddy Duchin Story (Geliebt in alle Ewigkeit). George Sidney
Kamera (F): Harry Stradling
Musik (M): Morris Stoloff, George Duning

Story: Leo Katcher
  Ton: John Livadary
Forbidden Planet (Alarm im Weltall). Fred M. Wilcox
  Spezialeffekte: A. Arnold Gillespie, Irving Ries, Wesley C.
    Miller

Friendly Persuasion (Lockende Versuchung). William Wyler
  Bester Film
  Drehbuch (B): (Autor gemäß den Statuten nicht nominierbar)
  Nebendarsteller: Anthony Perkins
  Regie
  Song: »Friendly Persuasion (Thee I Love)«
  Ton: Gordon R. Glennan, Gordon Sawyer

Gervaise (Gervaise). René Clément. F/I
  Bester Auslandsfilm

Giant (Giganten). George Stevens
  Regie
  Bester Film
  Ausstattung (F): Boris Leven, Ralph S. Hurst
  Drehbuch (B): Fred Guiol, Ivan Moffat
  Hauptdarsteller: James Dean, Rock Hudson
  Kostüme (F): Moss Marbry, Marjorie Best
  Musik (D): Dimitri Tiomkin
  Nebendarstellerin: Mercedes McCambridge
  Schnitt: William Hornbeck, Philip W. Anderson,
    Fred Bohanan

Der Hauptmann von Köpenick. Helmut Käutner. BRD
  Bester Auslandsfilm

High Society (Die oberen Zehntausend). Charles Walters
  Musik (M): Johnny Green, Saul Chaplin
  Story: Edward Bernds, Elwood Ullman (aus der abschließen-
    den Wahl herausgenommen)
  Song: »True Love«

Julie (Mord in den Wolken). Andrew L. Stone
  Drehbuch (O): Andrew L. Stone
  Song: »Julie«

242

The King and I (Der König und ich). Walter Lang
Ausstattung (F): Lyle R. Wheeler, John DeCuir, Walter M. Scott, Paul S. Fox
Hauptdarsteller: Yul Brynner
Kostüme (F): Irene Sharaff
Musik (M): Alfred Newman, Ken Darby
Ton: Carl Faulkner
Bester Film
Hauptdarstellerin: Deborah Kerr
Kamera (F): Leon Shamroy
Regie

The Lady Killers (Ladykillers). Alexander Mackendrick. GB
Drehbuch (O): William Rose

Lust for Life (Vincent van Gogh – Ein Leben in Leidenschaft). Vincente Minnelli
Nebendarsteller: Anthony Quinn
Ausstattung (F): Cedric Gibbons, Hans Peters, Preston Ames, Edwin B. Willis, F. Keogh Gleason
Drehbuch (B): Norman Corwin
Hauptdarsteller: Kirk Douglas

The Man Who Knew Too Much (Der Mann, der zuviel wußte). Alfred Hitchcock
Song: »Whatever Will Be, Will Be (Que Sera, Sera)«

Meet Me in Las Vegas (Viva Las Vegas). Roy Rowland
Musik (M): Georgie Stoll, Johnny Green

Les orgueilleux (Die Hochmütigen). Yves Allégret. F/Mexiko
Story: Jean Paul Sartre

The Power and the Prize (Die Macht und ihr Preis). Henry Koster
Kostüme (SW): Helen Rose

The Proud and the Profane (Auch Helden können weinen). George Seaton
Ausstattung (SW): Hal Pereira, A. Earl Hedrick, Samuel M. Comer, Frank R. McKelvy
Kostüme (SW): Edith Head

Qivitoq. Erik Balling. Dänemark
Bester Auslandsfilm

The Rainmaker (Der Regenmacher). Joseph Anthony
Hauptdarstellerin: Katharine Hepburn
Musik (D): Alex North

Richard III (Richard III.). Laurence Olivier. GB
Hauptdarsteller: Sir Laurence Olivier

Shichi-nin no Samurai (Die sieben Samurai). Akira Kurosawa.
Japan
Ausstattung (SW): Takashi Matsuyama
Kostüme (SW): Kohei Ezaki

The Solid Gold Cadillac (Die Frau im goldenen Cadillac).
Richard Quine
Kostüme (SW): Jean Louis
Ausstattung (SW): Ross Bellah, William R. Kiernan, Louis
Diage

*Bibel als Mammutspektakel – › The Ten Commandments ‹ (Die zehn
Gebote)*

Somebody Up There Likes Me (Die Hölle ist in mir). Robert Wise
Ausstattung (SW): Cedric Gibbons, Malcolm F. Brown, Edwin
B. Willis, F. Keogh Gleason
Kamera (SW): Joseph Ruttenberg
Schnitt: Albert Akst

Stagecoach to Fury (Im Lande Zorros). William F. Claxton
Kamera (SW): Walter Strenge

La Strada (La Strada). Federico Fellini. I
Bester Auslandsfilm
Drehbuch (O): Federico Fellini, Tullio Pinelli

Teenage Rebel (Moderne Jugend). Edmund Goulding
Ausstattung (SW): Lyle R. Wheeler, Jack Martin Smith, Wal-
ter M. Scott, Stuart A. Reiss
Kostüme (SW): Charles LeMaire, Mary Wills

The Ten Commandments (Die zehn Gebote). Cecil B. De Mille
Spezialeffekte: John Fulton
Bester Film
Ausstattung (F): Hal Pereira, Walter H. Tyler, Albert Nozaki,
Sam M. Comer, Ray Moyer
Kamera (F): Loyal Griggs
Kostüme (F): Edith Head, Ralph Jester, John Jensen, Dorothy
Jeakins, Arnold Friberg
Schnitt: Anne Bauchens
Ton: Loren L. Ryder

The Harder They Fall (Schmutziger Lorbeer). Mark Robson
Kamera (SW): Burnett Guffey

Umberto D. (Umberto D.). Vittorio de Sica. I
Story: Cesare Zavattini

War and Peace (Krieg und Frieden). King Vidor. USA/I
Kamera (F): Jack Cardiff
Kostüme (F): Marie de Matteis
Regie

Written on the Wind (In den Wind geschrieben). Douglas Sirk
Nebendarstellerin: Dorothy Malore
Nebendarsteller: Robert Stack
Song: »Written on the Wind«

30. Oscar-Verleihung (1957)

The Bridge on the River Kwai (Die Brücke am Kwai).
David Lean. GB

BESTER FILM
Drehbuch (B): Pierre Boulle
Hauptdarsteller: Alec Guinness
Kamera: Jack Hildyard
Musik: Malcolm Arnold
Regie
Schnitt: Peter Taylor
Nebendarsteller: Sessue Hayakawa

*Krieg der Willenskräfte in einem japanischen Arbeitslager – Alec Guinness
in › The Bridge on the River Kwai ‹ (Die Brücke am Kwai)*

An Affair to Remember. Leo McCarey
Kamera: Milton Krasner
Kostüme: Charles LeMaire
Musik: Hugo Friedhofer
Song: »An Affair To Remember«

April Love (Junges Glück im April). Henry Levin
Song: »April Love«

The Bachelor Party (Die Junggesellenparty). Delbert Mann
Nebendarstellerin: Carolyn Jones

Bharat mata. Ramjankhan Mehboobkhan. Indien
Bester Auslandsfilm

Boy on a Dolphin (Der Knabe auf dem Delphin). Jean Negulesco
Musik: Hugo Friedhofer

Designing Woman (Warum hab' ich ja gesagt?). Vincente
Minnelli
Drehbuch (O): George Wells

The Enemy Below (Duell im Atlantik). Dick Powell
Spezialeffekte: Walter Rossi

A Farewell to Arms (In einem anderen Land). Charles Vidor
Nebendarsteller: Vittorio de Sica

Funny Face (Ein süßer Fratz). Stanley Donen
Ausstattung: Hal Pereira, George W. Davis, Sam Comer, Ray
Moyer
Drehbuch (O): Leonard Gershe
Kamera: Ray June
Kostüme: Edith Head, Hubert de Givenchy

Les Girls (Girls). George Cukor
Kostüme: Orry-Kelly
Ausstattung: William A. Horning, Gene Allen, Edwin B. Willis, Richard Pefferle
Ton: Wesley C. Miller

Gunfight at the O. K. Corral (Zwei rechnen ab). John Sturges
Schnitt: Warren Low
Ton: George Dutton

A Hatful of Rain (Giftiger Schnee). Fred Zinnemann
  Hauptdarsteller: Anthony Franciosa

Heaven Knows, Mr. Allison (Der Seemann und die Nonne). John
Huston. USA/GB
  Drehbuch (B): John Lee Mahin, John Huston
  Hauptdarstellerin: Deborah Kerr

The Joker Is Wild (Schicksalsmelodie). Charles Vidor
  Song: »All The Way«

Man of a Thousand Faces (Der Mann mit den tausend Gesichtern). Joseph Pevney
  Drehbuch (O): Ralph Wheelright, R. Wright Campbell, Ivan
    Goff, Ben Roberts

Nachts, wenn der Teufel kam. Robert Siodmak. BRD
  Bester Auslandsfilm

Ni liv (Soweit die Kräfte reichen). Arne Skouen. Norwegen
  Bester Auslandsfilm

Le notti di Cabiria (Die Nächte der Cabiria). Federico Fellini. I
  Bester Auslandsfilm

Pal Joey (Pal Joey). George Sidney
  Ausstattung: Walter Holscher, William Kiernan, Louis Diage
  Kostüme: Jean Louis
  Schnitt: Viola Lawrence, Jerome Thoms
  Ton: John P. Livadary

Perri (Perris Abenteuer). N. Paul Kenworthy jr., Ralph Wright**
  Musik: Paul Smith

Peyton Place (Glut unter der Asche). Mark Robson
  Bester Film
  Drehbuch (B): John Michael Hayes
  Hauptdarstellerin: Lana Turner
  Kamera: William Mellor
  Nebendarsteller: Arthur Kennedy, Russ Tamblyn
  Nebendarstellerin: Hope Lange, Diane Varsi
  Regie

Porte de lilas (Die Mausefalle). René Clair. F/I
  Bester Auslandsfilm

Raintree Country (Das Land des Regenbaums). Edward Dmytryk
Ausstattung: William A. Horning, Urie McCleary, Edwin B.
Willis, Hugh Hunt
Hauptdarstellerin: Elizabeth Taylor
Kostüme: Walter Plunkett
Musik: Johnny Green

Sayonara (Sayonara). Joshua Logan
Ausstattung: Ted Haworth, Robert Priestley
Nebendarsteller: Red Buttons
Nebendarstellerin: Miyoshi Umeki
Ton: George Groves
Bester Film
Drehbuch (B): Paul Osborn
Hauptdarsteller: Marlon Brando
Kamera: Ellsworth Fredericks
Regie
Schnitt: Arthur P. Schmidt, Philip W. Anderson

The Spirit of St. Louis (Lindbergh: Mein Flug über den Ozean).
Billy Wilder
Spezialeffekte: Louis Lichtenfeld

Tammy and the Bachelor (Tammy). Joseph Pevney
Song: »Tammy«

The Three Faces of Eve (Eva mit drei Gesichtern).
Nunnally Johnson
Hauptdarstellerin: Joanne Woodward

The Tin Star (Der Stern des Gesetzes). Anthony Mann
Drehbuch (O): Barney Slater, Joel Kane, Dudley Nichols

12 Angry Men (Die zwölf Geschworenen). Sidney Lumet
Bester Film
Drehbuch (B): Reginald Rose
Regie

I Vitelloni (Vitelloni – Die Müßiggänger). Federico Fellini. I/F
Drehbuch (O): Federico Fellini, Ennio Flaiano, Tullio Pinelli

Wild is the Wind (Wild ist der Wind). George Cukor
Hauptdarsteller: Anthony Quinn
Hauptdarstellerin: Anna Magnani
Song: »Wild Is The Wind«

Witness for the Prosecution (Zeugin der Anklage). Billy Wilder
Bester Film
Hauptdarsteller: Charles Laughton
Nebendarstellerin: Elsa Lanchester
Regie
Schnitt: Daniel Mandell
Ton: Gordon Sawyer

31. Oscar-Verleihung (1958)

Gigi (Gigi). Vincente Minnelli
BESTER FILM
Ausstattung: William A. Horning, Preston Ames, Henry
Grace, Keogh Gleason
Drehbuch (B): Alan Jay Lerner
Kamera (F): Joseph Ruttenberg

Leslie Caron und Louis Jourdan in › Gigi ‹ (Gigi) – Kokotterien in Paris

Kostüme: Cecil Beaton
Musik (M): Andre Previn
Regie
Schnitt: Adrienne Fazan
Song: »Gigi«

Auntie Mame (Die tolle Tante). Morton Da Costa
Bester Film
Ausstattung: Malcolm Bert, George James Hopkins
Hauptdarstellerin: Rosalind Russell
Kamera (F): Harry Stradling sr.
Nebendarstellerin: Peggy Cass
Schnitt: William Ziegler

Bell, Book and Candle (Meine Braut ist übersinnlich).
Richard Quine
Ausstattung: Cary Odell, Louis Diage
Kostüme: Jean Louis

The Big Country (Weites Land). William Wyler
Nebendarsteller: Burl Ives
Musik (D): Jerome Moross

The Bolshoi Ballet (Bolschoi Ballett). Paul Czinner. GB **
Musik (M): Yuri Faier, G. Rozhdestvensky

The Brothers Karamazov (Die Brüder Karamasow).
Richard Brooks
Nebendarsteller: Lee J. Cobb

The Buccaneer (König der Freibeuter). Anthony Quinn
Kostüme: Ralph Jester, Edith Head, John Jensen

Cat on a Hot Tin Roof (Die Katze auf dem heißen Blechdach).
Richard Brooks
Bester Film
Drehbuch (B): Richard Brooks, James Poe
Hauptdarsteller: Paul Newman
Hauptdarstellerin: Elizabeth Taylor
Kamera (F): William Daniels
Regie

A Certain Smile (Ein gewisses Lächeln). Jean Negulesco
  Ausstattung: Lyle R. Wheeler, John DeCuir, Walter M. Scott,
    Paul S. Fox
  Kostüme: Charles LeMaire, Mary Wills
  Song: »A Certain Smile«

Cesta duga godinu dana (Straße der Leidenschaft). Giuseppe de
Santis. Jugoslawien
  Bester Auslandsfilm

Cowboy (Cowboy). Delmer Daves
  Schnitt: William A. Lyon, Al CLark

Damn Yankees. George Abbott, Stanley Donen
  Musik (M): Ray Heindorf

The Defiant Ones (Flucht in Ketten). Stanley Kramer
  Drehbuch (O): Nathan E. Douglas (= Ned Young), Harold
    Jacob Smith
  Kamera (SW): Sam Leavitt
  Bester Film
  Hauptdarsteller: Tony Curtis, Sidney Poitier
  Nebendarsteller: Theodore Bikel
  Nebendarstellerin: Cara Williams
  Regie
  Schnitt: Frederic Knudtson

Desire Under the Elms (Begierde unter Ulmen). Delbert Mann
  Kamera (SW): Daniel L. Fapp

The Goddess (Die Göttin). John Cromwell
  Drehbuch (O): Paddy Chayefsky

Helden. Franz Peter Wirth. BRD
  Bester Auslandsfilm

The Horse's Mouth (Des Pudels Kern). Ronald Neame
  Drehbuch (B): Alec Guinness

Houseboat (Hausboot). Melville Shavelson
  Drehbuch (O): Melville Shavelson, Jack Rose
  Song: »Almost In Your Arms (Love Song From 'House-
    boat')«

› Cat on a Hot Tin Roof ‹ (Die Katze auf dem heißen Blechdach) – Plantagen-
besitzer Big Daddy (Burl Ives) und sein neurotischer Sproß (Paul Newman)

I Want to Live! (Laßt mich leben). Robert Wise
Hauptdarstellerin: Susan Hayward
Drehbuch (B): Nelson Gidding, Don Mankiewicz
Kamera (SW): Lionel Lindon
Regie
Schnitt: William Hornbeck
Ton: Gordon E. Sawyer

The Inn of the Sixth Happiness (Die Herberge zur sechsten
Glückseligkeit). Mark Robson. GB
Regie

Lonelyhearts (Das Leben ist Lüge). Vincent J. Donehue
Nebendarstellerin: Maureen Stapleton

Mardi Gras (Blaue Nächte). Edmund Goulding
Musik (M): Lionel Newman

Marjorie Morningstar (Die Liebe der Marjorie Morningstar).
Irving Rapper
    Song: »A Very Precious Love«

Mon Oncle (Mein Onkel). Jacques Tati. F/I
    Bester Auslandsfilm

The Old Man and the Sea (Der alte Mann und das Meer).
John Sturges
    Musik (D): Dimitri Tiomkin
    Hauptdarsteller: Spencer Tracy
    Kamera (F): James Wong Howe

Separate Tables (Getrennt von Tisch und Bett). Delbert Mann
    Hauptdarsteller: David Niven
    Nebendarstellerin: Wendy Hiller
    Bester Film
    Drehbuch (B): Terence Rattigan, John Gay
    Hauptdarstellerin: Deborah Kerr
    Kamera (SW): Charles Lang jr.
    Musik (D): David Raksin

The Sheepman (In Colorado ist der Teufel los). George Marshall
    Drehbuch (O): James Edward Grant, William Bowers

I soliti ignoti (Diebe haben's schwer). Mario Monicelli. I.
    Bester Auslandsfilm

Some Came Running (Verdammt sind sie alle). Vincente Minnelli
    Hauptdarstellerin: Shirley MacLaine
    Kostüme: Walter Plunkett
    Nebendarsteller: Arthur Kennedy
    Nebendarstellerin: Martha Hyer
    Song: »To Love And Be Loved«

South Pacific (South Pacific). Joshua Logan
    Ton: Fred Hynes
    Kamera (F): Leon Shamroy
    Musik (M): Alfred Newman, Ken Darby

Teacher's Pet (Reporter der Liebe). George Seaton
    Drehbuch (O): Fay und Michael Kanin
    Nebendarsteller: Gig Young

A Time to Love and a Time to Die (Zeit zu leben und Zeit zu sterben). Douglas Sirk
  Ton: Leslie I. Carey

tom thumb (Der kleine Däumling). George Pal. GB
  Spezialeffekte: Tom Howard

Torpedo Run (Torpedo los!). Joseph Pevney
  Spezialeffekte: A. Arnold Gillespie, Harold Humbrock

La venganza. Juan Antonio Bardem. Spanien
  Bester Auslandsfilm

Vertigo (Aus dem Reich der Toten). Alfred Hitchcock
  Ausstattung: Hal Pereira, Henry Bumstead, Sam Comer, Frank McKelvy
  Ton: George Dutton

White Wilderness (Weiße Wildnis). James Algar **
  Musik (D): Oliver Wallace

The Young Lions (Die jungen Löwen). Edward Dmytryk
  Kamera (SW): Joe MacDonald
  Musik (D): Hugo Friedhofer
  Ton: Carl Faulkner

32. Oscar-Verleihung (1959)

Ben-Hur (Ben Hur). William Wyler
BESTER FILM
Ausstattung (F): William A. Horning, Edward Carfagno, Hugh
   Hunt
Hauptdarsteller: Charlton Heston
Kamera (F): Robert L. Surtees
Kostüme (F): Elizabeth Haffenden
Musik (D): Miklos Rozsa
Nebendarsteller: Hugh Griffith
Regie
Schnitt: Ralph E. Winters, John D. Dunning
Spezialeffekte: A. Arnold Gillespie, Robert MacDonald, Milo
   Lory
Ton: Franklin E. Milton
Drehbuch (B): Karl Tunberg

›Ben-Hur‹ (Ben Hur) – das berühmteste Wagenrennen der Filmgeschichte

Anatomy of a Murder (Anatomie eines Mordes). Otto Preminger
Bester Film
Drehbuch (B): Wendell Mayes
Hauptdarsteller: James Stewart
Kamera (SW): Sam Leavitt
Nebendarsteller: Arthur O'Connell, George C. Scott
Schnitt: Louis R. Loeffler

The Best of Everything (Alle meine Träume). Jean Negulesco
Kostüme (F): Adele Palmer
Song: »The Best Of Everything«

The Big Fisherman (Der Fischer von Galiläa). Frank Borzage
Ausstattung (F): John DeCuir, Julia Heron
Kamera (F): Lee Garmes
Kostüme (F): Renie

Die Brücke. Bernhard Wicki. BRD
Bester Auslandsfilm

Career (Viele sind berufen). Joseph Anthony
Ausstattung (SW): Hal Pereira, Walter Tyler, Sam Comer,
  Arthur Krams
Kamera (SW): Joseph LaShelle
Kostüme (SW): Edith Head

The Diary of Anne Frank (Das Tagebuch der Anne Frank).
George Stevens
  Ausstattung (SW): Lyle R. Wheeler, George W. Davis, Walter
    M. Scott, Stuart A. Reiss
  Kamera (SW): William C. Mellor
  Nebendarstellerin: Shelley Winters
  Bester Film
  Kostüme (SW): Charles LeMaire, Mary Wills
  Musik (D): Alfred Newman
  Nebendarsteller: Ed Wynn
  Regie

Doorp aan de rivier (Das Dorf am Fluß). Fons Rademakers. Niederlande
Bester Auslandsfilm

The Five Pennies (Fünf Pennies). Melville Shavelson
    Kamera (F): Daniel L. Fapp
    Kostüme (F): Edith Head
    Musik (M): Leith Stevens
    Song: »The Five Pennies«

The Gazebo (Die Nervensäge). George Marshall
    Kostüme (SW): Helen Rose

La grande guerra (Man nannte es den großen Krieg). Mario Monicelli. I/F
    Bester Auslandsfilm

The Hanging Tree (Der Galgenbaum). Delmer Daves
    Song: «The Hanging Tree»

A Hole in the Head (Eine Nummer zu groß). Frank Capra
    Song: »High Hopes«

Imitation of Life (Solange es Menschen gibt). Douglas Sirk
    Nebendarstellerin: Susan Kohner, Juanita Moore

Journey to the Center of the Earth (Reise zum Mittelpunkt der Erde). Henry Levin
    Ausstattung (F): Lyle R. Wheeler, Franz Bachelin, Herman A. Blumenthal, Walter M. Scott, Joseph Kish
    Spezialeffekte: L. B. Abbott, James B. Gordon, Carl Faulkner
    Ton: Carl Faulkner

The Last Angry Man (Der Zorn des Gerechten). Daniel Mann
    Ausstattung (SW): Carl Anderson, William Kiernan
    Hauptdarsteller: Paul Muni

Libel! (Die Nacht ist mein Feind). Anthony Asquith. GB
    Ton: A. W. Watkins

Li'l Abner. Melvin Frank
    Musik (M): Nelson Riddle, Joseph J. Lilley

North by Northwest (Der unsichtbare Dritte). Alfred Hitchcock
    Ausstattung (F): William A. Horning, Robert Boyle, Merrill Pye, Henry Grace, Frank McKelvy
    Drehbuch (O): Ernest Lehman
    Schnitt: George Tomasini

The Nun's Story (Geschichte einer Nonne). Fred Zinnemann
Bester Film
Drehbuch (B): Robert Anderson
Hauptdarstellerin: Audrey Hepburn
Kamera (F): Franz Planer
Musik (D): Franz Waxman
Regie
Schnitt: Walter Thompson
Ton: George R. Groves

On the Beach (Das letzte Ufer). Stanley Kramer
Musik (D): Ernest Gold
Schnitt: Frederic Knudtson

Operation Petticoat (Unternehmen Petticoat). Blake Edwards
Drehbuch (O): Paul King, Joseph Stone, Stanley Shapiro,
Maurice Richlin

Orfeu Negro (Orfeu Negro). Marcel Camus. F/I/Brasilien
Bester Auslandsfilm

Paw (Heimweh nach dem Silberwald). Astrid Henning-Jensen.
Dänemark
Bester Auslandsfilm

Pillow Talk (Bettgeflüster). Michael Gordon
Drehbuch (O): Russell Rouse, Clarence Greene, Stanley Sha-
piro, Maurice Richlin
Ausstattung (F): Richard H. Riedel, Russell A. Gausman,
Ruby R. Levitt
Hauptdarstellerin: Doris Day
Musik (D): Frank DeVol
Nebendarstellerin: Thelma Ritter

Porgy and Bess (Porgy und Bess). Otto Preminger
Musik (M): André Previn, Ken Darby
Kamera (F): Leon Shamroy
Kostüme (F): Irene Sharaff
Ton: Gordon E. Sawyer, Fred Hynes

Les quatre cents coups (Sie küßten und sie schlugen ihn).
François Truffaut. F
Drehbuch (O): François Truffaut, Marcel Moussy

Marilyn Monroe in › Some Like It Hot ‹ (Manche mögen's heiß) – Nobody's Perfect, erst recht nicht die Academy, die die Schauspielerin schlichtweg › übersah ‹

Room at the Top (Der Weg nach oben). Jack Clayton. GB
  Drehbuch (B): Neil Paterson
  Hauptdarstellerin: Simone Signoret
  Bester Film
  Hauptdarsteller: Laurence Harvey
  Nebendarstellerin: Hermione Baddeley
  Regie

Say One For Me (Engel auf heißem Pflaster). Frank Tashlin
Musik (M): Lionel Newman
Sleeping Beauty (Dornröschen und der Prinz). Clyde Geronimi
Musik (M): George Bruns

Smultronstället (Wilde Erdbeeren). Ingmar Bergman. Schweden
Drehbuch (O): Ingmar Bergman

Some Like It Hot (Manche mögen's heiß). Billy Wilder
Kostüme (SW): Orry-Kelly
Ausstattung (SW): Ted Haworth, Edward G. Boyle
Drehbuch (B): Billy Wilder, I.A.L. Diamond
Hauptdarsteller: Jack Lemmon
Kamera (SW): Charles Lang jr.
Regie

Suddenly, Last Summer (Plötzlich im letzten Sommer). Joseph L.
Mankiewicz. GB
Ausstattung (SW): Oliver Messel, William Kellner, Scot Slimon
Hauptdarstellerin: Katharine Hepburn, Elizabeth Taylor

The Young Land (Land ohne Gesetz). Ted Tetzlaff
Song: «Strange Are The Ways Of Love»

The Young Philadelphians (Der Mann aus Philadelphia).
Vincent Sherman
Kamera (SW): Harry Stradling sr.
Kostüme (SW): Howard Shoup
Nebendarsteller: Robert Vaughn

33. Oscar-Verleihung (1960)

The Apartment (Das Appartement). Billy Wilder
BESTER FILM
Ausstattung (SW): Alexander Trauner, Edward G. Boyle
Drehbuch (O): Billy Wilder, I. A. L. Diamond
Regie
Schnitt: Daniel Mandell
Hauptdarsteller: Jack Lemmon
Hauptdarstellerin: Shirley MacLaine
Kamera (SW): Joseph LaShelle
Nebendarsteller: Jack Kruschen
Ton: Gordon E. Sawyer

Bittersüße Komödie um einen Angestellten, der seinem playboyhaften Chef unvorsichtigerweise den Schlüssel zu seiner Wohnung überläßt – Shirley MacLaine und Jack Lemmon in › The Apartment ‹ (Das Appartement)

The Alamo (Alamo). John Wayne
  Ton: Gordon E. Sawyer, Fred Hynes
  Bester Film
  Kamera (F): William H. Clothier
  Nebendarsteller: Chill Wills
  Musik (D): Dimitri Tiomkin
  Schnitt: Stuart Gilmore
  Song: »The Green Leaves Of Summer«

The Angry Silence (Zorniges Schweigen). Guy Green. GB
  Drehbuch (O): Richard Gregson, Michael Craig, Bryan
    Forbes

Bells Are Ringing (Anruf genügt – komme ins Haus). Vincente
Minnelli
  Musik (M): André Previn

Butterfield 8 (Telefon Butterfield 8). Daniel Mann
  Hauptdarstellerin: Elizabeth Taylor
  Kamera (F): Joseph Ruttenberg, Charles Harten

Can-Can (Can-Can). Walter Lang
  Kostüme (F): Irene Sharaff
  Musik (M): Nelson Riddle

Cimarron (Cimarron). Anthony Mann
  Ausstattung (F): George W. Davis, Addison Hehr, Henry
    Grace, Hugh Hunt, Otto Siegel
  Ton: Franklin E. Milton

The Dark at the Top of the Stairs (Das Dunkel am Ende der Trep-
pe). Delbert Mann
  Nebendarstellerin: Shirley Knight

Deveti krug (Der neunte Kreis). France Stiglic. Jugoslawien
  Bester Auslandsfilm

Elmer Gantry (Elmer Gantry). Richard Brooks
  Drehbuch (B): Richard Brooks
  Hauptdarsteller: Burt Lancaster
  Nebendarstellerin: Shirley Jones
  Bester Film
  Musik (D): André Previn

The Entertainer (Der Komödiant). Tony Richardson. GB
Hauptdarsteller: Laurence Olivier

Exodus (Exodus). Otto Preminger
Musik (D): Ernest Gold
Kamera (F): Sam Leavitt
Nebendarsteller: Sal Mineo

The Facts of Life (So eine Affäre). Melvin Frank
Kostüme (SW): Edith Head, Edward Stevenson
Ausstattung (SW): Joseph McMillan Johnson, Kenneth A.
Reid, Ross Dowd
Drehbuch (O): Norman Panama, Melvin Frank
Kamera (SW): Charles B. Lang jr.
Song: »The Facts Of Life«

High Time. Blake Edwards
Song: «The Second Time Around»

Hiroshima, mon amour (Hiroshima − mon amour). Alain Resnais. F/Japan
Drehbuch (O): Marguerite Duras

Inherit the Wind (Wer den Wind sät). Stanley Kramer
Drehbuch (B): Nathan E. Douglas, Harold Jacob Smith
Hauptdarsteller: Spencer Tracy
Kamera (SW): Ernest Laszlo
Schnitt: Frederic Knudtson

It Started In Naples (Es begann in Neapel). Melville Shavelson
Ausstattung (F): Hal Pereira, Roland Anderson, Sam Comer,
Arrigo Breschi

Jungfrukällan (Jungfrauenquelle). Ingmar Bergman. Schweden
Bester Auslandsfilm
Kostüme (SW): Marik Vos

Kapo (Kapo). Gillo Pontecorvo. I/F/Jogoslawien
Bester Auslandsfilm

The Last Voyage (Höllenfahrt). Andrew L. Stone
Spezialeffekte: A. J. Lohman

Let's Make Love (Machen wir's in Liebe). George Cukor
Musik (M): Lionel Newman, Earle H. Hagen

Sklavenaufstand im antiken Rom – Charles Laughton, Peter Ustinov und Jean Simmons in › Spartacus ‹ (Spartacus).

Macario. Roberto Gavaldón. Mexiko
    Bester Auslandsfilm

The Magnificent Seven (Die glorreichen Sieben). John Sturges
    Musik (D): Elmer Bernstein

Midnight Lace (Mitternachtsspitzen). David Miller
    Kostüme (F): Irene

Murder Inc. (Unterwelt). Burt Balaban, Stuart Rosenberg
    Nebendarsteller: Peter Falk

Pepe (Pepe – was kann die Welt schon kosten). George Sidney.
USA/Mexiko
    Ausstattung (F): Ted Haworth, William Kiernan
    Kamera (F): Joe MacDonald
    Kostüme (F): Edith Head
    Musik (M): Johnny Green
    Schnitt: Viola Lawrence, Al Clark
    Song: »Faraway Part Of Town«
    Ton: Charles Rice

Pollyanna (Alle lieben Pollyanna). David Swift
Kinderdarstellerin: Hayley Mills*

Pote tin kyriaki (Sonntags . . . nie!). Jules Dassin. Griechenland
Song: »Never On Sunday«
Drehbuch (O): Jules Dassin
Hauptdarstellerin: Melina Mercouri
Kostüme (SW): Denny Vachlioti
Regie

Psycho (Psycho). Alfred Hitchcock
Ausstattung (SW): Joseph Hurley, Robert Clatworthy,
   George Milo
Kamera (SW): John L. Russell
Nebendarstellerin: Janet Leigh
Regie

The Rise and Fall of Legs Diamond (J. D., der Killer).
Budd Boetticher
Kostüme (SW): Howard Shoup

Seven Thieves (Sieben Diebe). Henry Hathaway
Kostüme (SW): Bill Thomas

Song Without End (Nur wenige sind auserwählt). Charles Vidor
Musik (M): Morris Stoloff, Harry Sukman

Sons and Lovers (Söhne und Liebhaber). Jack Cardiff. GB
Kamera (SW): Freddie Francis
Bester Film
Ausstattung (SW): Tom Morahan, Lionel Couch
Drehbuch (B): Gavin Lambert, T. E. B. Clarke
Hauptdarsteller: Trevor Howard
Nebendarstellerin: Mary Ure
Regie

Spartacus (Spartacus). Stanley Kubrick
Ausstattung (F): Alexander Golitzen, Eric Orbom, Russell A.
   Gausman, Julia Heron
Kamera (F): Russell Metty
Kostüme (F): Valles, Bill Thomas
Nebendarsteller: Peter Ustinov
Musik (D): Alex North
Schnitt: Robert Lawrence

The Sundowners (Der endlose Horizont). Fred Zinnemann. GB/
Australien
    Bester Film
    Drehbuch (B): Isobel Lennart
    Hauptdarstellerin: Deborah Kerr
    Nebendarstellerin: Glynis Johns
    Regie

Sunrise at Campobello. Vincent J. Donehue
    Ausstattung (F): Edward Carrere, George James Hopkins
    Hauptdarstellerin: Greer Garson
    Kostüme (F): Marjorie Best
    Ton: George R. Groves

The Time Machine (Die Zeitmaschine). George Pal
    Spezialeffekte: Gene Warren, Tim Baar

Tunes of Glory (Einst ein Held). Ronald Neame. GB
    Drehbuch (B): James Kennaway

La verité (Die Wahrheit). Henri-Georges Clouzot. F/I
    Bester Auslandsfilm

Visit to a Small Planet (Besuch auf einem kleinen Planeten).
Norman Taurog
    Ausstattung (SW): Hal Pereira, Walter Tyler, Sam Comer,
    Arthur Krams

34. Oscar-Verleihung (1961)

West Side Story (West Side Story). Robert Wise, Jerome Robbins
BESTER FILM
Ausstattung (F): Boris Leven, Victor A. Gangelin
Kamera (F): Daniel L. Fapp
Kostüme (F): Irene Sharaff
Nebendarsteller: George Chakiris
Nebendarstellerin: Rita Moreno
Musik (M): Saul Chaplin, Johnny Green, Sid Ramin, Irwin Kostal
Regie
Schnitt: Thomas Stanford
Ton: Fred Hynes, Gordon E. Sawyer
Drehbuch (B): Ernest Lehman

Romeo und Julia im puertoricanischen Armutsviertel von New York – George Chakiris (Mitte) in › West Side Story ‹ (West Side Story)

The Absent-Minded Professor (Der fliegende Pauker). Robert Stevenson
   Ausstattung (SW): Carroll Clark, Emile Kuri, Hal Gausman
   Kamera (SW): Edward Colman
   Spezialeffekte: Robert A. Mattey, Eustace Lycett

Animas trujano, el hombre importante. Ismael Rodriguez. Mexiko
   Bester Auslandsfilm

Babes in Toyland. Jack Donohue
   Kostüme (F): Bill Thomas
   Musik (M): George Bruns

Bachelor in Paradise (Junggeselle im Paradies). Jack Arnold
   Song: »Bachelor In Paradise«

Back Street (Endstation Paris). David Miller
   Kostüme (F): Jean Louis

Ballada o soldate (Die Ballade vom Soldaten). Grigorij Tschuchrai. UdSSR
   Drehbuch (O): Valentine Jeshow, Grigorij Tschuchrai

Breakfast at Tiffany's (Frühstück bei Tiffany). Blake Edwards
   Musik (D): Henry Mancini
   Song: «Moon River»
   Ausstattung (F): Hal Pereira, Roland Anderson, Sam Comer, Ray Moyer
   Drehbuch (B): George Axelrod
   Hauptdarstellerin: Audrey Hepburn

The Children's Hour (Infam). William Wyler
   Ausstattung (SW): Fernando Carrere, Edward G. Boyle
   Kamera (SW): Franz F. Planer
   Kostüme (SW): Dorothy Jeakins
   Nebendarstellerin: Fay Bainter
   Ton: Gordon E. Sawyer

La Ciociara (Und dennoch leben sie). Vittorio de Sica. I/F
   Hauptdarstellerin: Sophia Loren

Claudelle Inglish (Claudelle und ihre Liebhaber). Gordon Douglas
   Kostüme (SW): Howard Shoup

La dolce vita (Das süße Leben). Federico Fellini. I/F
Kostüme (SW): Piero Gherardi
Ausstattung (SW): Piero Gherardi
Drehbuch (O): Federico Fellini, Tullio Pinelli, Ennio Flaiano,
    Brunello Rondi
Regie

Eien no hito. Keisuke Kinoshita. Japan
Bester Auslandsfilm

El Cid (El Cid). Anthony Mann. USA/I
Ausstattung (F): Veniero Colasanti, John Moore
Musik (D): Miklos Rozsa
Song: »Love Theme From El Cid (The Falcon And The
    Dove)«

Fanny (Fanny). Joshua Logan
Bester Film
Hauptdarsteller: Charles Boyer
Kamera (F): Jack Cardiff
Musik (D): Morris Stoloff, Harry Sukman
Schnitt: William H. Reynolds

Flower Drum Song (Mandelaugen und Lotosblüten).
Henry Koster
Ausstattung (F): Alexander Golitzen, Joseph Wright, Howard
    Bristol
Kamera (F): Russell Metty
Kostüme (F): Irene Sharaff
Musik (M): Alfred Newman, Ken Darby
Ton: Waldon O. Watson

Il generale della rovere (Der falsche General). Roberto
Rosselini. I
Drehbuch (O): Sergio Amidei, Diego Fabbri, Indro Monta-
    nelli

The Guns of Navarone (Die Kanonen von Navarone). J. Lee
Thompson. GB
Spezialeffekte: Bill Warrington, Vivian C. Greenham
Bester Film
Drehbuch (B): Carl Foreman
Musik (D): Dimitri Tiomkin

Regie
Schnitt: Alan Osbiston
Ton: John Cox

Harry og kammertjeneren (Harry und sein Kammerdiener). Bent Christensen. Dänemark
Bester Auslandsfilm

The Hustler (Haie der Großstadt). Robert Rossen
Ausstattung (SW): Harry Horner, Gene Callahan
Kamera (SW): Eugen Schüfftan
Bester Film
Drehbuch (B): Sidney Carroll, Robert Rossen
Hauptdarsteller: Paul Newman
Hauptdarstellerin: Piper Laurie
Nebendarsteller: Jackie Gleason, George C. Scott
Regie

Aufarbeitung deutscher Vergangenheit – Maximilian Schell und Richard Widmark in › Judgment at Nuremberg ‹ (Urteil von Nürnberg)

Judgment at Nuremberg (Urteil von Nürnberg). Stanley Kramer
   Drehbuch (B): Abby Mann
   Hauptdarsteller: Maximilian Schell
   Bester Film
   Ausstattung (SW): Rudolph Sternad, George Milo
   Hauptdarsteller: Spencer Tracy
   Kamera (SW): Ernest Laszlo
   Kostüme (SW): Jean Louis
   Nebendarsteller: Montgomery Clift
   Nebendarstellerin: Judy Garland
   Regie
   Schnitt: Frederic Knudtson

Khovanshchina. UdSSR
   Musik (M): Dimitri Shostakovich

Lover Come Back (Ein Pyjama für zwei). Delbert Mann
   Drehbuch (O): Stanley Shapiro, Paul Henning

A Majority of One. Mervyn Le Roy
   Kamera (F): Harry Stradling sr.

The Mark (Gebrandmarkt). Guy Green. GB
   Hauptdarsteller: Stuart Whitman

One, Two, Three (Eins, zwei, drei). Billy Wilder
   Kamera (SW): Daniel L. Fapp

One-Eyed Jacks (Der Besessene). Marlon Brando
   Kamera (F): Charles Lang jr.

The Parent Trap (Die Vermählung ihrer Eltern geben bekannt).
David Swift
   Schnitt: Philip W. Anderson
   Ton: Robert O. Cook

Paris Blues (Paris Blues). Martin Ritt
   Musik (M): Duke Ellington

Placido (Placido). Luis Garcia Berlanga. Spanien
   Bester Auslandsfilm

Pocketful of Miracles (Die unteren Zehntausend). Frank Capra
   Kostüme (F): Edith Head, Walter Plunkett
   Nebendarsteller: Peter Falk
   Song: »Pocketful Of Miracles«

The Roman Spring of Mrs. Stone (Der römische Frühling der Mrs. Stone). José Quintero. GB/USA
Nebendarstellerin: Lotte Lenya

Säsom i en spegel (Wie in einem Spiegel). Ingmar Bergman. Schweden
Bester Auslandsfilm

Splendor in the Grass (Fieber im Blut). Elia Kazan
Drehbuch (O): William Inge
Hauptdarstellerin: Natalie Wood

Summer and Smoke (Sommer und Rauch). Peter Glenville
Ausstattung (F): Hal Pereira, Walter Tyler, Sam Comer, Arthur Krams
Hauptdarstellerin: Geraldine Page
Musik (D): Elmer Bernstein
Nebendarstellerin: Una Merkel

Town Without Pity (Stadt ohne Mitleid). Gottfried Reinhardt. USA/BRD/Schweiz
Song: »Town Without Pity«

Yojimbo (Yojimbo − Der Leibwächter). Akira Kurosawa. Japan
Kostüme (SW): Yoshiro Muraki

35. Oscar-Verleihung (1962)

Lawrence of Arabia (Lawrence von Arabien). David Lean. GB
   BESTER FILM
   Ausstattung (F): John Box, John Stoll, Dario Simoni
   Kamera (F): Fred A. Young
   Musik (O): Maurice Jarre
   Regie
   Schnitt: Anne Coates
   Ton: John Cox
   Drehbuch (B): Robert Bolt
   Hauptdarsteller: Peter O'Toole
   Nebendarsteller: Omar Sharif

Episches Porträt eines britischen Offiziers – Peter O'Toole und Anthony Quinn in › Lawrence of Arabia ‹ (Lawrence von Arabien)

L'année dernière à Marienbad (Letztes Jahr in Marienbad). Alain Resnais. F/I
   Drehbuch (O): Alain Robbe-Grillet

274

Billy Budd (Der Verdammte der Meere). Peter Ustinov. GB
Nebendarsteller: Terence Stamp

Birdman of Alcatraz (Der Gefangene von Alcatraz). John Frankenheimer
Hauptdarsteller: Burt Lancaster
Kamera (SW): Burnett Guffey
Nebendarsteller: Telly Savalas
Nebendarstellerin: Thelma Ritter

Bon Voyage! (Champagner in Paris). James Neilson
Kostüme (F): Bill Thomas
Ton: Robert O. Cook

David and Lisa (David und Lisa). Frank Perry
Drehbuch (B): Eleanor Perry
Regie

Days of Wine and Roses (Tage des Weines und der Rosen). Blake Edwards
Song: »Days Of Wine And Roses«
Ausstattung (SW): Joseph Wright, George James Hopkins
Hauptdarsteller: Jack Lemmon
Hauptdarstellerin: Lee Remick
Kostüme (SW): Don Feld

Les dimanches de Ville d'Avray (Sonntage mit Sibyll). Serge Bourguignon. F
Bester Auslandsfilm

Divorzio all'italiana (Scheidung auf italienisch). Pietro Germi. I
Drehbuch (O): Ennio de Concini, Alfredo Giannetti, Pietro Germi
Hauptdarsteller: Marcello Mastroianni
Regie

Elektra (Elektra). Michael Cacoyannis. Griechenland
Bester Auslandsfilm

Freud (Freud). John Huston
Drehbuch (O): Charles Kaufman, Wolfgang Reinhardt
Musik (O): Jerry Goldsmith

Gigot (Gigot, der Stumme vom Montmartre). Gene Kelly
  Musik (B): Michel Magne

Gypsy (Gypsy − Königin der Nacht). Mervyn LeRoy
  Kamera (F): Harry Stradling sr.
  Kostüme (F): Orry-Kelly
  Musik (B): Frank Perkins

Hatari! (Hatari). Howard Hawks
  Kamera (F): Russell Harlan

Jumbo. Charles Walters
  Musik (B): George Stoll

Lolita (Lolita). Stanley Kubrick. GB
  Drehbuch (B): Vladimir Nabokov

Long Day's Journey Into Night. Sidney Lumet
  Hauptdarstellerin: Katharine Hepburn

The Longest Day (Der längste Tag). Ken Annakin, Andrew Marton, Bernhard Wicki
  Spezialeffekte: Robert MacDonald, Jacques Maumont
  Kamera (SW): Jean Bourgoin, Walter Wottitz
  Bester Film
  Ausstattung (SW): Ted Haworth, Leon Barsacq, Vincent Korda, Gabriel Bechir
  Schnitt: Samuel E. Beetley

The Man Who Shot Liberty Valance (Der Mann, der Liberty Valance erschoß). John Ford
  Kostüme (SW): Edith Head

The Manchurian Candidate (Botschafter der Angst). John Frankenheimer
  Nebendarstellerin: Angela Lansbury
  Schnitt: Ferris Webster

The Miracle Worker (Licht im Dunkel). Arthur Penn
  Hauptdarstellerin: Anne Bancroft
  Nebendarstellerin: Patty Duke
  Drehbuch (B): William Gibson
  Kostüme (SW): Ruth Morley
  Regie

The Music Man (Music Man). Morton da Costa
  Musik (B): Ray Heindorf
  Bester Film
  Ausstattung (F): Paul Groesse, George James Hopkins
  Kostüme (F): Dorothy Jeakins
  Schnitt: William Ziegler
  Ton: George R. Groves

Mutiny on the Bounty (Meuterei auf der Bounty).
Lewis Milestone
  Bester Film
  Ausstattung (F): George W. Davis, J. McMillan Johnson,
    Henry Grace, Hugh Hunt
  Kamera (F): Robert L. Surtees
  Musik (O): Bronislau Kaper
  Schnitt: John McSweeney jr.
  Song: »Love Song From Mutiny On The Bounty (Follow Me)«
  Spezialeffekte: A. Arnold Gillespie, Milo Lory

My Geisha (Meine Geisha). Jack Cardiff
  Kostüme (F): Edith Head

O Pagador de Promessas (Fünfzig Stufen zur Gerechtigkeit). Anselmo Duarte. Brasilien
  Bester Auslandsfilm

Period of Adjustment (Zeit der Anpassung). George Roy Hill
  Ausstattung (SW): George W. Davis, Edward Carfagno,
    Henry Grace, Dick Pefferle

Phaedra (Phaedra). Jules Dassin. USA/Griechenland
  Kostüme (SW): Denny Vachlioti

The Pigeon That Took Rome (Es begann in Rom). Melville Shavelson
  Ausstattung (SW): Hal Pereira, Roland Anderson, Sam
    Comer, Frank R. McKelvy

Le quattro giornate di Napoli (Die vier Tage von Neapel). Nanni Loy. I/USA
  Bester Auslandsfilm

Såsom i en spegel (Wie in einem Spiegel). Ingmar Bergman. Schweden
Drehbuch (O): Ingmar Bergman

Sweet Bird of Youth (Süßer Vogel Jugend). Richard Brooks
Nebendarsteller: Ed Begley
Hauptdarstellerin: Geraldine Page
Nebendarstellerin: Shirley Knight

Taras Bulba (Taras Bulba). J. Lee Thompson
Musik (O): Franz Waxman

Tender is the Night (Zärtlich ist die Nacht). Henry King
Song: »Tender Is The Night«

That Touch of Mink (Ein Hauch von Nerz). Delbert Mann
Ausstattung (F): Alexander Golitzen, Robert Clatworthy, George Milo
Drehbuch (O): Stanley Shapiro, Nate Monaster
Ton: Waldon O. Watson

Tlayucan (Das Wunder von Tlayucan). Luis Alcoriza. Mexiko
Bester Auslandsfilm

To Kill A Mockingbird (Wer die Nachtigall stört). Robert Mulligan
Ausstattung (SW): Alexander Golitzen, Henry Bumstead, Oliver Emert
Drehbuch (B): Horton Foote
Hauptdarsteller: Gregory Peck
Bester Film
Kamera (SW): Russell Harlan
Musik (O): Elmer Bernstein
Nebendarstellerin: Mary Badham
Regie

Two for the Seesaw (Spiel zu zweit). Robert Wise
Kamera (SW): Ted McCord
Song: »Song From Two For The Seesaw (Second Chance)«

Walk on the Wild Side (Auf glühendem Pflaster). Edward Dmytryk
Song: »Walk On The Wild Side«

Gregory Peck und Frank Overton in › To Kill a Mockingbird ‹ (Wer die Nachtigall stört) – ein Rechtsanwalt in einer kleinen Stadt in den Südstaaten verteidigt einen wegen Vergewaltigung angeklagten Farbigen

Whatever Happened To Baby Jane? (Was geschah wirklich mit Baby Jane?). Robert Aldrich
    Kostüme (SW): Norma Koch
    Hauptdarstellerin: Bette Davis
    Kamera (SW): Ernest Haller
    Nebendarsteller: Victor Buono
    Ton: Joseph Kelly

The Wonderful World of the Brothers Grimm (Die Wunderwelt der Gebrüder Grimm). George Pal, Henry Levin
    Kostüme (F): Mary Wills
    Ausstattung (F): George W. Davis, Edward Carfagno, Henry Grace, Dick Pefferle
    Kamera (F): Paul C. Vogel
    Musik (B): Leigh Harline

36. Oscar-Verleihung (1963)

Tom Jones (Tom Jones − Zwischen Bett und Galgen).
Tony Richardson. GB

BESTER FILM
Drehbuch (B): John Osborne
Musik (O): John Addison
Regie
Ausstattung (F): Ralph Brinton, Ted Marshall, Jocelyn Herbert, Josie MacAvin
Hauptdarsteller: Albert Finney
Nebendarsteller: Hugh Griffith
Nebendarstellerin: Diane Cilento, Dame Edith Evans, Joyce Redman

Playboy im England des 18. Jahrhunderts – Albert Finney samt Gespielin in › Tom Jones ‹ (Tom Jones – zwischen Bett und Galgen).

America America (Die Unbezwingbaren). Elia Kazan
  Ausstattung (SW): Gene Callahan
  Bester Film
  Drehbuch (O): Elia Kazan
  Regie

The Balcony. Joseph Strick
  Kamera (SW): George Folsey

The Birds (Die Vögel). Alfred Hitchcock
  Spezialeffekte: Ub Iwerks

Bye Bye Birdie. (Bye Bye Birdie). George Sidney
  Musik (B): John Green
  Ton: Charles Rice

Captain Newman, M.D. (Captain Newman). David Miller
  Drehbuch (B): Richard L. Breen, Phoebe und Henry Ephron
  Nebendarsteller: Bobby Darin
  Ton: Waldon O. Watson

The Cardinal (Der Kardinal). Otto Preminger
  Ausstattung (F): Lyle Wheeler, Gene Callahan
  Kamera (F): Leon Shamroy
  Kostüme (F): Donald Brooks
  Nebendarsteller: John Huston
  Regie
  Schnitt: Louis R. Loeffler

The Caretakers (Frauen, die nicht lieben dürfen). Hall Bartlett
  Kamera (SW): Lucien Ballard

Charade (Charade). Stanley Donen
  Song: »Charade«

Cleopatra (Cleopatra). Joseph L. Mankiewicz
  Ausstattung (F): John DeCuir, Jack Martin Smith, Hilyard
    Brown, Herman Blumenthal, Elven Webb, Maurice Pel-
    ling, Boris Juraga, Walter M. Scott, Paul S. Fox, Ray Moyer
  Kamera (F): Leon Shamroy
  Kostüme (F): Irene Sharaff, Vittorio Nino Novarese, Renie
  Spezialeffekte: Emil Kosa jr.
  Bester Film
  Hauptdarsteller: Rex Harrison

Das Traumpaar der Sechziger im antiken Rom – Richard Burton und Elizabeth Taylor in › Cleopatra ‹ (Cleopatra)

Musik (O): Alex North
Schnitt: Dorothy Spencer
Ton: James P. Corcoran, Fred Hynes

Come Blow Your Horn (Wenn mein Schlafzimmer sprechen könnte). Bud Yorkin
Ausstattung (F): Hal Pereira, Roland Anderson, Sam Comer, James Payne

Les dimanches de Ville d'Avray (Sonntage mit Sibyll). Serge Bourguignon. F
Drehbuch (B): Serge Bourguignon, Antoine Tudal
Musik (B): Maurice Jarre

55 Days in Peking (55 Tage in Peking). Nicholas Ray
Musik (O): Dimitri Tiomkin
Song: »So Little Time«

A Gathering of Eagles (Der Kommodore). Delbert Mann
Toneffekte: Robert L. Bratton

Il gattopardo (Der Leopard). Luchino Visconti. I/F
Kostüme (F): Piero Tosi

The Great Escape (Gesprengte Ketten). John Sturges
Schnitt: Ferris Webster

How the West Was Won (Das war der Wilde Westen). Henry
Hathaway, John Ford, George Marshall
Drehbuch (O): James R. Webb
Schnitt: Harold F. Kress
Ton: Franklin E. Milton
Bester Film
Ausstattung (F): George W. Davis, William Ferrari, Addison
Hehr, Henry Grace, Don Greenwood jr., Jack Mills
Kamera (F): William H. Daniels, Milton Krasner, Charles
Lang jr., Joseph LaShelle
Kostüme (F): Walter Plunkett
Musik (O): Alfred Newman, Ken Darby

Hud (Der Wildeste unter Tausend). Martin Ritt
Hauptdarstellerin: Patricia Neal
Kamera (SW): James Wong Howe
Nebendarsteller: Melvyn Douglas
Ausstattung (SW): Hal Pereira, Tambi Larsen, Sam Comer,
Robert Benton
Drehbuch (B): Irving Ravetch, Harriet Frank jr.
Hauptdarsteller: Paul Newman
Regie

Irma La Douce (Das Mädchen Irma La Douce). Billy Wilder
Musik (B): André Previn
Hauptdarstellerin: Shirley MacLaine
Kamera (F): Joseph LaShelle

It's a Mad, Mad, Mad, Mad World (Eine total, total verrückte
Welt). Stanley Kramer
Toneffekte: Walter G. Elliott
Kamera (F): Ernest Laszlo
Musik (O): Ernest Gold
Schnitt: Frederic Knudtson, Robert C. Jones, Gene Fowler jr.
Song: »It's A Mad, Mad, Mad, Mad World«
Ton: Gordon E. Sawyer

Koto. Noboru Nakamura. Japan
Bester Auslandsfilm

Lilies of the Field (Lilien auf dem Felde). Ralph Nelson
Hauptdarsteller: Sidney Poitier
Bester Film
Drehbuch (B): James Poe
Kamera (SW): Ernest Haller
Nebendarstellerin: Lilia Skala

Love with the Proper Stranger (Verliebt in einen Fremden). Robert Mulligan
Ausstattung (SW): Hal Pereira, Roland Anderson, Sam
Comer, Grace Gregory
Drehbuch (O): Arnold Schulman
Hauptdarstellerin: Natalie Wood
Kamera (SW): Milton Krasner
Kostüme (SW): Edith Head

The L-Shaped Room (Das indiskrete Zimmer). Bryan Forbes. GB
Hauptdarstellerin: Leslie Caron

Mondo Cane (Mondo Cane). Gualtiero Jacopetti. I**
Song: »More«

A New Kind of Love (Eine neue Art von Liebe). Melville
Shavelson
Kostüme (F): Edith Head
Musik (B): Leith Stevens

Noz w wodzie (Das Messer im Wasser). Roman Polanski. Polen
Bester Auslandsfilm

Otto e mezzo (Achteinhalb). Federico Fellini. I/F
Bester Auslandsfilm
Kostüme (SW): Piero Gherardi
Ausstattung (SW): Piero Gherardi
Drehbuch (O): Federico Fellini, Ennio Flaiano, Tullio Pinelli,
Brunello Rondi
Regie

Papa's Delicate Condition. George Marshall
Song: »Call Me Irresponsible«

Le quattro giornate di Napoli (Die vier Tage von Neapel). Nanni Loy. I/USA
  Drehbuch (O): Pasquale Festa Campanile, Massimo Franciosa, Nanni Loy, Vasco Pratolini, Carlo Bernari

The Stripper (Die verlorene Rose). Franklin J. Schaffner
  Kostüme (SW): Travilla

The Sword in the Stone (Die Hexe und der Zauberer). Wolfgang Reitherman
  Musik (B): George Bruns

Ta kok-kina phanaria (Die roten Laternen). Vassilis Georgiadis. Griechenland
  Bester Auslandsfilm

Los Tarantos. Francisco Rovira-Beleta. Spanien
  Bester Auslandsfilm

This Sporting Life (Lockender Lorbeer). Lindsay Anderson. GB
  Hauptdarsteller: Richard Harris
  Hauptdarstellerin: Rachel Roberts

Toys in the Attic (Puppen unterm Dach). George Roy Hill
  Kostüme (SW): Bill Thomas

Twilight of Honor (Rufmord). Boris Sagal
  Ausstattung (SW): George W. Davis, Paul Groesse, Henry Grace, Hugh Hunt
  Nebendarsteller: Nick Adams

The V.I.P.s (Hotel International). Anthony Asquith. GB
  Nebendarstellerin: Margaret Rutherford

Wives and Lovers (Ach Liebling ... nicht hier!). John Rich
  Kostüme (SW): Edith Head

37. Oscar-Verleihung (1964)

My Fair Lady (My Fair Lady). George Cukor. GB
BESTER FILM
Ausstattung (F): Gene Allen, Cecil Beaton, George James
   Hopkins
Hauptdarsteller: Rex Harrison
Kamera (F): Harry Stradling
Kostüme (F): Cecil Beaton
Musik (B): André Previn
Regie
Ton: George R. Groves
Drehbuch (B): Alan Jay Lerner
Nebendarsteller: Stanley Holloway
Nebendarstellerin: Gladys Cooper
Schnitt: William Ziegler

Opulenter Pygmalion-Verschnitt – Audrey Hepburn und Rex Harrison in
› My Fair Lady ‹ (My Fair Lady).

The Americanization of Emily (Nur für Offiziere). Arthur Hiller
Ausstattung (SW): George W. Davis, Hans Peters, Elliot Scott,
Henry Grace, Robert R. Benton
Kamera (SW): Philip H. Lathrop

Becket (Becket). Peter Glenville. GB
Drehbuch (B): Edward Anhalt
Bester Film
Ausstattung (F): John Bryan, Maurice Carter, Patrick
McLoughlin, Robert Cartwright
Hauptdarsteller: Richard Burton, Peter O'Toole
Kamera (F): Geoffrey Unsworth
Kostüme (F): Margaret Furse
Musik (O): Laurence Rosenthal
Nebendarsteller: John Gielgud
Regie
Schnitt: Anne Coates
Ton: John Cox

The Best Man (Der Kandidat). Franklin J. Schaffner
Nebendarsteller: Lee Tracy

Der Besuch. Bernhard Wicki. BRD/F/I
Kostüme (SW): René Hubert

The Chalk Garden (Das Haus im Kreidegarten). Ronald
Neame. GB
Nebendarstellerin: Dame Edith Evans

Cheyenne Autumn (Cheyenne). John Ford
Kamera (F): William H. Clothier

I Compagni (Die Peitsche im Genick). Mario Monicelli.
I/F/Jugoslawien
Drehbuch (O): Scarpelli und Mario Monicelli

Dear Heart. Delbert Mann
Song: »Dear Heart«

**Dr. Strangelove or How I Learned To Stop Worrying And Love the
Bomb** (Dr. Seltsam oder Wie ich lernte, die Bombe zu lieben).
Stanley Kubrick. GB
Bester Film
Drehbuch (B): Stanley Kubrick, P. George, T. Southern
Hauptdarsteller: Peter Sellers
Regie

The Fall of the Roman Empire (Der Untergang des römischen Reiches). Anthony Mann
   Musik (O): Dimitri Tiomkin

Fate is the Hunter (Bezwinger des Todes). Ralph Nelson
   Kamera (SW): Milton Krasner

Father Goose (Der große Wolf ruft). Ralph Nelson
   Drehbuch (O): S. H. Barnett, Peter Stone, Frank Tarloff
   Schnitt: Ted J. Kent
   Ton: Waldon O. Watson

Goldfinger (Goldfinger). Guy Hamilton. GB
   Toneffekte: Norman Wanstall

A Hard Day's Night (Yeah! Yeah! Yeah!). Richard Lester. GB
   Drehbuch (O): Alun Owen
   Musik (B): George Martin

L'homme de Rio (Abenteuer in Rio). Philippe de Broca. F/I
   Drehbuch (O): Jean-Paul Rappeneau, Ariane Mnouchkine, Daniel Boulanger, Philippe de Broca

A House is not a Home (Madam P. und ihre Mädchen). Russell Rouse
   Kostüme (SW): Edith Head

Hush ... Hush, Sweet Charlotte (Wiegenlied für eine Leiche). Robert Aldrich
   Ausstattung (SW): William Glasgow, Raphael Bretton
   Kamera (SW): Joseph Biroc
   Kostüme (SW): Norma Koch
   Musik (O): Frank DeVol
   Nebendarstellerin: Agnes Moorehead
   Schnitt: Michael Luciano
   Song: »Hush ... Hush, Sweet Charlotte«

Ieri, oggi, domani (Gestern, heute und morgen). Vittorio de Sica. I/F
   Bester Auslandsfilm

Kisses For My President (Prinzgemahl im Weißen Haus). Curtis Bernhardt
   Kostüme (SW): Howard Shoup

Kvarteret korpen (Das Rabenviertel). Bo Widerberg. Schweden
Bester Auslandsfilm

The Lively Set (Ein tollkühner Draufgänger). Jack Arnold
Toneffekte: Robert L. Bratton

Mary Poppins (Mary Poppins). Robert Stevenson
Hauptdarstellerin: Julie Andrews
Musik (O): Richard M. Sherman, Robert B. Sherman
Schnitt: Cotton Warburton
Song: »Chim Chim Cheree«
Spezialeffekte: Peter Ellenshaw, Hamilton Luske, Eustace
    Lycett
Bester Film
Ausstattung (F): Carroll Clark, William H. Tuntke, Emile
    Kuri, Hal Gausman
Drehbuch (B): Bill Walsh, Don DaGradi
Kamera (F): Edward Colman
Kostüme (F): Tony Walton
Musik (B): Irwin Kostal
Regie
Ton: Robert O. Cook

Matrimonio all'italiana (Hochzeit auf italienisch).
Vittorio de Sica. I/F
Hauptdarstellerin: Sophia Loren

The Night of the Iguana (Die Nacht des Leguan). John Huston
Kostüme (SW): Dorothy Jeakins
Ausstattung (SW): Stephen Grimes
Kamera (SW): Gabriel Figueroa
Nebendarstellerin: Grayson Hall

One Potato, Two Potato (Ruf nicht zu laut). Larry Peerce
Drehbuch (O): Orville H. Hampton, Raphael Hayes

Les parapluies de Cherbourg (Die Regenschirme von Cherbourg). Jacques Demy. F/BRD
Bester Auslandsfilm

The Pink Panther (Der rosarote Panther). Blake Edwards
Musik (O): Henry Mancini

The Pumpkin Eater (Schlafzimmerstreit). Jack Clayton. GB
    Hauptdarstellerin: Anne Bancroft

Robin and the 7 Hoods (Sieben gegen Chicago). Gordon Douglas
    Musik (B): Nelson Riddle
    Song: »My Kind Of Town«

Sallah Shabati (Sallah ... oder tausche Tochter gegen Wohnung). Ephraim Kishon. Israel
    Bester Auslandsfilm

Seance on a Wet Afternoon (An einem trüben Nachmittag).
Bryan Forbes
    Hauptdarstellerin: Kim Stanley

Seven Days in May (Sieben Tage im Mai). John Frankenheimer
    Ausstattung (SW): Cary Odell, Edward G. Boyle
    Nebendarsteller: Edmond O'Brien

Seven Faces of Dr. Lao (Der mysteriöse Dr. Lao). George Pal
    Make-Up: William Tuttle*
    Spezialeffekte: Jim Danforth

Suna no onna (Die Frau in den Dünen). Hiroshi Teshigahara.
Japan
    Bester Auslandsfilm

Topkapi (Topkapi). Jules Dassin
    Nebendarsteller: Peter Ustinov

The Unsinkable Molly Brown (Goldgräber-Molly). Charles
Walters
    Ausstattung (F): George W. Davis, Preston Ames, Henry
      Grace, Hugh Hunt
    Hauptdarstellerin: Debbie Reynolds
    Kamera (F): Daniel L. Fapp
    Kostüme (F): Morton Haack
    Musik (B): Robert Armbruster, Leo Arnaud, Jack Elliott, Jack
      Hayes, Calvin Jackson, Leo Shuken
    Ton: Franklin E. Milton

What a Way To Go (Immer mit einem anderen). J. Lee Thompson
    Ausstattung (F): Jack Martin Smith, Ted Haworth, Walter M.
      Scott, Stuart A. Reiss
    Kostüme (F): Edith Head, Moss Mabry

› *Zorba the Greek* ‹ *(Alexis Sorbas) – ein junger englischer Schriftsteller auf Kreta-Urlaub sieht sein Leben mehr und mehr von einem mazedonischen Bergwerksarbeiter (Anthony Quinn, hier mit Eleni Anousaki) dominiert*

Where Love Has Gone (Wohin die Liebe führt). Edward Dmytryk
Song: »Where Love Has Gone«

Zorba the Greek (Alexis Sorbas). Michael Cacoyannis. USA/
Griechenland
Ausstattung (SW): Vassilis Fotopoulos
Kamera (SW): Walter Lassally
Nebendarstellerin: Lila Kedrova
Bester Film
Drehbuch (B): Michael Cacoyannis
Hauptdarsteller: Anthony Quinn
Regie

291

38. Oscar-Verleihung (1965)

The Sound of Music (Meine Lieder – meine Träume).
Robert Wise
BESTER FILM
Musik (B): Irwin Kostal
Regie
Schnitt: William Reynolds
Ton: James P. Corcoran, Fred Hynes
Ausstattung (F): Boris Leven, Walter M. Scott, Ruby Levitt
Hauptdarstellerin: Julie Andrews
Kamera (F): Ted McCord
Kostüme (F): Dorothy Jeakins
Nebendarstellerin: Peggy Wood

› *The hills come alive with the sound of music.* ‹ – *Julie Andrews in* › *The Sound of Music* ‹ *(Meine Lieder – meine Träume)*

The Agony and the Ecstasy (Inferno und Ekstase). Carol Reed. USA/I
  Ausstattung (F): John DeCuir, Jack Martin Smith, Dario Simoni
  Kamera (F): Leon Shamroy
  Kostüme (F): Vittorio Nino Novarese
  Musik (O): Alex North
  Ton: James P. Corcoran

Blood on the Land. Griechenland.
  Bester Auslandsfilm

Casanova '70 (Casanova '70). Mario Monicelli. I/F
  Drehbuch (O): Scarpelli, Mario Monicelli, Tonino Guerra, Giorgio Salvoni, Suso Cecchi D'Amico

Cat Ballou (Cat Ballou − hängen sollst Du in Wyoming). Elliot Silverstein
  Hauptdarsteller: Lee Marvin
  Drehbuch (B): Walter Newman, Frank R. Pierson
  Musik (B): DeVol
  Schnitt: Charles Nelson
  Song: »The Ballad Of Cat Ballou«

The Collector (Der Fänger). William Wyler. USA/GB
  Drehbuch (B): Stanley Mann, John Kohn
  Hauptdarstellerin: Samantha Eggar
  Regie

Darling (Darling). John Schlesinger. GB
  Drehbuch (O): Frederic Raphael
  Hauptdarstellerin: Julie Christie
  Kostüme (SW): Julie Harris
  Bester Film
  Regie

Doctor Zhivago (Doktor Schiwago). David Lean. GB
  Ausstattung (F): John Box, Terry Marsh, Dario Simoni
  Drehbuch (B): Robert Bolt
  Kamera (F): Freddic Young
  Kostüme (F): Phyllis Dalton
  Musik (O): Maurice Jarre
  Bester Film

Nebendarsteller: Tom Courtenay
Regie
Schnitt: Norman Savage
Ton: A. W. Watkins, Franklin E. Milton

The Flight of the Phoenix (Der Flug des Phönix). Robert Aldrich
Nebendarsteller: Ian Bannen
Schnitt: Michael Luciano

The Great Race (Das große Rennen rund um die Welt).
Blake Edwards
Toneffekte: Tregoweth Brown
Kamera (F): Russell Harlan
Schnitt: Ralph E. Winters
Song: »The Sweetheart Tree«
Ton: George R. Groves

The Greatest Story Ever Told (Die größte Geschichte aller Zeiten). George Stevens
Ausstattung (F): Richard Day, William Creber, David Hall, Ray Moyer, Fred MacLean, Norman Rockett
Kamera (F): William C. Mellor, Loyal Griggs
Kostüme (F): Vittorio Nino Novarese, Marjorie Best
Musik (O): Alfred Newman
Spezialeffekte: J. McMillan Johnson

In Harm's Way (Erster Sieg). Otto Preminger
Kamera (SW): Loyal Griggs

Inside Daisy Clover (Verdammte süße Welt). Robert Mulligan
Ausstattung (F): Robert Clatworthy, George James Hopkins
Kostüme (F): Edith Head, Bill Thomas
Nebendarstellerin: Ruth Gordon

Käre John (Lieber John). Lars Magnus Lindgren. Schweden
Bester Auslandsfilm

Kaidan. Masaki Kobayashi. Japan
Bester Auslandsfilm

King Rat (Sie nannten ihn King). Bryan Forbes
Ausstattung (SW): Robert Emmet Smith, Frank Tuttle
Kamera (SW): Burnett Guffey

Synthetischer Gefühlsüberschwang nach Boris Pasternacks Roman um das Schicksal eines Moskauer Arztes in den Wirren des Ersten Weltkriegs – Omar Sharif (Mitte) und Julie Christie in › Dr. Zhivago ‹ (Dr. Schiwago)

Matrimonio all'italiana (Hochzeit auf italienisch). Vittorio de Sica. I/F
  Bester Auslandsfilm

Morituri (Morituri). Bernhard Wicki
  Kamera (SW): Conrad Hall
  Kostüme (SW): Moss Mabry

Obchod na korze (Das Geschäft in der Hauptstraße). Ján Kadár, Elmar Klos. CSSR
  Bester Auslandsfilm

Othello (Othello). Stuart Burge. GB
  Hauptdarsteller: Laurence Olivier
  Nebendarsteller: Frank Finlay
  Nebendarstellerin: Joyce Redman, Maggie Smith

Les parapluies de Cherbourg (Die Regenschirme von Cherbourg). Jacques Demy. F/BRD
  Drehbuch (O): Jacques Demy

Musik (O): Michel Legrand, Jacques Demy
Musik (B): Michel Legrand
Song: »I Will Wait For You«

A Patch of Blue (Träumende Lippen). Guy Green
Nebendarstellerin: Shelley Winters
Ausstattung (SW): George W. Davis, Urie McCleary, Henry
    Grace, Charles S. Thompson
Hauptdarstellerin: Elizabeth Hartman
Kamera (SW): Robert Burks
Musik (O): Jerry Goldsmith

The Pawnbroker (Der Pfandleiher). Sidney Lumet
Hauptdarsteller: Rod Steiger

The Pleasure Seekers (Drei Mädchen in Madrid).
Jean Negulesco
Musik (B): Lionel Newman, Alexander Courage

A Rage To Live (Nymphomania). Walter Grauman
Kostüme (SW): Howard Shoup

The Sandpiper (. . . die alles begehren). Vincente Minnelli
Song: «The Shadow Of Your Smile»

Shenandoah (Der Mann vom großen Fluß).
Andrew V. McLaglen
Ton: Waldon O. Watson

Ship of Fools (Das Narrenschiff). Stanley Kramer
Ausstattung (SW): Robert Clatworthy, Joseph Kish
Kamera (SW): Ernest Laszlo
Bester Film
Drehbuch (B): Abby Mann
Hauptdarsteller: Oskar Werner
Hauptdarstellerin: Simone Signoret
Kostüme (SW): Bill Thomas, Jean Louis
Nebendarsteller: Michael Dunn

The Slender Thread (Stimme am Telefon). Sydney Pollack
Ausstattung (SW): Hal Pereira, Jack Poplin, Robert Benton,
    Joseph Kish
Kostüme (SW): Edith Head

The Spy Who Came in from the Cold (Der Spion, der aus der Kälte kam). Martin Ritt. GB
  Ausstattung (SW): Hal Pereira, Tambi Larsen, Edward Marshall, Josie MacAvin
  Hauptdarsteller: Richard Burton

Suna no onna (Die Frau in den Dünen). Hiroshi Teshigahara. Japan
  Regie

Those Magnificent Men in Their Flying Machines (Die tollkühnen Männer in ihren fliegenden Kisten). Ken Annakin. GB
  Drehbuch (O): Jack Davies, Ken Annakin

A Thousand Clowns (Tausend Clowns). Fred Coe
  Nebendarsteller: Martin Balsam
  Bester Film
  Drehbuch (B): Herb Gardner
  Musik (B): Don Walker

Thunderball (Feuerball). Terence Young. GB
  Spezialeffekte: John Stears

The Train (Der Zug). John Frankenheimer, Bernard Farrel. USA/F/I
  Drehbuch (O): Franklin Coen, Frank Davis

Von Ryan's Express (Colonel von Ryan's Expreß). Mark Robson
  Toneffekte: Walter A. Rossi

What's New, Pussycat? (Was gibt's Neues, Pussy?). Clive Donner. USA/GB/F
  Song: »What's New, Pussycat?«

39. Oscar-Verleihung (1966)

A Man for all Seasons (Ein Mann zu jeder Jahreszeit).
Fred Zinnemann. GB
BESTER FILM
Drehbuch (B): Robert Bolt
Hauptdarsteller: Paul Scofield
Kamera (F): Ted Moore
Kostüme (F): Elizabeth Haffenden, Joan Bridge
Regie
Nebendarsteller: Robert Shaw
Nebendarstellerin: Wendy Hiller

*Paul Scofield in › A Man for all Seasons ‹ (Ein Mann zu jeder Jahreszeit) –
der Lordkanzler Heinrichs des Achten bezahlt für seine humanitäre Einstel-
lung in Ehefragen mit dem Kopf*

Alfie (Der Verführer läßt schön grüßen). Lewis Gilbert. GB
  Bester Film
  Drehbuch (B): Bill Naughton
  Hauptdarsteller: Michael Caine
  Nebendarstellerin: Vivien Merchant
  Song: »Alfie«

An American Dream. Robert Gist
  Song: »A Time For Love«

La Battaglia di Algeri (Schlacht um Algier). Gillo Pontecorvo. I/
Algerien
  Bester Auslandsfilm

La Bibbia (Die Bibel). John Huston. I/USA
  Musik (O): Toshiro Mayuzumi

Blow-Up (Blow Up). Michelangelo Antonioni. GB/I
  Drehbuch (O): Michelangelo Antonioni, Tonino Guerra, Ed-
    ward Bond
  Regie

Born Free (Frei geboren). James Hill. GB
  Musik (O): John Barry
  Song: »Born Free«

Fantastic Voyage (Die phantastische Reise). Richard Fleischer
  Ausstattung (F): Jack Martin Smith, Dale Hennesy, Walter M.
    Scott, Stuart A. Reiss
  Spezialeffekte: Art Cruickshank
  Kamera (F): Ernest Laszlo
  Schnitt: William B. Murphy
  Toneffekte: Walter Rossi

Faraon (Pharao). Jerzy Kawalerowicz. Polen
  Bester Auslandsfilm

The Fortune Cookie (Der Glückspilz). Billy Wilder
  Nebendarsteller: Walter Matthau
  Ausstattung (SW): Robert Luthardt, Edward G. Boyle
  Drehbuch (O): Billy Wilder, I. A. L. Diamond
  Kamera (SW): Joseph LaShelle

A Funny Thing Happened on the Way to the Forum (Toll trieben es die alten Römer). Richard Lester
  Musik (B): Ken Thorne

Gambit (Das Mädchen aus der Cherry-Bar). Ronald Neame
  Ausstattung (F): Alexander Golitzen, George C. Webb, John McCarthy, John Austin
  Kostüme (F): Jean Louis
  Ton: Waldon O. Watson

Georgy Girl (Georgy Girl). Silvio Narizzano. GB
  Hauptdarstellerin: Lynn Redgrave
  Kamera (SW): Ken Higgins
  Nebendarsteller: James Mason
  Song: »Georgy Girl«

Giulietta degli spiriti (Julia und die Geister). Federico Fellini. I/F
  Ausstattung (F): Piero Gherardi
  Kostüme (F): Piero Gherardi

Grand Prix (Grand Prix). John Frankenheimer
  Schnitt: Fredric Steinkamp, Henry Berman, Stewart Linder, Frank Santillo
  Ton: Franklin E. Milton
  Toneffekte: Gordon Daniel

Hawaii (Hawaii). George Roy Hill
  Kamera (F): Russell Harlan
  Kostüme (F): Dorothy Jeakins
  Musik (O): Elmer Bernstein
  Nebendarstellerin: Jocelyne Lagarde
  Song: »My Wishing Doll«
  Spezialeffekte: Linwood G. Dunn
  Ton: Gordon E. Sawyer

Un homme et une femme (Ein Mann und eine Frau). Claude Lelouch. F
  Bester Auslandsfilm
  Drehbuch (O): Claude Lelouch, Pierre Uytterhoeven
  Hauptdarstellerin: Anouk Aimee
  Regie

Khartoum (Khartoum). Basil Dearden. GB/USA
Drehbuch (O): Robert Ardrey

Lasky jedne plavovlasky (Die Liebe einer Blondine).
Milos Forman. CSSR
Bester Auslandsfilm

La Mandragola (Mandragola). Alberto Lattuada. I/F
Kostüme (SW): Danilo Donati

Mister Buddwing (Gesicht ohne Namen). Delbert Mann
Ausstattung (SW): George W. Davis, Paul Groesse, Henry
Grace, Hugh Hunt
Kostüme (SW): Helen Rose

Morgan — A Suitable Case for Treatment (Protest).
Karel Reisz. GB
Hauptdarstellerin: Vanessa Redgrave
Kostüme (SW): Jocelyn Rickards

The Naked Prey (Der Todesmutige). Cornel Wilde.
USA/Südafrika
Drehbuch (O): Clint Johnston, Don Peters

Obchod na korze (Das Geschäft in der Hauptstraße). Ján Kádar,
Elmar Klos. CSSR
Hauptdarstellerin: Ida Kaminska

The Oscar (...denn keiner ist ohne Schuld). Russell Rouse
Ausstattung (F): Hal Pereira, Arthur Lonergan, Robert Ben-
ton, James Payne
Kostüme (F): Edith Head

Paris, brûle-t-il? (Brennt Paris?). René Clément. F
Ausstattung (SW): Willy Holt, Marc Frederix, Pierre Guffroy
Kamera (SW): Marcel Grignon

The Professionals (Die gefürchteten Vier). Richard Brooks
Drehbuch (B): Richard Brooks
Kamera (F): Conrad Hall
Regie

Return of the Seven (Rückkehr der glorreichen Sieben). Burt
Kennedy. USA/Spanien
Musik (B): Elmer Bernstein

The Russians Are Coming, the Russians Are Coming (Die Russen kommen! Die Russen kommen!). Norman Jewison
Bester Film
Drehbuch (B): William Rose
Hauptdarsteller: Alan Arkin
Schnitt: Hal Ashby, J. Terry Williams

The Sand Pebbles (Kanonenboot am Yangtse-Kiang).
Robert Wise
Bester Film
Ausstattung (F): Boris Leven, Walter M. Scott, John Sturtevant, William Kiernan
Hauptdarsteller: Steve McQueen
Kamera (F): Joseph MacDonald
Musik (O): Jerry Goldsmith
Nebendarsteller: Mako
Schnitt: William Reynolds
Ton: James P. Corcoran

Seconds (Der Mann, der zweimal lebte). John Frankenheimer
Kamera (SW): James Wong Howe

The Singing Nun (Dominique – die singende Nonne).
Henry Koster
Musik (B): Harry Sukman

Stop the World – I Want To Get Off. Philip Saville. GB
Musik (B): Al Ham

Tri (Drei). Aleksandar Petrovic. Jugoslawien
Bester Auslandsfilm

Il vangelo secondo Matteo (Das 1. Evangelium – Matthäus). Pier Paolo Pasolini. I/F
Ausstattung (SW): Luigi Scaccianoce
Kostüme (SW): Danilo Donati
Musik (B): Luis Enrique Bacalov

Who's Afraid of Virginia Woolf? (Wer hat Angst vor Virginia Woolf?). Mike Nichols
Ausstattung (SW): Richard Sylbert, George James Hopkins
Hauptdarstellerin: Elizabeth Taylor
Kamera (SW): Haskell Wexler

Ehe als Hölle – Elizabeth Taylor, George Segal und Richard Burton in
› Who's Afraid of Virgina Woolf? ‹ (Wer hat Angst vor Virginia Woolf?)

Kostüme (SW): Irene Sharaff
Nebendarstellerin: Sandy Dennis
Bester Film
Drehbuch (B): Ernest Lehman
Hauptdarsteller: Richard Burton
Nebendarsteller: George Segal
Musik (O): Alex North
Regie
Schnitt: Sam O'Steen
Ton: George R. Groves

You're a Big Boy Now (Big Boy, jetzt wirst Du ein Mann). Francis
Ford Coppola
Nebendarstellerin: Geraldine Page

40. Oscar-Verleihung (1967)

In the Heat of the Night (In der Hitze der Nacht). Norman Jewison
BESTER FILM
Drehbuch (B): Stirling Silliphant

Sidney Poitier und Rod Steiger in › In the Heat of the Night ‹ (In der Hitze der Nacht) – ein Mordfall als Aufhänger für eine Auseinandersetzung mit der Rassenfrage

Hauptdarsteller: Rod Steiger
Schnitt: Hal Ashby
Ton: Samuel Goldwyn Studio Sound Dpt
Regie
Toneffekte: James A. Richard

El Amor Brujo. Francisco Rovira-Beleta. Spanien
Bester Auslandsfilm

Banning (25000 Dollar für einen Mann). Ron Winston
Song: »The Eyes Of Love«

Barefoot in the Park (Barfuß im Park). Gene Saks
Nebendarstellerin: Mildred Natwick

Beach Red (Blutiger Strand). Cornel Wilde
Schnitt: Frank P. Keller

Bonnie and Clyde (Bonnie und Clyde). Arthur Penn
Kamera: Burnett Guffey
Nebendarstellerin: Estelle Parsons
Bester Film
Drehbuch (O): David Newman, Robert Benton
Hauptdarsteller: Warren Beatty
Hauptdarstellerin: Faye Dunaway
Kostüme: Theadora van Runkle
Nebendarsteller: Gene Hackman, Michael J. Pollard
Regie

Camelot (Camelot). Joshua Logan
Ausstattung: John Truscott, Edward Carrere, John W. Brown
Kostüme: John Truscott
Musik (B): Alfred Newman, Ken Darby
Kamera: Richard H. Kline
Ton: Warner Brothers Sound Dpt

Casino Royale (Casino Royale). John Huston, Ken Hughes, Val Guest, Robert Parrish, Joseph McGrath
Song: »The Look Of Love«

Chieko-Sho. Noboru Nakamura. Japan
Bester Auslandsfilm

Cool Hand Luke (Der Unbeugsame). Stuart Rosenberg
  Nebendarsteller: George Kennedy
  Drehbuch (B): Donn Pearce, Frank R. Pierson
  Hauptdarsteller: Paul Newman
  Musik (O): Lalo Schifrin

The Dirty Dozen (Das dreckige Dutzend). Robert
Aldrich. GB/USA
  Toneffekte: John Poyner
  Nebendarsteller: John Cassavetes
  Schnitt: Michael Luciano
  Ton: MGM Studio Sound Dpt

Divorce — American Style (Scheidung auf amerikanisch).
Bud Yorkin
  Drehbuch (O): Robert Kaufman, Norman Lear

Doctor Dolittle (Doktor Dolittle). Richard Fleischer
  Song: »Talk To The Animals«
  Spezialeffekte: L.B. Abbott
  Bester Film
  Ausstattung: Mario Chiari, Jack Martin Smith, Ed Graves,
     Walter M. Scott, Stuart A. Reiss
  Kamera: Robert Surtees
  Musik (O): Leslie Bricusse
  Musik (B): Lionel Newman, Alexander Courage
  Schnitt: Samuel E. Beetley, Marjorie Fowler
  Ton: Fox Studio Sound Dpt

Far from the Madding Crowd (Die Herrin von Thornhill). John
Schlesinger. GB
  Musik (O): Richard Rodney Bennett

The Graduate (Die Reifeprüfung). Mike Nichols
  Regie
  Bester Film
  Drehbuch (B): Calder Willingham, Buck Henry
  Hauptdarsteller: Dustin Hoffman
  Hauptdarstellerin: Anne Bancroft
  Kamera: Robert Surtees
  Nebendarstellerin: Katharine Ross

La guerre est finie (Der Krieg ist vorbei). Alain Resnais.
F/Schweden
  Drehbuch (O): Jorge Semprun

Guess Who's Coming To Dinner (Rat mal, wer zum Essen kommt). Stanley Kramer
  Drehbuch (O): William Rose
  Hauptdarstellerin: Katharine Hepburn
  Bester Film
  Ausstattung: Robert Clatworthy, Frank Tuttle
  Hauptdarsteller: Spencer Tracy
  Nebendarsteller: Cecil Kellaway
  Nebendarstellerin: Beth Richards
  Musik (B): DeVol
  Regie
  Schnitt: Robert C. Jones

The Happiest Millionaire (Der glücklichste Millionär).
Norman Tokar
  Kostüme: Bill Thomas

In Cold Blood (Kaltblütig). Richard Brooks
  Drehbuch (B): Richard Brooks
  Kamera: Conrad Hall
  Musik (O): Quincy Jones
  Regie

The Jungle Book (Das Dschungelbuch). Wolfgang Reitherman
  Song: »The Bear Necessities«

Ostre sledovane vlaky (Liebe nach Fahrplan). Jiri Menzel. CSSR
  Bester Auslandsfilm

Skupljaci perja (Ich traf sogar glückliche Zigeuner). Aleksandar Petrovic. Jugoslawien
  Bester Auslandsfilm

The Taming of the Shrew (Der Widerspenstigen Zähmung).
Franco Zeffirelli. USA/I
  Ausstattung: Renzo Mongiardino, John DeCuir, Elven Webb,
    Giuseppe Mariani, Dario Simoni, Luigi Gervasi
  Kostüme: Irene Sharaff, Danilo Donati

Thoroughly Modern Millie (Modern Millie). George Roy Hill
Musik (O): Elmer Bernstein
Ausstattung: Alexander Golitzen, George C. Webb, Howard
    Bristol
Kostüme: Jean Louis
Musik (B): André Previn, Joseph Gershenson
Nebendarstellerin: Carol Channing
Song: »Thoroughly Modern Millie«
Ton: Universal Studio Sound Dpt

Tobruk (Tobruk). Arthur Hiller
Spezialeffekte: Howard A. Anderson, Albert Whitlock

Two for the Road (Zwei auf gleichem Weg). Stanley Donen. GB
Drehbuch (O): Frederic Raphael

Ulysses (Ulysses). Joseph Strick. USA/GB
Drehbuch (B): Joseph Strick, Fred Haines

Valley of the Dolls (Das Tal der Puppen). Mark Robson
Musik (B): John Williams

Vivre pour vivre (Lebe das Leben). Claude Lelouch. F/I
Bester Auslandsfilm

Wait Until Dark (Warte, bis es dunkel ist). Terence Young
Hauptdarstellerin: Audrey Hepburn

The Whisperers (Flüsternde Wände). Bryan Forbes. GB
Hauptdarstellerin: Dame Edith Evans

41. Oscar-Verleihung (1968)

Oliver! (Oliver). Carol Reed. GB

BESTER FILM
Ausstattung: John Box, Terence Marsh, Vernon Dixon, Ken Muggleston
Choreographie: Onna White*
Musik (B): John Green
Regie
Ton: Shepperton Studio Sound Dpt
Drehbuch (B): Vernon Harris
Hauptdarsteller: Ron Moody

Ron Moody als Charles Dickens' Fagin in › Oliver! ‹ (Oliver)

Kamera: Oswald Morris
Kostüme: Phyllis Dalton
Nebendarsteller: Jack Wild
Schnitt: Ralph Kemplen

Baisers volés (Geraubte Küsse). François Truffaut. F
Bester Auslandsfilm

La Battaglia di Algeri (Schlacht um Algier). Gillo Pontecorvo. I/
Algerien
Drehbuch (O): Franco Solinas, Gillo Pontecorvo
Regie

The Boys of Paul Street. Zoltán Fábri. USA/Ungarn
Bester Auslandsfilm

Bullitt (Bullitt). Peter Yates
Schnitt: Frank P. Keller
Ton: Warner Bros./Seven Arts Studio Sound Dpt

Charly (Charly). Ralph Nelson
Hauptdarsteller: Cliff Robertson

Chitty Chitty Bang Bang (Tschitti tschitti bäng bäng).
Ken Hughes. GB
Song: »Chitty Chitty Bang Bang«

Les demoiselles de Rochefort (Die Mädchen von Rochefort).
Jacques Demy. F
Musik (B): Michel Legrand, Jacques Demy

Faces (Gesichter). John Cassavetes
Drehbuch (O): John Cassavetes
Nebendarsteller: Seymour Cassel
Nebendarstellerin: Lynn Carlin

Finian's Rainbow (Der goldene Regenbogen). Francis Ford
Coppola
Musik (B): Ray Heindorf
Ton: Warner Bros./Seven Arts Studio Sound Dpt

The Fixer (Ein Mann wie Hiob). John Frankenheimer
Hauptdarsteller: Alan Bates

For Love of Ivy (Liebling). Daniel Mann
Song: »For Love of Ivy«

The Fox (The Fox). Mark Rydell
Musik (O): Lalo Schifrin

Funny Girl (Funny Girl). William Wyler
Hauptdarstellerin: Barbra Streisand
Bester Film
Kamera: Harry Stradling
Musik (B): Walter Scharf
Nebendarstellerin: Kay Medford
Schnitt: Robert Swink, Maury Winetrobe, William Sands
Song: »Funny Girl«
Ton: Columbia Studio Sound Dpt

The Heart Is A Lonely Hunter (Das Herz ist ein einsamer Jäger).
Robert Ellis Miller
Hauptdarsteller: Alan Arkin
Nebendarstellerin: Sondra Locke

Hori, ma panenko (Anuschka – es brennt mein Schatz). Milos
Forman. CSSR
Bester Auslandsfilm

Hot Millions (Das Millionending). Eric Till. GB
Drehbuch (O): Ira Wallach, Peter Ustinov

Ice Station Zebra (Eisstation Zebra). John Sturges
Kamera: Daniel L. Fapp
Spezialeffekte: Hal Millar, J. McMillan Johnson

Isadora (Isadora). Karel Reisz. GB
Hauptdarstellerin: Vanessa Redgrave

The Lion In Winter (Der Löwe im Winter). Anthony Harvey. GB
Drehbuch (B): James Goldman
Hauptdarstellerin: Katharine Hepburn
Musik (O): John Barry
Bester Film
Hauptdarsteller: Peter O'Toole
Kostüme: Margaret Furse
Regie

The Odd Couple (Ein seltsames Paar). Gene Saks
  Drehbuch (B): Neil Simon
  Schnitt: Frank Bracht

Planet of the Apes (Planet der Affen). Franklin J. Schaffner
  Make-Up: John Chambers*
  Kostüme: Morton Haack
  Musik (O): Jerry Goldsmith

The Producers (Frühling für Hitler). Mel Brooks
  Drehbuch (O): Mel Brooks
  Nebendarsteller: Gene Wilder

Rachel, Rachel (Die Liebe eines Sommers). Paul Newman
  Bester Film
  Drehbuch (B): Stewart Stern
  Hauptdarstellerin: Joanne Woodward
  Nebendarstellerin: Estelle Parsons

La Ragazza con la Pistola (Mit Pistolen fängt man keine Männer).
Mario Monicelli. I
  Bester Auslandsfilm

Romeo and Juliet (Romeo und Julia). Franco Zeffirelli. GB/I
  Kamera: Pasqualino de Santis
  Kostüme: Danilo Donati
  Bester Film
  Regie

Rosemary's Baby (Rosemaries Baby). Roman Polanski
  Nebendarstellerin: Ruth Gordon
  Drehbuch (B): Roman Polanski

The Shoes of the Fisherman (In den Schuhen des Fischers). Michael Anderson
  Ausstattung: George W. Davis, Edward Carfagno
  Musik (O): Alex North

Star! (Star). Robert Wise
  Ausstattung: Boris Leven, Walter M. Scott, Howard Bristol
  Kamera: Ernest Laszlo
  Kostüme: Donald Brooks
  Musik (B): Lennie Hayton
  Nebendarsteller: Daniel Massey

Das Zwischenprodukt der Evolution in seinem elektronischen Mutterleib –
Gary Lockwood in › 2001: A Space Odyssey ‹ (2001: Odyssee im Weltraum)

Song: »Star!«
Ton: Fox Studio Sound Dpt

The Subject Was Roses. Ulu Grosbard
  Nebendarsteller: Jack Albertson
  Hauptdarstellerin: Patricia Neal

The Thomas Crown Affair (Thomas Crown ist nicht zu fassen).
Norman Jewison
  Song: »The Windmills Of Your Mind«
  Musik (O): Michel Legrand

2001: A Space Odyssey (2001 – Odyssee im Weltraum). Stanley
Kubrick. GB
  Spezialeffekte: Stanley Kubrick
  Ausstattung: Tony Masters, Harry Lange, Ernie Archer
  Drehbuch (O): Stanley Kubrick, Arthur C. Clarke
  Regie

Voina i mir (Krieg und Frieden). Sergej Bondartschuk. UdSSR
  Bester Auslandsfilm
  Ausstattung: Mikhail Bogdanow, Gennady Mijasnikow, G.
    Koschelew, V. Uwarow

Wild in the Streets (Wild in den Straßen). Barry Shear
  Schnitt: Fred Feitshans, Eve Newman

42. Oscar-Verleihung (1969)

Midnight Cowboy (Asphalt-Cowboy). John Schlesinger
BESTER FILM
Drehbuch (B): Waldo Salt
Regie
Hauptdarsteller: Dustin Hoffman, Jon Voight
Nebendarstellerin: Sylvia Miles
Schnitt: Hugh A. Robertson

› Midnight Cowboy ‹ (Asphalt-Cowboy) – der potente Texaner (Jon Voight)
und sein tuberkulöser Freund (Dustin Hoffman) in der New Yorker Gosse

Ädalen '31. Bo Widerberg. Schweden
  Bester Auslandsfilm

Alice's Restaurant (Alice's Restaurant). Arthur Penn
  Regie

Anne of the Thousand Days (Königin für tausend Tage).
Charles Jarrott. GB
  Kostüme: Margaret Furse
  Bester Film
  Ausstattung: Maurice Carter, Lionel Couch, Patrick
    McLoughlin
  Drehbuch (B): John Hale, Bridget Boland, Richard Sokolove
  Hauptdarsteller: Richard Burton
  Hauptdarstellerin: Genevieve Bujold
  Kamera: Arthur Ibbetson
  Musik (O): Georges Delerue
  Nebendarsteller: Anthony Quayle
  Ton: John Aldred

Bitka na Neretvi (Die Schlacht an der Neretva). Veljiko Bulajic.
Jugoslawien/BRD/I/USA
  Bester Auslandsfilm

Bob & Carol & Ted & Alice (Bob & Carol & Ted & Alice).
Paul Mazursky
  Drehbuch (O): Paul Mazursky, Larry Tucker
  Kamera: Charles B. Lang
  Nebendarsteller: Elliott Gould
  Nebendarstellerin: Dyan Cannon

Bratya Karamazovy. Ivan Pyrjew. UdSSR
  Bester Auslandsfilm

Butch Cassidy and the Sundance Kid (Zwei Banditen).
George Roy Hill
  Drehbuch (O): William Goldman
  Kamera: Conrad Hall
  Musik (O): Burt Bacharach
  Song: »Raindrops Keep Fallin' On My Head«
  Bester Film
  Regie
  Ton: William Edmundson, David Dockendorf

Cactus Flower (Die Kaktusblüte). Gene Saks
  Nebendarstellerin: Goldie Hawn

La caduta degli dei (Die Verdammten). Luchino Visconti.
I/Schweiz
  Drehbuch (O): Nicola Badalucco, Enrico Medioli, Luchino
    Visconti

Easy Rider (Easy Rider). Dennis Hopper
  Drehbuch (O): Peter Fonda, Dennis Hopper, Terry Southern
  Nebendarsteller: Jack Nicholson

Gaily, Gaily (Gaily, Gaily). Norman Jewison
  Ausstattung: Robert Boyle, George B. Chan, Edward Boyle,
    Carl Biddiscombe
  Kostüme: Ray Aghayan
  Ton: Robert Martin, Clem Portman

Goodbye Columbus (Zum Teufel mit der Unschuld).
Larry Peerce
  Drehbuch (B): Arnold Schulman

Goodbye, Mr. Chips (Goodbye, Mr. Chips). Herbert Ross. GB
  Hauptdarsteller: Peter O'Toole
  Musik (B): Leslie Bricusse, John Williams

The Happy Ending (Happy-End für eine Ehe). Richard Brooks
  Hauptdarstellerin: Jean Simmons
  Song: »What Are You Doing The Rest Of Your Life?«

Hello, Dolly! (Hello, Dolly!). Gene Kelly
  Ausstattung: John DeCuir, Jack Martin Smith, Herman Blu-
    menthal, Walter M. Scott, George Hopkins, Raphael Bret-
    ton
  Musik (B): Lennie Hayton, Lionel Newman
  Ton: Jack Solomon, Murray Spivack
  Bester Film
  Kamera: Harry Stradling
  Kostüme: Irene Sharaff
  Schnitt: William Reynolds

Krakatoa, East of Java (Krakatoa – das größte Abenteuer des letzten Jahrhunderts). Bernard L. Kowalski
  Spezialeffekte: Eugene Lourie, Alex Weldon

The Last Summer (Petting). Frank Perry
Nebendarstellerin: Catherine Burns

Ma nuit chez Maud (Meine Nacht bei Maud). Eric Rohmer. F
Bester Auslandsfilm

Marooned (Verschollen im Weltraum). John Sturges
Spezialeffekte: Robbie Robertson
Kamera: Daniel Fapp
Ton: Les Fresholtz, Arthur Piantadosi

Paint Your Wagon (Westwärts zieht der Wind). Joshua Logan
Musik (B): Nelson Riddle

The Prime of Miss Jean Brodie (Die besten Jahre der Miß Jean
Brodie). Ronald Neame. GB
Hauptdarstellerin: Maggie Smith
Song: »Jean«

The Reivers (Der Gauner). Mark Rydell
Musik (O): John Williams
Nebendarsteller: Rupert Crosse

The Secret of Santa Vittoria (Das Geheimnis von Santa Vittoria).
Stanley Kramer
Musik (O): Ernest Gold
Schnitt: William Lyon, Earle Herdan

The Sterile Cuckoo (Pookie). Alan J. Pakula
Hauptdarstellerin: Liza Minnelli
Song: »Come Saturday Morning«

Sweet Charity (Sweet Charity). Bob Fosse
Ausstattung: Alexander Golitzen, George C. Webb, Jack D.
Moore
Kostüme: Edith Head
Musik (B): Cy Coleman

They Shoot Horses, Don't They? (Nur Pferden gibt man den Gna-
denschuß). Sydney Pollack
Nebendarsteller: Gig Young
Ausstattung: Harry Horner, Frank McKelvey
Drehbuch (B): James Poe, Robert E. Thompson
Hauptdarstellerin: Jane Fonda

Tanzmarathon mit Folgen – Michel Sarrazin und Jane Fonda in ›They Shoot Horses, Don't They?‹ (Nur Pferden gibt man den Gnadenschuß)

    Kostüme: Donfeld
Musik (B): John Green, Albert Woodbury
Nebendarstellerin: Susannah York
Regie
Schnitt: Fredric Steinkamp

True Grit (Der Marshal). Henry Hathaway
    Hauptdarsteller: John Wayne
    Song: »True Grit«

The Wild Bunch (The Wild Bunch – Sie kannten kein Gesetz).
Sam Peckinpah
    Drehbuch (O): Walon Green, Roy N. Sickner, Sam Peckinpah
    Musik (O): Jerry Fielding

Z (Z). Constantin Costa-Gavras. F/Algerien
    Bester Auslandsfilm
    Schnitt: Françoise Bonnot
    Bester Film
    Drehbuch (B): Jorge Semprun, Constantin Costa-Gavras
    Regie

43. Oscar-Verleihung (1970)

Patton (Patton − Rebell in Uniform). Franklin J. Schaffner
BESTER FILM
Ausstattung: Urie McCleary, Gil Parrondo, Antonio Mateos,
   Pierre-Louis Thevenet
Drehbuch (O): Francis Ford Coppola, Edmund H. North
Hauptdarsteller: George C. Scott
Regie
Schnitt: Hugh S. Fowler

George C. Scott als › Patton ‹ (Patton − Rebell in Uniform)

Ton: Douglas Williams, Don Bassman
Kamera: Fred Koenekamp
Musik (O): Jerry Goldsmith
Spezialeffekte: Alex Weldon

Airport (Airport). George Seaton
  Nebendarstellerin: Helen Hayes
  Bester Film
  Ausstattung: Alexander Golitzen, E. Preston Ames, Jack D.
    Moore, Mickey S. Michaels
  Drehbuch (B): George Seaton
  Kamera: Ernest Laszlo
  Kostüme: Edith Head
  Musik (O): Alfred Newman
  Nebendarstellerin: Maureen Stapleton
  Schnitt: Stuart Gilmore
  Ton: Ronald Pierce, David Moriarty

The Baby Maker. James Bridges
  Musik (B): Fred Karlin, Tylwyth Kymry

A Boy Named Charlie Brown (Charlie Brown und seine Freunde).
Bill Melendez
  Musik (B): Rod McKuen, John Scott Trotter, Bill Melendez,
    Al Shean, Vince Guaraldi

Cromwell (Cromwell). Ken Hughes. GB
  Kostüme: Nino Novarese
  Musik (O): Frank Cordell

Darling Lili (Darling Lili). Blake Edwards
  Kostüme: Donald Brooks, Jack Bear
  Musik (B): Henry Mancini, Johnny Mercer
  Song: »Whistling Away The Dark«

Diary of a Mad Housewife (Tagebuch eines Ehebruchs).
Frank Perry
  Hauptdarstellerin: Carrie Snodgress

Erste Liebe. Maximilian Schell. Schweiz/BRD/Ungarn
  Bester Auslandsfilm

Five Easy Pieces (Five Easy Pieces – Ein Mann sucht sich selbst).
Bob Rafelson
  Bester Film
  Drehbuch (O): Bob Rafelson, Adrien Joyce
  Hauptdarsteller: Jack Nicholson
  Nebendarstellerin: Karen Black

I Girasoli (Sonnenblumen). Vittorio de Sica. I/F
  Musik (O): Henry Mancini

The Great White Hope (Die große, weiße Hoffnung). Martin Ritt
  Hauptdarsteller: James Earl Jones
  Hauptdarstellerin: Jane Alexander

The Hawaiians. Tom Gries
  Kostüme: Bill Thomas

Hoa-Binh (Hoa-Binh). Raoul Coutard. F
  Bester Auslandsfilm

I Never Sang For My Father (Kein Lied für meinen Vater).
Gilbert Cates
  Drehbuch (B): Robert Anderson
  Hauptdarsteller: Melvyn Douglas
  Nebendarsteller: Gene Hackman

Indagine su un cittadino al di sopra di ogni sospetto (Ermittlungen
gegen einen über jeden Verdacht erhabenen Bürger). Elio Petri. I
  Bester Auslandsfilm

Joe (Joe). John G. Avildsen
  Drchbuch (O): Norman Wexler

The Landlord (Der Hausbesitzer). Hal Ashby
  Nebendarstellerin: Lee Grant

Let It Be (Let It Be). Michael Lindsay-Hogg. GB
  Musik (B): Beatles

Little Big Man (Little Big Man). Arthur Penn
  Nebendarsteller: Chief Dan George

Love Story (Love Story). Arthur Hiller
  Musik (O): Francis Lai
  Bester Film
  Drehbuch (O): Erich Segal
  Hauptdarsteller: Ryan O'Neal
  Hauptdarstellerin: Ali MacGraw
  Nebendarsteller: John Marley
  Regie

Lovers And Other Strangers (Liebhaber und andere Fremde).
Cy Howard
  Song: »For All We Know«
  Drehbuch (B): Renee Taylor, Joseph Bologna, David Zelag
    Goodman
  Nebendarsteller: Richard Castellano

Ma nuit chez Maud (Meine Nacht bei Maud). Eric Rohmer. F
  Drehbuch (O): Eric Rohmer

Madron. Jerry Hopper
  Song: »Till Love Touches Your Life«

Mash (Mash). Robert Altman
  Drehbuch (B): Ring Lardner jr.
  Bester Film
  Nebendarstellerin: Sally Kellerman
  Regie
  Schnitt: Danford B. Greene

The Molly Maguires (Verflucht bis zum Jüngsten Tag).
Martin Ritt
  Ausstattung: Tambi Larsen, Darrell Silvera

Paix sur les champs. Belgien.
  Bester Auslandsfilm

Pieces of Dreams (Die Geliebte des Priesters). Daniel Haller
  Song: »Pieces Of Dreams«

Ryan's Daughter (Ryan's Tochter). David Lean. GB
  Kamera: Freddie Young
  Nebendarsteller: John Mills
  Hauptdarstellerin: Sarah Miles
  Ton: Gordon K. McCallum, John Bramall

Satyricon (Fellinis Satyricon). Federico Fellini. I/F
  Regie

Scrooge. Ronald Neame. GB
  Ausstattung: Terry Marsh, Bob Cartwright, Pamela Cornell
  Kostüme: Margaret Furse
  Musik (B): Leslie Bricusse, Ian Fraser, Herbert W. Spencer
  Song: »Thank You Very Much«

Tora! Tora! Tora! (Tora! Tora! Tora!). Richard Fleischer.
USA/Japan
  Spezialeffekte: A.D. Flowers, L.B. Abbott
  Ausstattung: Jack Martin Smith, Yoshiro Muraki, Richard
    Day, Taizoh Kawashima, Walter M. Scott, Norman Rok-
    kett, Carl Biddiscombe
  Kamera: Charles F. Wheeler, Osami Furuya, Sinsaku Hime-
    da, Masamichi Satoh
  Schnitt: James E. Newcom, Pembroke J. Herring, Inoue Chi-
    kaya
  Ton: Murray Spivack, Herman Lewis

Tristana (Tristana). Luis Buñuel. Spanien/I/F
  Bester Auslandsfilm

Women in Love (Liebende Frauen). Ken Russell. GB
  Hauptdarstellerin: Glenda Jackson
  Drehbuch (B): Larry Kramer
  Kamera: Billy Williams
  Regie

Woodstock (Woodstock). Michael Wadleigh**
  Schnitt: Thelma Schoonmaker
  Ton: Dan Wallin, Larry Johnson

44. Oscar-Verleihung (1971)

The French Connection (Brennpunkt Brooklyn).
William Friedkin
BESTER FILM
Drehbuch (B): Ernest Tidyman
Hauptdarsteller: Gene Hackman
Regie
Schnitt: Jerry Greenberg
Nebendarsteller: Roy Scheider
Kamera: Owen Roizman
Ton: Theodore Soderberg, Christopher Newman

Gene Hackman als brutaler Rauschgiftfahnder Popeye Doyle in › French Connection ‹ (Brennpunkt Brooklyn)

The Andromeda Strain (Andromeda – Tödlicher Staub aus dem All). Robert Wise
  Ausstattung: Boris Leven, William Tuntke, Ruby Levitt
  Schnitt: Stuart Gilmore, John W. Holmes

Bedknobs and Broomsticks (Die tollkühne Hexe in ihrem fliegenden Bett). Robert Stevenson
  Spezialeffekte: Alan Maley, Eustace Lycett, Danny Lee
  Ausstattung: John B. Mansbridge, Peter Ellenshaw, Emile Kuri, Hal Gausman
  Kostüme: Bill Thomas
  Musik (B): Richard M. Sherman, Robert B. Sherman, Irwin Kostal
  Song: »The Age Of Not Believing«

Bless the Beasts and Children (Denkt bloß nicht, daß wir heulen!). Stanley Kramer
  Song: »Bless The Beasts And Children«

The Boy Friend (Boyfriend – Ihr Liebhaber). Ken Russell. GB
  Musik (B): Peter Maxwell Davies, Peter Greenwell

Carnal Knowledge (Die Kunst zu lieben/Der obszöne Vogel der Lust). Mike Nichols
  Nebendarstellerin: Ann-Margret

A Clockwork Orange (Uhrwerk Orange). Stanley Kubrick. GB
  Bester Film
  Drehbuch (B): Stanley Kubrick
  Regie
  Schnitt: Bill Butler

Il Conformista (Der große Irrtum). Bernardo Bertolucci. I/F/BRD
  Drehbuch (B): Bernardo Bertolucci

Diamonds Are Forever (Diamantenfieber). Guy Hamilton. GB
  Ton: Gordon K. McCallum, John Mitchell, Alfred J. Overton

Dodes'ka-den (Dodeskaden – Menschen im Abseits). Akira Kurosawa. Japan
  Bester Auslandsfilm

Fiddler on the Roof (Anatevka). Norman Jewison
Kamera: Oswald Morris
Musik (B): John Williams
Ton: Gordon K. McCallum, David Hildyard
Bester Film
Ausstattung: Robert Boyle, Michael Stringer, Peter Lamont
Hauptdarsteller: Chaim Topol
Nebendarsteller: Leonard Frey
Regie

Il Giardino dei Finzi-Contini (Der Garten der Finzi-Contini).
Vittorio de Sica. I
Bester Auslandsfilm
Drehbuch (B): Ugo Pirro, Vittorio Bonicelli

The Go-Between (The Go-Between). Joseph Losey. GB
Nebendarstellerin: Margaret Leighton

Hashoter Azulai. Ephraim Kishon. Israel
Bester Auslandsfilm

The Hospital (Hospital). Arthur Hiller
Drehbuch (O): Paddy Chayefsky
Hauptdarsteller: George C. Scott

Indagine su un cittadino al di sopra di ogni sospetto (Ermittlungen
gegen einen über jeden Verdacht erhabenen Bürger). Elio Petri. I
Drehbuch (O): Elio Petri, Ugo Pirro

Klute (Klute). Alan J. Pakula
Hauptdarstellerin: Jane Fonda
Drehbuch (O): Andy und Dave Lewis

Kotch (Opa kann's nicht lassen). Jack Lemmon
Hauptdarsteller: Walter Matthau
Schnitt: Ralph E. Winters
Song: »Life Is What You Make It«
Ton: Richard Portman, Jack Solomon

The Last Picture Show (Die letzte Vorstellung).
Peter Bogdanovich
Nebendarsteller: Ben Johnson
Nebendarstellerin: Cloris Leachman

Bester Film
Drehbuch (B): Larry McMurtry, Peter Bogdanovich
Kamera: Robert Surtees
Nebendarsteller: Jeff Bridges
Nebendarstellerin: Ellen Burstyn
Regie

Mary, Queen of Scots (Maria Stuart, Königin von Schottland).
Charles Jarrott. GB
Ausstattung: Terence Marsh, Robert Cartwright, Peter Howitt
Hauptdarstellerin: Vanessa Redgrave
Kostüme: Margaret Furse
Musik (O): John Barry
Ton: Bob Jones, John Aldred

McCabe and Mrs. Miller (McCabe & Mrs. Miller). Robert Altman
Hauptdarstellerin: Julie Christie

Morte a Venezia (Tod in Venedig). Luchino Visconti. I/F
Kostüme: Piero Tosi

Nicholas and Alexandra (Nikolaus und Alexandra).
Franklin J. Schaffner
Ausstattung: John Box, Ernest Archer, Jack Maxsted, Gil Parrondo, Vernon Dixon
Kostüme: Yvonne Blake, Antonio Castillo
Bester Film
Hauptdarstellerin: Janet Suzman
Kamera: Freddie Young
Musik (O): Richard Rodney Bennett

Shaft (Shaft). Gordon Parks
Song: »Theme From Shaft«
Musik (O): Isaac Hayes

Sometimes a Great Notion (Sie möchten Giganten sein).
Paul Newman
Nebendarsteller: Richard Jaeckel
Song: »All His Children«

Straw Dogs (Wer Gewalt sät). Sam Peckinpah. GB
Musik (O): Jerry Fielding

Summer of '42 (Sommer '42). Robert Mulligan
Musik (O): Michel Legrand
Drehbuch (O): Herman Raucher
Kamera: Robert Surtees
Schnitt: Folmar Blangsted

Sunday Bloody Sunday (Sunday, Bloody Sunday).
John Schlesinger. GB
Drehbuch (O): Penelope Gilliatt
Hauptdarsteller: Peter Finch
Hauptdarstellerin: Glenda Jackson
Regie

Tschaikowski (Tschaikowski). Igor Talankin. UdSSR
Bester Auslandsfilm
Musik (B): Dimitri Tiomkin

Utvandrarna (Emigranten). Jan Troell. Schweden
Bester Auslandsfilm

What's the Matter With Helen? (Was ist denn bloß mit Helen los?). Curtis Harrington
Kostüme: Morton Haack

When Dinosaurs Ruled the Earth (Als Dinosaurier die Erde beherrschten). Val Guest. GB
Spezialeffekte: Jim Danforth, Roger Dicken

Who Is Harry Kellerman, And Why Is He Saying Those Terrible Things About Me? (Wer ist Harry Kellerman?). Ulu Grosbard
Nebendarstellerin: Barbara Harris

Willy Wonka and the Chocolate Factory (Charlie und die Schokoladenfabrik). Mel Stuart
Musik (B): Leslie Bricusse, Anthony Newley, Walter Scharf

45. Oscar-Verleihung (1972)

The Godfather (Der Pate). Francis Ford Coppola
BESTER FILM
Drehbuch (B): Mario Puzo, Francis Ford Coppola
Hauptdarsteller: Marlon Brando
Kostüme: Anna Hill Johnstone
Nebendarsteller: James Caan, Robert Duvall, Al Pacino
Regie
Schnitt: William Reynolds, Peter Zinner
Ton: Bud Grenzbach, Richard Portman, Christopher Newman

› Make them an offer they can't refuse ‹ – Al Pacino und Marlon Brando in
Coppolas Gangstersaga › The Godfather ‹ (Der Pate)

A Zori Zdes Tikhie. Stanislaw Rostotsky. UdSSR
Bester Auslandsfilm

Ani Ohev Otach Rosa. Moshe Mizrahi. Israel
Bester Auslandsfilm

Ben (Ben). Phil Karlson
Song: «Ben»

Butterflies Are Free (Schmetterlinge sind frei). Milton Katselas
Nebendarstellerin: Eileen Heckart
Kamera: Charles B. Lang
Ton: Arthur Piantadosi, Charles Knight

Cabaret (Cabaret). Bob Fosse
Ausstattung: Rolf Zehetbauer, Jürgen Kiebach, Herbert Stra-
bel
Hauptdarstellerin: Liza Minnelli
Kamera: Geoffrey Unsworth
Musik (B): Ralph Burns
Nebendarsteller: Joel Grey
Regie
Schnitt: David Bretherton
Ton: Robert Knudson, David Hildyard
Bester Film
Drehbuch (B): Jay Allen

The Candidate (Bill McKay – der Kandidat). Michael Ritchie
Drehbuch (O): Jeremy Larner
Ton: Richard Portman, Gene Cantamessa

Le charm discret de la Bourgeoisie (Der diskrete Charme der
Bourgeoisie). Luis Buñuel. F/I/Spanien
Bester Auslandsfilm
Drehbuch (O): Luis Buñuel, Jean-Claude Carrière

Deliverance (Beim Sterben ist jeder der Erste). John Boorman
Bester Film
Regie
Schnitt: Tom Priestley

Fat City (Fat City). John Huston
Nebendarstellerin: Susan Tyrell

› Money makes the world go around . . . ‹ – Liza Minnelli und Joel Grey in › Cabaret ‹

The Heartbreak Kid (Pferdewechsel in der Hochzeitsnacht).
Elaine May
    Nebendarsteller: Eddie Albert
    Nebendarstellerin: Jeannie Berlin

The Hot Rock (Vier schräge Vögel). Peter Yates
  Schnitt: Frank P. Keller, Fred W. Berger

Images (Spiegelbilder). Robert Altman. Irland
  Musik (O): John Williams

Lady Sings the Blues (Lady Sings the Blues). Sidney J. Furie
  Ausstattung: Carl Anderson, Reg Allen
  Drehbuch (O): Terence McCloy, Chris Clark, Suzanne de Passe
  Hauptdarstellerin: Diana Ross
  Kostüme: Bob Mackie, Ray Aghayan, Norma Koch
  Musik (B): Gil Askey

The Life and Times of Judge Roy Bean (Das war Roy Bean). John Huston
  Song: »Marmalade, Molasses And Honey«

Limelight (Rampenlicht). Charles Chaplin
  Musik (O): Charles Chaplin, Raymond Rasch, Larry Russell

The Little Ark (Wenn die Deiche brechen). James B. Clark
  Song: »Come Follow, Follow Me«

Man of La Mancha (Der Mann von La Mancha). Arthur Hiller. USA/I
  Musik (B): Laurence Rosenthal

Mi Querida Senorita (Mein geliebtes Fräulein). Jaime de Arminan. Spanien
  Bester Auslandsfilm

Napoleon and Samantha. Bernard McEveety
  Musik (O): Buddy Baker

Nybyggarna (Das neue Land). Jan Troell. Schweden
  Bester Auslandsfilm

Pete 'n' Tillie (Peter und Tillie). Martin Ritt
  Drehbuch (B): Julius J. Epstein
  Nebendarstellerin: Geraldine Page

The Poseidon Adventure (Die Höllenfahrt der Poseidon). Ronald Neame
  Song: »The Morning After«

Spezialeffekte: L. B. Abbott, A. D. Flowers*
Ausstattung: William Creber, Raphael Bretton
Kamera: Harold E. Stine
Kostüme: Paul Zastupnevich
Musik (O): John Williams
Nebendarstellerin: Shelley Winters
Schnitt: Harold F. Kress
Ton: Theodore Soderberg, Herman Lewis

The Ruling Class. Peter Medak. GB
Hauptdarsteller: Peter O'Toole

1776. Peter Hunt
Kamera: Harry Stradling jr.

Sleuth (Mord mit kleinen Fehlern). Joseph L. Mankiewicz. GB
Hauptdarsteller: Michael Caine, Laurence Olivier
Musik (O): John Addison
Regie

Le souffle au coeur (Herzflimmern). Louis Malle. F/I/BRD
Drehbuch (O): Louis Malle

Sounder (Das Jahr ohne Vater). Martin Ritt
Bester Film
Drehbuch (B): Lonne Elder III.
Hauptdarsteller: Paul Winfield
Hauptdarstellerin: Cicely Tyson

The Stepmother. Hikmet Avedis
Song: »Strange Are The Ways Of Love«

Travels With My Aunt. George Cukor
Kostüme: Anthony Powell
Ausstattung: John Box, Gil Parrondo, Robert W. Laing
Hauptdarstellerin: Maggie Smith
Kamera: Douglas Slocombe

Utvandrarna (Emigranten). Jan Troell. Schweden
Bester Film
Drehbuch (B): Jan Troell, Bengt Forslund
Hauptdarstellerin: Liv Ullman
Regie

Young Winston (Der junge Löwe). Richard Attenborough. GB
  Ausstattung: Don Ashton, Geoffrey Drake, John Graysmark,
    William Hutchinson, Peter James
  Drehbuch (O): Carl Foreman
  Kostüme: Anthony Mendleson

46. Oscar-Verleihung (1973)

The Sting (Der Clou). George Roy Hill
  BESTER FILM
  Ausstattung: Henry Bumstead, James Payne
  Drehbuch (O): David S. Ward
  Kostüme: Edith Head
  Musik (B): Marvin Hamlisch
  Regie
  Schnitt: William Reynolds
  Hauptdarsteller: Robert Redford
  Kamera: Robert Surtees
  Ton: Ronald K. Pierce, Robert Bertrand

› The Sting ‹ (Der Clou) – ein kleiner Trickbetrüger (Robert Redford) verbün-
det sich mit einem Bekannten (Paul Newman), um den Mörder seines Freun-
des um einen hübschen Batzen Geld zu erleichtern

American Graffiti (American Graffiti). George Lucas
Bester Film
Drehbuch (O): George Lucas, Gloria Katz, Willard Huyck
Nebendarstellerin: Candy Clark
Regie
Schnitt: Verna Fields, Marcia Lucas

Bang the Drum Slowly. John Hancock
Nebendarsteller: Vincent Gardenia

Cinderella Liberty (Zapfenstreich). Mark Rydell
Hauptdarstellerin: Marsha Mason
Musik (O): John Williams
Song: »Nice To Be Around«

The Day of the Dolphin (Der Tag des Delphin). Mike Nichols
Musik (O): Georges Delerue
Ton: Richard Portman, Lawrence O. Jost

The Day of the Jackal (Der Schakal). Fred Zinnemann. GB/F
Schnitt: Ralph Kemplen

The Exorcist (Der Exorzist). William Friedkin
Drehbuch (B): William Peter Blatty
Ton: Robert Knudson, Chris Newman
Bester Film
Ausstattung: Bill Malley, Jerry Wunderlich
Hauptdarstellerin: Ellen Burstyn
Kamera: Owen Roizman
Nebendarsteller: Jason Miller
Nebendarstellerin: Linda Blair
Regie
Schnitt: Jordan Leondopoulos, Bud Smith, Evan Lottman,
  Norman Gay

Fratello Sole, Sorella Luna (Bruder Sonne, Schwester Mond).
Franco Zeffirelli. I/GB
Ausstattung: Lorenzo Mongiardino, Gianni Quaranta, Car-
  melo Patrono

Der Fußgänger. Maximilian Schell. Schweiz/BRD
Bester Auslandsfilm

Habait Berechov Chelouche (Das Haus in der dritten Straße). Moshe Mizrahi. Israel
  Bester Auslandsfilm

L'invitation (Die Einladung). Claude Goretta. Schweiz/F
  Bester Auslandsfilm

Jesus Christ Superstar (Jesus Christ Superstar). Norman Jewison
  Musik (B): André Previn, Herbert Spencer, Andrew Lloyd Webber

Jonathan Livingstone Seagull (Die Möwe Jonathan). Hall Bartlett
  Kamera: Jack Couffer
  Schnitt: Frank P. Keller, James Galloway

The Last Detail (Das letzte Kommando). Hal Ashby
  Drehbuch (B): Robert Towne
  Hauptdarsteller: Jack Nicholson
  Nebendarsteller: Randy Quaid

Live and Let Die (Leben und sterben lassen). Guy Hamilton. GB
  Song: »Live And Let Die«

Ludwig (Ludwig II.). Luchino Visconti. I/F/BRD
  Kostüme: Piero Tosi

La nuit américaine (Die amerikanische Nacht). François Truffaut. F/I
  Bester Auslandsfilm

The Paper Chase (Zeit der Prüfungen). James Bridges
  Nebendarsteller: John Houseman
  Drehbuch (B): James Bridges
  Ton: Donald O. Mitchell, Lawrence O. Jost

Paper Moon (Paper Moon). Peter Bogdanovich
  Nebendarstellerin: Tatum O'Neal
  Drehbuch (B): Alvin Sargent
  Nebendarstellerin: Madeline Kahn
  Ton: Richard Portman, Les Fresholtz

Papillon (Papillon). Franklin J. Schaffner
  Musik (O): Jerry Goldsmith

Robin Hood (Robin Hood). Wolfgang Reitherman
  Song: »Love«

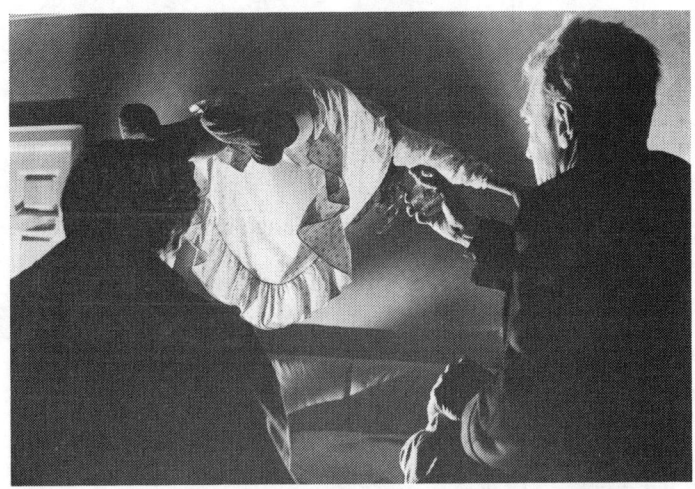

Apage satanas – Jason Miller, Linda Blair (schwebend) und Max von Sydow in › The Exorcist ‹ (Der Exorzist)

Save the Tiger (Save the Tiger). John G. Avildsen
    Hauptdarsteller: Jack Lemmon
    Drehbuch (O): Steve Shagan
    Nebendarsteller: Jack Gilford

Serpico (Serpico). Sidney Lumet
    Drehbuch (B): Waldo Salt, Norman Wexler
    Hauptdarsteller: Al Pacino

Summer Wishes, Winter Dreams (Sommerwünsche – Winterträume). Gilbert Cates
    Hauptdarstellerin: Joanne Woodward
    Nebendarstellerin: Sylvia Sidney

Tom Sawyer. Don Taylor
    Ausstattung: Philip Jeffries, Robert de Vestel
    Kostüme: Donfeld
    Musik (B): Richard M. Sherman, Robert B. Sherman, John
        Williams

A Touch of Class (Mann, bist Du Klasse!). Melvin Frank. GB
    Hauptdarstellerin: Glenda Jackson

Bester Film
Drehbuch (O): Melvin Frank, Jack Rose
Musik (O): John Cameron
Song: »All That Love Went To Waste«

Turks Fruit (Türkische Früchte). Paul Verhoeven. Niederlande
Bester Auslandsfilm

L'ultimo tango a Parigi (Der letzte Tango in Paris). Bernardo
Bertolucci. I/F
Hauptdarsteller: Marlon Brando
Regie

Viskningar och rop (Schreie und Flüstern). Ingmar Bergman.
Schweden
Kamera: Sven Nykvist
Bester Film
Drehbuch (O): Ingmar Bergman
Kostüme: Marik Vos
Regie

The Way We Were (Cherie Bitter/So wie wir waren).
Sydney Pollack
Musik (O): Marvin Hamlisch
Song: »The Way We Were«
Ausstattung: Stephen Grimes, William Kiernan
Hauptdarstellerin: Barbra Streisand
Kamera: Harry Stradling jr.
Kostüme: Dorothy Jeakins, Moss Mabry

47. Oscar-Verleihung (1974)

The Godfather Part 2 (Der Pate – Teil 2). Francis Ford Coppola
BESTER FILM
Ausstattung: Dean Tavoularis, Angelo Graham, George R. Nelson
Drehbuch (B): Francis Ford Coppola, Mario Puzo
Musik (O): Nino Rota, Carmine Coppola
Nebendarsteller: Robert DeNiro
Regie
Hauptdarsteller: Al Pacino
Kostüme: Theadora van Runkle
Nebendarsteller: Michael V. Gazzo, Lee Strasberg
Nebendarstellerin: Talia Shire

› The Godfather Part 2 ‹ (Der Pate – Teil 2) – bei seinem Kampf um die Macht zerstört Don Corleones melancholischer Sohn (Al Pacino, 2. v. l.) das Imperium seines Vaters. Coppolas Film war die Ausnahme von der Regel, nach der Fortsetzungen nie so gut wie das Original sein können. Das sah denn auch die Academy ein, die hier zum ersten und einzigen Mal eine Fortsetzung mit dem wichtigsten aller Oscars bedachte.

Alice Doesn't Live Here Anymore (Alice lebt hier nicht mehr).
Martin Scorsese
Hauptdarstellerin: Ellen Burstyn
Drehbuch (O): Robert Getchell
Nebendarstellerin: Diane Ladd

Amarcord (Amarcord). Federico Fellini. I/F
Bester Auslandsfilm

The Apprenticeship of Duddy Kravitz (Duddy will hoch hinaus).
Kanada. Ted Kotcheff
Drehbuch (B): Mordecai Richler, Lionel Chetwynd

Benji (Benji – auf heißer Fährte). Joe Camp
Song: »Benji's Theme (I Feel Love)«

Blazing Saddles (Der wilde, wilde Westen). Mel Brooks
Nebendarstellerin: Madeline Kahn
Schnitt: John C. Howard, Danford Greene
Song: »Blazing Saddles«

Chinatown (Chinatown). Roman Polanski
Drehbuch (O): Robert Towne
Bester Film
Ausstattung: Richard Sylbert, W. Stewart Campbell, Ruby
     Levitt
Hauptdarsteller: Jack Nicholson
Hauptdarstellerin: Faye Dunaway
Kamera: John A. Alonzo
Kostüme: Anthea Sylbert
Musik (O): Jerry Goldsmith
Regie
Schnitt: Sam O'Steen
Ton: Bud Grenzbach, Larry Jost

Claudine (Claudine). John Berry
Hauptdarstellerin: Diahann Carroll

The Conversation (Der Dialog). Francis Ford Coppola
Bester Film
Drehbuch (O): Francis Ford Coppola
Ton: Walter Murch, Arthur Rochester

Daisy Miller (Daisy Miller). Peter Bogdanovich
Kostüme: John Furness

Earthquake (Erdbeben). Mark Robson
Spezialeffekte: Frank Brendel, Glen Robinson, Albert Whitlock*
Ton: Ronald Pierce, Melvin Metcalfe sr.
Ausstattung: Alexander Golitzen, E. Preston Ames, Frank McKelvy
Kamera: Philip Lathrop
Schnitt: Dorothy Spencer

Gold (Gold). Peter Hunt. GB
Song: »Wherever Love Takes Me«

The Great Gatsby (Der große Gatsby). Jack Clayton
Kostüme: Theoni V. Aldredge
Musik (B): Nelson Riddle

Harry and Tonto (Harry und Tonto). Paul Mazursky
Hauptdarsteller: Art Carney
Drehbuch (O): Paul Mazursky, Josh Greenfeld

The Island at the Top of the World (Insel am Ende der Welt). Robert Stevenson
Ausstattung: Peter Ellenshaw, John B. Mansbridge, Walter Tyler, Al Roelofs, Hal Gausman

Lacombe Lucien (Lacombe Lucien). Louis Malle. F/I/BRD
Bester Auslandsfilm

Lenny (Lenny). Bob Fosse
Bester Film
Drehbuch (B): Julian Barry
Hauptdarsteller: Dustin Hoffman
Hauptdarstellerin: Valerie Perrine
Kamera: Bruce Surtees
Regie

The Little Prince. Stanley Donen
Musik (B): Alan Jay Lerner, Frederick Loewe, Angela Morley, Douglas Gamley
Song: »Little Prince«

The Longest Yard (Die Kampfmaschine). Robert Aldrich
Schnitt: Michael Luciano

Macskajatek. Károly Makk. Ungarn
Bester Auslandsfilm

Murder on the Orient Express (Mord im Orient-Expreß).
Sidney Lumet. GB
  Nebendarstellerin: Ingrid Bergman
  Drehbuch (B): Paul Dehn
  Hauptdarsteller: Albert Finney
  Kamera: Geoffrey Unsworth
  Kostüme: Tony Walton
  Musik (O): Richard Rodney Bennett

La nuit américaine (Die amerikanische Nacht). François
Truffaut. F/I
  Drehbuch (O): François Truffaut, Jean-Louis Richard,
      Suzanne Schiffman
  Nebendarstellerin: Valentina Cortese
  Regie

Phantom of the Paradise (Das Phantom im Paradies).
Brian de Palma
  Musik (B): Paul Williams, George Aliceson Tipton

Potop (Sintflut). Jerzy Hoffman. Polen
  Bester Auslandsfilm

Shanks. William Castle
  Musik (O): Alex North

Thunderbolt and Lightfoot (Die letzten beißen die Hunde).
Michael Cimino
  Nebendarsteller: Jeff Bridges

The Towering Inferno (Flammendes Inferno). John Guillermin
  Kamera: Fred Koenekamp, Joseph Biroc
  Schnitt: Harold F. Kress, Carl Kress
  Song: »We May Never Love Like This Again«
  Bester Film
  Ausstattung: William Creber, Ward Preston, Raphael Bretton
  Musik (O): John Williams
  Nebendarsteller: Fred Astaire
  Ton: Theodore Soderberg, Herman Lewis

The Truce. Argentinien.
   Bester Auslandsfilm

A Woman under the Influence (Eine Frau unter Einfluß).
John Cassavetes
   Hauptdarstellerin: Gena Rowlands
   Regie

Young Frankenstein (Frankenstein Junior). Mel Brooks
   Drehbuch (B): Gene Wilder, Mel Brooks
   Ton: Richard Portman, Gene Cantamessa

48. Oscar-Verleihung (1975)

One Flew over the Cuckoo's Nest (Einer flog über das Kuckucksnest). Milos Forman
BESTER FILM
Drehbuch (B): Lawrence Hauben, Bo Goldman
Hauptdarsteller: Jack Nicholson
Hauptdarstellerin: Louise Fletcher
Regie
Kamera: Haskell Wexler, Bill Butler
Musik (O): Jack Nitzsche
Nebendarsteller: Brad Dourif
Schnitt: Richard Chew, Lynzee Klingman, Sheldon Kahn

Feuchte Rebellion gegen das System der Irrenanstalt – Jack Nicholson in
› One Flew Over the Cuckoo's Nest ‹ (Einer flog über das Kuckucksnest)

Actas de Marusia. Miguel Littin. Mexiko
Bester Auslandsfilm

Amarcord (Amarcord). Federico Fellini. I/F
Drehbuch (O): Federico Fellini, Tonino Guerra
Regie

Barry Lyndon (Barry Lyndon). Stanley Kubrick. GB
Ausstattung: Ken Adam, Roy Walker, Vernon Dixon
Kamera: John Alcott
Kostüme: Ulla-Britt Soderlund, Milena Canonero
Musik (B): Leonard Rosenman
Bester Film
Drehbuch (B): Stanley Kubrick
Regie

Birds Do It, Bees Do It (Die Paarungen der Tiere).
Nicolas L. Noxon
Musik (O): Gerald Fried

Bite the Bullet (700 Meilen westwärts). Richard Brooks
Musik (O): Alex North
Ton: Arthur Piantadosi, Les Fresholtz, Richard Tyler, Al
Overton jr.

The Day of the Locust (Der Tag der Heuschrecke).
John Schlesinger
Kamera: Conrad Hall
Nebendarsteller: Burgess Meredith

Dersu Uzala (Uzala, der Kirgise). Akira Kurosawa.
UdSSR/Japan
Bester Auslandsfilm

Dog Day Afternoon (Hundstage). Sidney Lumet
Drehbuch (O): Frank Pierson
Bester Film
Hauptdarsteller: Al Pacino
Nebendarsteller: Chris Sarandon
Regie
Schnitt: Dede Allen

Farewell, My Lovely (Fahr zur Hölle, Liebling!). Dick Richards
Nebendarstellerin: Sylvia Miles

The Four Musketeers (Die vier Musketiere – die Rache der Myla-
dy). Richard Lester. USA/Panama/Spanien
Kostüme: Yvonne Blake, Ron Talsky

Funny Lady (Funny Lady). Herbert Ross
  Kamera: James Wong Howe
  Kostüme: Ray Aghayan, Bob Mackie
  Musik (B): Peter Matz
  Song: »How Lucky Can You Get«
  Ton: Richard Portman, Don MacDougall, Curly Thirlwell,
    Jack Solomon

Give 'em Hell, Harry!. Steve Binder
  Hauptdarsteller: James Whitmore

Hedda (Hedda Gabler). Trevor Nunn. GB
  Hauptdarstellerin: Glenda Jackson

Hester Street (Hester Street). Joan Micklin Silver
  Hauptdarstellerin: Carol Kane

The Hindenburg (Die Hindenburg). Robert Wise
  Spezialeffekte: Albert Whitlock, Glen Robinson*
  Toneffekte: Peter Berkos*
  Ausstattung: Edward Carfagno, Frank McKelvy
  Kamera: Robert Surtees
  Ton: Leonard Peterson, John A. Bolger jr, John Mack, Don K.
    Sharpless

L'histoire d'Adele H. (Die Geschichte der Adele H.).
François Truffaut. F
  Hauptdarstellerin: Isabelle Adjani

Jaws (Der weiße Hai). Steven Spielberg
  Musik (O): John Williams
  Schnitt: Verna Fields
  Ton: Robert L. Hoyt, R. Heman, Earl Madery, John Carter
  Bester Film

Lies My Father Told Me (Geliebte Lügen). Ján Kádar. Kanada
  Drehbuch (O): Ted Allan

Mahogany (Mahagony). Berry Gordy
  Song: »Theme From Mahogany (Do You Know Where
    You're Going To)«

The Man in the Glass Booth. Arthur Hiller. USA/GB/Kanada
  Hauptdarsteller: Maximilian Schell

The Man Who Would Be King (Der Mann, der König sein wollte).
John Huston
  Ausstattung: Alexander Trauner, Tony Inglis, Peter James
  Drehbuch (B): John Huston, Gladys Hill
  Kostüme: Edith Head
  Schnitt: Russell Lloyd

Nashville (Nashville). Robert Altman
  Song: »I'm Easy«
  Bester Film
  Nebendarstellerin: Ronee Blakely, Lily Tomlin
  Regie

Once Is Not Enough (Einmal ist nicht genug). Guy Green
  Nebendarstellerin: Brenda Vaccaro

The Other Side of the Mountain. Larry Peerce
  Song: »Richard's Window«

Profumo di Donna (Der Duft der Frauen). Dino Risi. I
  Bester Auslandsfilm
  Drehbuch (B): Ruggero Maccari, Dino Risi

Sandakan Hachibanshokan Bohkyo. Kei Kumai. Japan
  Bester Auslandsfilm

Shampoo (Shampoo). Hal Ashby
  Nebendarstellerin: Lee Grant
  Ausstattung: Richard Sylbert, W. Stewart Campbell, George
    Gaines
  Drehbuch (O): Robert Towne, Warren Beatty
  Nebendarsteller: Jack Warden

The Sunshine Boys (Die Sunny-Boys). Herbert Ross
  Nebendarsteller: George Burns
  Ausstattung: Albert Brenner, Marvin March
  Drehbuch (B): Neil Simon
  Hauptdarsteller: Walter Matthau

Three Days of the Condor (Die drei Tage des Condor).
Sydney Pollack
  Schnitt: Frederic Steinkamp, Don Guidice

Tommy (Tommy). Ken Russell. GB
Hauptdarstellerin: Ann-Margret
Musik (B): Pete Townshend

Toute une vie (Ein Leben lang). Claude Lelouch. F/I
Drehbuch (O): Claude Lelouch, Pierre Uytterhoeven

Trollflöjten (Die Zauberflöte). Ingmar Bergman. Schweden
Kostüme: Henny Noremark, Karin Erskine

Whiffs (Cash – die unaufhaltsame Karriere des Gefreiten Arsch).
Ted Post
Song: »Now That We're in Love«

The Wind and the Lion (Der Wind und der Löwe). John Milius
Musik (O): Jerry Goldsmith
Ton: Harry W. Tetrick, Aaron Rochin, William McCaughey,
Roy Charman

Ziemia Obiecana (Das gelobte Land). Andrzej Wajda. Polen
Bester Auslandsfilm

49. Oscar-Verleihung (1976)

Rocky (Rocky). John G. Avildsen
BESTER FILM
Regie
Schnitt: Richard Halsey, Scott Conrad
Drehbuch (O): Sylvester Stallone
Hauptdarsteller: Sylvester Stallone
Hauptdarstellerin: Talia Shire
Nebendarsteller: Burgess Meredith, Burt Young
Song: »Gonna Fly Now«
Ton: Harry Warren Tetrick, William McCaughey, Lyle Burbridge, Bud Alper

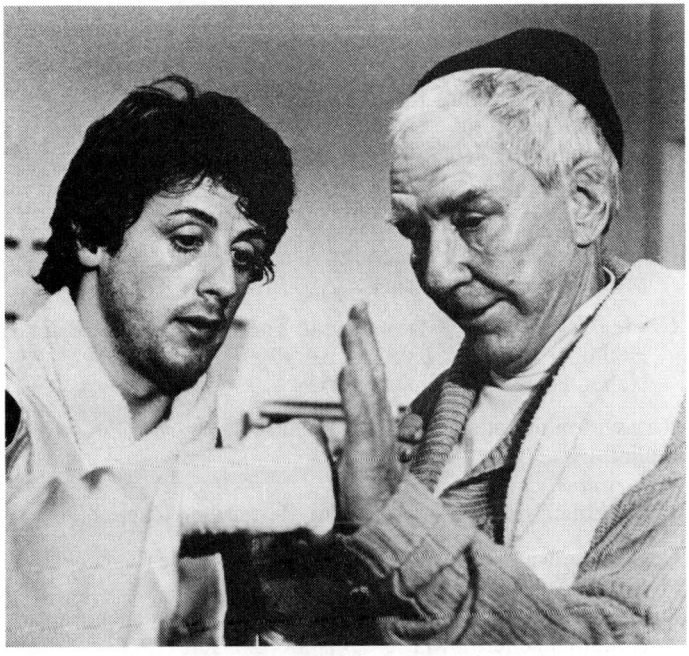

American Dream, Untersparte Boxen – Sylvester Stallone und Burgess Meredith in › Rocky ‹ (Rocky)

All the President's Men (Die Unbestechlichen). Alan J. Pakula
  Ausstattung: George Jenkins, George Gaines
  Drehbuch (B): William Goldman
  Nebendarsteller: Jason Robards
  Ton: Arthur Piantadosi, Les Fresholtz, Dick Alexander, Jim
    Webb
  Bester Film
  Nebendarstellerin: Jane Alexander
  Regie
  Schnitt: Robert L. Wolfe

Ansikte mot Ansikte (Von Angesicht zu Angesicht). Ingmar Bergman. Schweden
  Hauptdarstellerin: Liv Ullmann
  Regie

Bound For Glory (Dieses Land ist mein Land). Hal Ashby
  Kamera: Haskell Wexler
  Musik (B): Leonard Rosenman
  Bester Film
  Drehbuch (B): Robert Getchell
  Kostüme: William Theiss
  Schnitt: Robert Jones, Pembroke J. Herring

Bugsy Malone (Bugsy Malone). Alan Parker. GB
  Musik (B): Paul Williams

Carrie (Carrie − des Satans jüngste Tochter). Brian de Palma
  Hauptdarstellerin: Sissy Spacek
  Nebendarstellerin: Piper Laurie

Il Casanova di Federico Fellini (Fellinis Casanova). Federico Fellini. I
  Kostüme: Danilo Donati
  Drehbuch (B): Federico Fellini, Bernardino Zapponi

Cousin, Cousine (Cousin, Cousine). Jean-Charles Tacchella. F
  Bester Auslandsfilm
  Drehbuch (O): Jean-Charles Tacchella, Daniele Thompson
  Hauptdarstellerin: Marie-Christine Barrault

The Front (Der Strohmann). Martin Ritt
  Drehbuch (O): Walter Bernstein

Half a House.
Song: »A World That Never Was«

The Incredible Sarah. Richard Fleischer
Ausstattung: Elliot Scott, Norman Reynolds
Kostüme: Anthony Mendleson

Jakob, der Lügner. Frank Beyer. DDR
Bester Auslandsfilm

King Kong (King Kong). John Guillermin
Spezialeffekte: Carlo Rambaldi, Glen Robinson, Frank van der
Veer*
Kamera: Richard H. Kline
Ton: Harry Warren Tetrick, William McCaughey, Aaron Ro-
chin, Jack Solomon

The Last Tycoon (Der letzte Tycoon). Elia Kazan
Ausstattung: Gene Callahan, Jack Collis, Jerry Wunderlich

Logan's Run (Flucht ins 23. Jahrhundert). Michael Anderson
Spezialeffekte: L.B. Abbott, Glen Robinson, Matthew Yuri-
cich*
Ausstattung: Dale Hennesy, Robert de Vestel
Kamera: Ernest Laszlo

Marathon Man (Der Marathon-Mann). John Schlesinger
Nebendarsteller: Laurence Olivier

Network (Network). Sidney Lumet
Drehbuch (O): Paddy Chayefsky
Hauptdarsteller: Peter Finch
Hauptdarstellerin: Faye Dunaway
Nebendarstellerin: Beatrice Straight
Bester Film
Hauptdarsteller: William Holden
Kamera: Owen Roizman
Nebendarsteller: Ned Beatty
Regie
Schnitt: Alan Heim

Noce i dnie. Polen. Jerzy Antczak. Polen
Bester Auslandsfilm

Peter Finch als sendungsbewußter Fernsehmoderator in › Network ‹ (Network)

Obsession (Schwarzer Engel). Brian de Palma
  Musik (O): Bernard Herrmann

The Omen (Das Omen). Richard Donner
  Musik (O): Jerry Goldsmith
  Song: »Ave Satani«

The Outlaw Josey Wales (Der Texaner). Clint Eastwood
  Musik (O): Jerry Fielding

Pasqualino Settebellezze (Sieben Schönheiten).
Lina Wertmüller. I
  Bester Auslandsfilm
  Drehbuch (O): Lina Wertmüller
  Hauptdarsteller: Giancarlo Giannini
  Regie

The Passover Plot (Jesus von Nazareth). Michael Campus.
USA/Israel
  Kostüme: Mary Wills

The Pink Panther Strikes Again (Inspektor Clouseau, der »beste«
Mann bei Interpol). Blake Edwards. GB
  Song: »Come To Me«

The Seven-Percent Solution (Kein Koks für Sherlock Holmes). Herbert Ross
   Drehbuch (B): Nicholas Meyer
   Kostüme: Alan Barrett

The Shootist (Der Shootist). Don Siegel
   Ausstattung: Robert F. Boyle, Arthur Jeph Parker

Silver Streak (Trans-Amerika-Expreß). Arthur Hiller
   Ton: Donald Mitchell, Douglas Williams, Richard Tyler, Hal Etherington

A Star is Born (A Star is Born). Frank R. Pierson
   Song: »Evergreen (Love Theme From 'A Star is Born')«
   Kamera: Robert Surtees
   Musik (B): Roger Kellaway
   Ton: Robert Knudson, Dan Wallin, Robert Glass, Tom Overton

Taxi Driver (Taxi Driver). Martin Scorsese
   Bester Film
   Hauptdarsteller: Robert DeNiro
   Musik (O): Bernard Herrmann
   Nebendarstellerin: Jodie Foster

Two-Minute Warning (Zwei Minuten Warnung). Larry Peerce
   Schnitt: Eve Newman, Walter Hannemann

La victoire en chantant (Sehnsucht nach Afrika). Jean-Jacques Annaud. F/BRD/Elfenbeinküste
   Bester Auslandsfilm

Voyage of the Damned (Reise der Verdammten). Stuart Rosenberg. GB
   Drehbuch (B): Steve Shagan, David Butler
   Musik (O): Lalo Schifrin
   Nebendarstellerin: Lee Grant

50. Oscar-Verleihung (1977)

Annie Hall (Der Stadtneurotiker). Woody Allen
BESTER FILM
Drehbuch (O): Woody Allen, Marshall Brickman
Hauptdarstellerin: Diane Keaton
Regie
Hauptdarsteller: Woody Allen

Ironische Biographie eines New Yorker Komikers mit erheblichen Liebes-
und Existenzproblemen – Diane Keaton und Woody Allen in › Annie Hall ‹
(Der Stadtneurotiker)

Airport '77 (Verschollen im Bermuda-Dreieck). Jerry Jameson
Ausstattung: George C. Webb, Mickey S. Michaels
Kostüme: Edith Head, Burton Miller

Al-Risalah (Mohammed − Der Gesandte Gottes). Moustapha
Akkad. Libyen
Musik (O): Maurice Jarre

Cet obscur objet du désir (Dieses obskure Objekt der Begierde).
Luis Buñuel. F/Spanien
Bester Auslandsfilm
Drehbuch (B): Luis Buñuel, Jean-Claude Carrière

Close Encounters of the Third Kind (Unheimliche Begegnung der
dritten Art). Steven Spielberg
Kamera: Vilmos Zsigmond
Toneffektschnitt: Frank E. Warner*
Ausstattung: Joe Alves, Dan Lomino, Phil Abramson
Musik (O): John Williams
Nebendarstellerin: Melinda Dillon
Regie
Schnitt: Michael Kahn
Spezialeffekte: Roy Arbogast, Douglas Trumbull, Matthew
Yuricich, Gregory Jein, Richard Yuricich
Ton: Robert Knudson, Robert J. Glass, Don MacDougall,
Gene S. Cantamessa

The Deep (Die Tiefe). Peter Yates. USA/GB
Ton: Walter Goss, Dick Alexander, Tom Beckert, Robin Gregory

Entebbe: Operation Thunderbolt. Menahem Golan. Israel
Bester Auslandsfilm

Equus (Equus − Blinde Pferde). Sidney Lumet. GB
Drehbuch (B): Peter Shaffer
Hauptdarsteller: Richard Burton
Nebendarsteller: Peter Firth

Una Giornata Particolare (Ein besonderer Tag). Ettore Scola.
I/Kanada
Bester Auslandsfilm
Hauptdarsteller: Marcello Mastroianni

The Goodbye Girl (Der Untermieter). Herbert Ross
   Hauptdarsteller: Richard Dreyfuss
   Bester Film
   Drehbuch (O): Neil Simon
   Hauptdarstellerin: Marsha Mason
   Nebendarstellerin: Quinn Cummings

I Never Promised You a Rose Garden (Ich habe Dir nie einen Rosengarten versprochen). Anthony Page
   Drehbuch (B): Gavin Lambert, Lewis John Carlino

Iphigenia (Iphigenie). Michael Cacoyannis. Griechenland
   Bester Auslandsfilm

Islands in the Stream (Inseln im Strom). Franklin J. Schaffner
   Kamera: Fred J. Koenekamp

Julia (Julia). Fred Zinnemann
   Drehbuch (B): Alvin Sargent
   Nebendarsteller: Jason Robards
   Nebendarstellerin: Vanessa Redgrave
   Bester Film
   Hauptdarstellerin: Jane Fonda
   Kamera: Douglas Slocombe
   Kostüme: Anthea Sylbert
   Musik (O): Georges Delerue
   Nebendarsteller: Maximilian Schell
   Regie
   Schnitt: Walter Murch

The Late Show (Die Katze kennt den Mörder). Robert Benton
   Drehbuch (O): Robert Benton

A Little Night Music. Harold Prince. USA/Österreich/BRD
   Musik (B): Jonathan Tunick
   Kostüme: Florence Klotz

Looking For Mr. Goodbar (Auf der Suche nach Mr. Goodbar). Richard Brooks
   Kamera: William A. Fraker
   Nebendarstellerin: Tuesday Weld

Oh, God! (Oh, Gott!). Carl Reiner
   Drehbuch (B): Larry Gelbart

Triumph der Tricktechnik – Peter Mayhew, Mark Hamill, Alec Guinness und Harrison Ford in › Star Wars ‹ (Krieg der Sterne)

The Other Side of Midnight (Jenseits von Mitternacht).
Charles Jarrott
    Kostüme: Irene Sharaff

Pete's Dragon (Elliott, das Schmunzelmonster). Don Chaffey
    Musik (B): Al Kasha, Joel Hirschhom, Irwin Kostal
    Song: »Candle on the Water«

The Rescuers (Bernard und Bianca – die Mäusepolizei). Wolfgang Reitherman, John Lounsbery, Art Stevens
    Song: »Someone's Waiting For You«

Saturday Night Fever (Nur Samstag Nacht). John Badham
    Hauptdarsteller: John Travolta

The Slipper and the Rose – The Story of Cinderella (Cinderellas silberner Schuh). Bryan Forbes. GB
    Musik (B): Richard M. Sherman, Robert B. Sherman, Angela Morley
    Song: »The Slipper and the Rose Waltz«

Smokey and the Bandit (Ein ausgekochtes Schlitzohr).
Hal Needham
    Schnitt: Walter Hannemann, Angelo Ross

Sorcerer (Atemlos vor Angst). William Friedkin
  Ton: Robert Knudson, Robert J. Glass, Richard Tyler, Jean-
    Louis Ducarme

The Spy Who Loved Me (Der Spion, der mich liebte).
Lewis Gilbert
  Ausstattung: Ken Adam, Peter Lamont, Hugh Scaife
  Musik (O): Marvin Hamlisch
  Song: »Nobody Does It Better«

Star Wars (Krieg der Sterne). George Lucas
  Ausstattung: John Barry, Norman Reynolds, Leslie Dilley,
    Roger Christian
  Kostüme: John Mollo
  Musik (O): John Williams
  Schnitt: Paul Hirsch, Marcia Lucas, Richard Chew
  Spezialeffekte: John Stears, John Dykstra, Richard Edlund,
    Grant McCune, Robert Blalack
  Stimmen der Außerirdischen und Roboter: Benjamin Burtt jr.*
  Ton: Don MacDougall, Ray West, Bob Minkler, Derek Ball
  Bester Film
  Drehbuch (O): George Lucas
  Nebendarsteller: Alec Guinness
  Regie

The Turning Point (Am Wendepunkt). Herbert Ross
  Bester Film
  Ausstattung: Albert Brenner, Marvin March
  Drehbuch (O): Arthur Laurents
  Hauptdarstellerin: Anne Bancroft, Shirley MacLaine
  Kamera: Robert Surtees
  Nebendarsteller: Michail Barischnikow
  Nebendarstellerin: Leslie Browne
  Regie
  Schnitt: William Reynolds
  Ton: Theodore Soderberg, Paul Wells, Douglas O. Williams,
    Jerry Jost

La vie devant soi (Madame Rosa). Moshe Mizrahi. F
  Bester Auslandsfilm

You Light Up My Life (Stern meines Lebens). Joseph Brooks
  Song: »You Light Up My Life«

51. Oscar-Verleihung (1978)

The Deer Hunter (Die durch die Hölle gehen). Michael Cimino

BESTER FILM

Nebendarsteller: Christopher Walken

Regie

Schnitt: Peter Zinner

Ton: Richard Portman, William McCaughey, Aaron Rochin, Darrin Knight

Drehbuch (O): Michael Cimino, Deric Washburn, Louis Garfinkle, Quinn K. Redeker

Hauptdarsteller: Robert DeNiro

Kamera: Vilmos Zsigmond

Nebendarstellerin: Meryl Streep

Michael Cimino (links) und Robert De Niro bei den Dreharbeiten zu › The Deer Hunter ‹ (Die durch die Hölle gehen)

Beli Bim — Chornoye Ukho. Stanislaw Rostotsky. UdSSR
Bester Auslandsfilm

Bloodbrothers (Heißes Blut). Robert Mulligan
Drehbuch (B): Walter Newman

The Boys From Brazil. Franklin J. Schaffner
Hauptdarsteller: Laurence Olivier
Musik (O): Jerry Goldsmith
Schnitt: Robert E. Swink

The Brink's Job (Das große Dings bei Brinks). William Friedkin
Ausstattung: Dean Tavoularis, Angelo Graham, George R.
Nelson, Bruce Kay

The Buddy Holly Story. Steve Rash
Musik (B): Joe Renzetti
Hauptdarsteller: Gary Busey
Ton: Tex Rudloff, Joel Fein, Curly Thirlwell, Willie Burton

California Suite (Das verrückte California-Hotel). Herbert Ross
Nebendarstellerin: Maggie Smith
Ausstattung: Albert Brenner, Marvin March
Drehbuch (B): Neil Simon

Caravans. James Fargo. USA/Israel
Kostüme: Renie Conley

Comes A Horseman (Eine Farm in Montana). Alan J. Pakula
Nebendarsteller: Richard Farnsworth

Coming Home (Coming home — sie kehren heim). Hal Ashby
Drehbuch (O): Nancy Dowd, Waldo Salt, Robert C. Jones
Hauptdarsteller: Jon Voight
Hauptdarstellerin: Jane Fonda
Bester Film
Nebendarsteller: Bruce Dern
Nebendarstellerin: Penelope Milford
Regie
Schnitt: Don Zimmerman

Days of Heaven (In der Glut des Südens). Terrence Malick
Kamera: Nestor Almendros
Kostüme: Patricia Norris

Musik (O): Ennio Morricone
Ton: John K. Wilkinson, Robert W. Glass jr, John T. Reitz,
    Barry Thomas

Death on the Nile (Tod auf dem Nil). John Guillermin. GB
Kostüme: Anthony Powell

Foul Play (Eine ganz krumme Tour). Colin Higgins
Song: »Ready To Take A Chance Again«

Die gläserne Zelle. Hans W. Geissendörfer. BRD
Bester Auslandsfilm

Grease (Schmiere). Randal Kleiser
Song: »Hopelessly Devoted To You«

Heaven Can Wait (Der Himmel soll warten). Warren Beatty, Buck
Henry
Ausstattung: Paul Sylbert, Edwin O'Donovan, George Gaines
Bester Film
Drehbuch (B): Elaine May, Warren Beatty
Hauptdarsteller: Warren Beatty
Kamera: William A. Fraker
Musik (O): Dave Grusin
Nebendarsteller: Jack Warden
Nebendarstellerin: Dyan Cannon
Regie

Herbstsonate. Ingmar Bergman. BRD
Drehbuch (O): Ingmar Bergman
Hauptdarstellerin: Ingrid Bergman

Hooper (Um Kopf und Kragen). Hal Needham
Ton: Robert Knudson, Robert J. Glass, Don MacDougall,
    Jack Solomon

Interiors (Innenleben). Woody Allen
Ausstattung: Mel Bourne, Daniel Robert
Drehbuch (O): Woody Allen
Hauptdarstellerin: Geraldine Page
Nebendarstellerin: Maureen Stapleton
Regie

The Magic of Lassie. Don Chaffey
Song: »When You're Loved«

Magyarok. Zoltán Fábri. Ungarn
Bester Auslandsfilm

Midnight Express (12 Uhr nachts − Midnight Express). Alan Parker. GB
Drehbuch (B): Oliver Stone
Musik (O): Giorgio Moroder
Bester Film
Nebendarsteller: John Hurt
Regie
Schnitt: Gerry Hambling

Preparez vos mouchoirs (Frau zu verschenken). Bertrand Blier. F/Belgien
Bester Auslandsfilm

Pretty Baby (Pretty Baby). Louis Malle
Musik (B): Jerry Wexler

Same Time, Next Year (Nächstes Jahr, selbe Zeit). Robert Mulligan
Drehbuch (B): Bernard Slade
Hauptdarstellerin: Ellen Burstyn
Kamera: Robert Surtees
Song: »The Last Time I Felt Like This«

Superman (Superman). Richard Donner. GB
Spezialeffekte: Les Bowie, Colin Chilvers, Denys Coop, Roy Field, Derek Meddings, Zoran Perisic*
Musik (O): John Williams
Schnitt: Stuart Baird
Ton: Gordon K. McCallum, Graham Hartstone, Nicolas Le Mesurier, Roy Charman

The Swarm (Der tödliche Schwarm). Irwin Allen
Kostüme: Paul Zastupnevich

Thank God, It's Friday (Gottseidank, es ist Freitag). Robert Klane
Song: »Last Dance«

An Unmarried Woman (Eine entheiratete Frau). Paul Mazursky
Bester Film
Drehbuch (O): Paul Mazursky
Hauptdarstellerin: Jill Clayburgh

Viva Italia! (Viva Italia!). Mario Monicelli, Dino Risi, Ettore Scola. I
  Bester Auslandsfilm

The Wiz. Sidney Lumet
  Ausstattung: Tony Walton, Philip Rosenberg, Edward Stewart, Robert Drumheller
  Kamera: Oswald Morris
  Kostüme: Tony Walton
  Musik (B): Quincy Jones

52. Oscar-Verleihung (1979)

Kramer vs. Kramer (Kramer gegen Kramer). Robert Benton
  BESTER FILM
  Drehbuch (B): Robert Benton
  Hauptdarsteller: Dustin Hoffman
  Nebendarstellerin: Meryl Streep
  Regie

› *Kramer vs. Kramer* ‹ (*Kramer gegen Kramer*) – *ein erfolgreicher Werbefachmann (Dustin Hoffman) wird von seiner Frau (Meryl Streep) verlassen und muß sich nun allein um seinen siebenjährigen Sohn kümmern*

Kamera: Nestor Almendros
Nebendarsteller: Justin Henry
Nebendarstellerin: Jane Alexander
Schnitt: Jerry Greenberg

Agatha (Das Geheimnis der Agatha Christie). Michael Apted
Kostüme: Shirley Russell

Alien (Alien). Ridley Scott
Spezialeffekte: H. R. Giger, Carlo Rambaldi, Brian Johnson,
Nick Allder, Denys Ayling
Ausstattung: Michael Seymour, Les Dilley, Roger Christian,
Ian Whittaker

All That Jazz (Hinter dem Rampenlicht). Bob Fosse
Ausstattung: Philip Rosenberg, Tony Walton, Edward Stewart, Gary Brink
Kostüme: Albert Wolsky
Musik (B): Ralph Burns
Schnitt: Alan Heim
Bester Film
Drehbuch (O): Robert Alan Aurthur, Bob Fosse
Hauptdarsteller: Roy Scheider
Kamera: Giuseppe Rotunno
Regie

The Amityville Horror (Amityville Horror). Stuart Rosenberg
Musik (O): Lalo Schifrin

... And Justice For All (... und Gerechtigkeit für alle).
Norman Jewison
Drehbuch (O): Valerie Curtin, Barry Levinson
Hauptdarsteller: Al Pacino

Apocalypse Now (Apocalypse Now). Francis Ford Coppola
Kamera: Vittorio Storaro
Ton: Walter Murch, Mark Berger, Richard Beggs, Nat Boxer
Bester Film
Ausstattung: Dean Tavoularis, Angelo Graham, George R.
Nelson
Drehbuch (B): John Milius, Francis Ford Coppola

Nebendarsteller: Robert Duvall
Regie
Schnitt: Richard Marks, Walter Murch, Gerald B. Greenberg,
Lisa Fruchtman

Being There (Willkommen, Mr. Chance). Hal Ashby
Nebendarsteller: Melvyn Douglas
Hauptdarsteller: Peter Sellers

The Black Hole (Das schwarze Loch). Gary Nelson
Kamera: Frank Phillips
Spezialeffekte: Peter Ellenshaw, Art Cruickshank, Eustace
Lycett, Danny Lee, Harrison Ellenshaw, Joe Hale

The Black Stallion (Der schwarze Hengst). Carroll Ballard
Tonschnitt: Alan Splet*
Nebendarsteller: Mickey Rooney
Schnitt: Robert Dalva

Die Blechtrommel. Volker Schlöndorff. BRD/F
Bester Auslandsfilm

Breaking Away (Vier irre Typen). Peter Yates
Drehbuch (O): Steve Tesich
Bester Film
Nebendarstellerin: Barbara Barrie
Musik (B): Patrick Williams
Regie

Butch and Sundance: The Early Days (Butch & Sundance – die
frühen Jahre). Richard Lester
Kostüme: William Ware Theiss

La Cage Aux Folles (Ein Käfig voller Narren). Edouard
Molinaro. F/I
Drehbuch (B): Francis Veber, Edouard Molinaro, Marcello
Danon, Jean Poiret
Kostüme: Piero Tosi, Ambra Danon
Regie

The Champ (Der Champion). Franco Zeffirelli
Musik (O): Dave Grusin

Chapter Two (Das zweite Kapitel). Robert Moore
Hauptdarstellerin: Marsha Mason

The China-Syndrome (Das China-Syndrom). James Bridges
Ausstattung: George Jenkins, Arthur Jeph Parker
Drehbuch (O): Mike Gray, T. S. Cook, James Bridges
Hauptdarsteller: Jack Lemmon
Hauptdarstellerin: Jane Fonda

Dimenticare Venezia (Vergiß Venedig). Franco Brusati. I/F
Bester Auslandsfilm

The Electric Horseman (Der elektrische Reiter). Sydney Pollack
Ton: Arthur Piantadosi, Les Fresholtz, Michael Minkler, Al
Overton

The Europeans (Die Europäer). James Ivory. GB
Kostüme: Judy Moorcroft

Une histoire simple (Eine einfache Geschichte). Claude Sautet. F
Bester Auslandsfilm

Ice Castles (Eisfieber). Donald Wrye
Song: »Through The Eyes of Love«

A Little Romance (Ich liebe dich – I love you – Je t'aime). George
Roy Hill
Musik (O): Georges Delerue
Drehbuch (B): Allan Burns

Mama Cumple 100 Anos (Mutter wird 100 Jahre alt). Carlos
Saura, Spanien
Bester Auslandsfilm

Manhattan (Manhattan). Woody Allen
Drehbuch (O): Woody Allen, Marshall Brickman
Nebendarstellerin: Mariel Hemingway

Meteor (Meteor). Ronald Neame
Ton: William McCaughey, Aaron Rochin, Michael J. Kohut,
Jack Solomon

Moonraker (Moonraker – streng geheim). Lewis Gilbert. GB/F
Spezialeffekte: Derek Meddings, Paul Wilson, John Evans

› Apocalypse Now ‹ (Apocalypse Now) – brillanter Antikriegsfilm nach Motiven von Joseph Conrad

The Muppet Movie (Muppet Movie). James Frawley. GB
 Musik (B): Paul Williams, Kenny Asher
 Song: »The Rainbow Connection«

1941 (1941 – wo, bitte, geht's nach Hollywood?). Steven
Spielberg
 Kamera: William A. Fraker
 Spezialeffekte: William A. Fraker, A. D. Flowers, Gregory
 Jein
 Ton: Robert Knudson, Robert J. Glass, Don MacDougall,
 Gene S. Cantamessa

Norma Rae (Norma Rae). Martin Ritt
  Hauptdarstellerin: Sally Field
  Song: »It Goes Like It Goes«
  Bester Film
  Drehbuch (B): Irving Ravetch, Harriet Frank jr.

Panny z Wilka (Das Mädchen von Wilko). Andrzej Wajda. Polen
  Bester Auslandsfilm

The Promise. Gilbert Cates
  Song: »I'll Never Say Goodbye«

The Rose (The Rose). Mark Rydell
  Hauptdarstellerin: Bette Midler
  Nebendarsteller: Frederic Forrest
  Schnitt: Robert L. Wolfe, C. Timothy O'Meara
  Ton: Theodore Soderberg, Douglas Williams, Paul Wells, Jim
    Webb

Star Trek — The Motion Picture (Star Trek — der Film).
Robert Wise
  Ausstattung: Harold Michelson, Joe Jennings, Leon Harris,
    John Vallone, Linda DeScenna
  Musik (O): Jerry Goldsmith
  Spezialeffekte: Douglas Trumbull, John Dykstra, Richard Yu-
    ricich, Robert Swarthe, Dave Stewart, Grant McCune

Starting Over (Auf ein Neues). Alan J. Pakula
  Hauptdarstellerin: Jill Clayburgh
  Nebendarstellerin: Candice Bergen

10 (10 — Die Traumfrau). Blake Edwards
  Musik (O): Henry Mancini
  Song: »It's Easy To Say«

53. Oscar-Verleihung (1980)

Ordinary People (Eine ganz normale Familie). Robert Redford
BESTER FILM
Drehbuch (B): Alvin Sargent
Nebendarsteller: Timothy Hutton
Regie
Hauptdarstellerin: Mary Tyler Moore
Nebendarsteller: Judd Hirsch

*Mary Tyler Moore, Donald Sutherland und Timothy Hutton in › Ordinary
People ‹ (Eine ganz normale Familie) – nach dem Unfalltod des ältesten
Sohnes zerbricht eine Familie an gegenseitigen Schuldzuweisungen*

Altered States (Der Höllentrip). Ken Russell
Musik: John Corigliano
Ton: Arthur Piantadosi, Les Fresholtz, Michael Minkler,
Willie D. Burton

Bizalom (Vertrauen). István Szabó. Ungarn
Bester Auslandsfilm

The Blue Lagoon (Die blaue Lagune). Randal Kleiser
Kamera: Nestor Almendros

Breaker Morant (Der Fall des Breaker Morant). Bruce Beresford. Australien
> Drehbuch (B): Jonathan Hardy, David Stevens, Bruce Beresford

Brubaker (Brubaker). Stuart Rosenberg
Drehbuch (O): W. D. Richter, Arthur Ross

Coal Miner's Daughter (Nashville-Lady). Michael Apted
Hauptdarstellerin: Sissy Spacek
Bester Film
Ausstattung: John Corso, John Dwyer
Drehbuch (B): Tom Rickman
Kamera: Ralf D. Bode
Schnitt: Arthur Schmidt
Ton: Richard Portman, Roger Horman, Jim Alexander

The Competition (Das große Finale). Joel Oliansky
Schnitt: David Blewitt
Song: »People Alone«

Le dernier Métro (Die letzte Metro). François Truffaut. F
Bester Auslandsfilm

The Elephant Man (Der Elefantenmensch). David Lynch
Bester Film
Ausstattung: Stuart Craig, Bob Cartwright, Hugh Scaife
Drehbuch (B): Christopher DeVore, Eric Bergren, David Lynch
Hauptdarsteller: John Hurt
Kostüme: Patricia Norris
Musik: John Morris
Regie
Schnitt: Anne V. Coates

The Empire Strikes Back (Das Imperium schlägt zurück). Irvin Kershner
> *Spezialeffekte:* Brian Johnson, Richard Edlund, Dennis Muren, Bruce Nicholson*
> *Ton:* Bill Varney, Steve Maslow, Gregg Landaker, Peter Sutton
> Ausstattung: Norman Reynolds, Leslie Dilley, Harry Lange, Alan Tomkins, Michael Ford
> Musik: John Williams

Fame (Fame – der Weg zum Ruhm). Alan Parker
  Musik: Michael Gore
  Song: »Fame«
  Drehbuch (O): Christopher Gore
  Schnitt: Gerry Hambling
  Song: »Out Here On My Own«
  Ton: Michael J. Kohut, Aaron Rochin, Jay M. Harding, Chris
  Newman

The Formula (Die Formel). John G. Avildsen
  Kamera: James Crabe

Gloria (Gloria). John Cassavetes
  Hauptdarstellerin: Gena Rowlands

The Great Santini. Lewis John Carlino
  Hauptdarsteller: Robert Duvall
  Nebendarsteller: Michael O'Keefe

Honeysuckle Rose. Jerry Schatzberg
  Song: »On The Road Again«

Inside Moves. Richard Donner
  Nebendarstellerin: Diana Scarwid

Kagemusha (Kagemusha – Der Schatten des Kriegers). Akira
Kurosawa. Japan
  Bester Auslandsfilm
  Ausstattung: Yoshiro Muraki

Melvin and Howard (Melvin und Howard). Jonathan Demme
  Drehbuch (O): Bo Goldman
  Nebendarstellerin: Mary Steenburgen
  Nebendarsteller: Jason Robards

Mon oncle d'Amerique (Mein Onkel aus Amerika). Alain
Resnais. F
  Drehbuch (O): Jean Gruault

Moskwa sljcsam ne verity (Moskau glaubt den Tränen nicht).
Wladimir Menshow. UdSSR
  Bester Auslandsfilm

My Brilliant Career (Meine brilliante Karriere). Gillian Armstrong. Australien
  Kostüme: Anna Senior

El Nido (Eine unmögliche Liebe). Jaime de Arminan. Spanien
  Bester Auslandsfilm

Nine To Five (Warum eigentlich . . . bringen wir den Chef nicht
um?). Colin Higgins
  Song: »Nine To Five«

Private Benjamin (Schütze Benjamin). Howard Zieff
  Drehbuch (O): Nancy Meyers, Charles Shyer, Harvey Miller
  Hauptdarstellerin: Goldie Hawn
  Nebendarstellerin: Eileen Brennan

Raging Bull (Wie ein wilder Stier). Martin Scorsese
  Hauptdarsteller: Robert DeNiro
  Schnitt: Thelma Schoonmaker
  Bester Film
  Kamera: Michael Chapman
  Nebendarsteller: Joe Pesci
  Nebendarstellerin: Cathy Moriarty
  Regie
  Ton: Donald O. Mitchell, Bill Nicholson, David J. Kimball,
    Les Lazarowitz

Resurrection. Daniel Petrie
  Hauptdarstellerin: Ellen Burstyn
  Nebendarstellerin: Eva Le Gallienne

Somewhere In Time. Jeannot Szwarc
  Kostüme: Jean-Pierre Dorleac

The Stunt Man (Der lange Tod des Stuntman Cameron).
Richard Rush
  Drehbuch (B): Lawrence B. Marcus, Richard Rush
  Hauptdarsteller: Peter O'Toole
  Regie

Tess (Tess). Roman Polanski. F/GB
  Ausstattung: Pierre Guffroy, Jack Stevens
  Kamera: Geoffrey Unsworth, Ghislain Cloquet
  Kostüme: Anthony Powell
  Bester Film
  Musik: Philippe Sarde
  Regie

Tribute (Ein Sommer in Manhattan). Bob Clark. Kanada
   Hauptdarsteller: Jack Lemmon

When Time Ran Out (Der Tag, an dem die Welt unterging).
James Goldstone
   Kostüme: Paul Zastupnevich

54. Oscar-Verleihung (1981)

Chariots of Fire (Die Stunde des Siegers). Hugh Hudson. GB
BESTER FILM
Drehbuch (O): Colin Welland
Kostüme: Milena Canonero
Musik: Vangelis
Nebendarsteller: Ian Holm
Regie
Schnitt: Terry Rawlings

Hymne auf den 100-Meter-Lauf – Ben Cross in › Chariots of Fire ‹ (Die Stunde des Siegers)

Absence of Malice (Die Sensationsreporterin). Sydney Pollack
Drehbuch (O): Kurt Luedtke
Hauptdarsteller: Paul Newman
Nebendarstellerin: Melinda Dillon

An American Werewolf in London (American Werewolf).
John Landis. GB
Make-Up: Rick Baker

Arthur (Arthur – kein Kind von Traurigkeit). Steve Gordon
Nebendarsteller: John Gielgud
Song: »Arthur's Theme (Best That You Can Do)«
Drehbuch (O): Steve Gordon
Hauptdarsteller: Dudley Moore

Atlantic City (Atlantic City USA). Louis Malle. Kanada/F
Bester Film
Drehbuch (O): John Guare
Hauptdarsteller: Burt Lancaster
Hauptdarstellerin: Susan Sarandon
Regie

Das Boot ist voll. Markus Imhoof. Schweiz
Bester Auslandsfilm

Czlowiek z zelaza (Der Mann aus Eisen). Andrzej Wajda. Polen
Bester Auslandsfilm

Doro no kawa. Kohei Oguri. Japan
Bester Auslandsfilm

Dragonslayer (Der Drachentöter). Matthew Robbins
Spezialeffekte: Dennis Muren, Phil Tippett, Ken Ralston,
Brian Johnson
Musik: Alex North

Endless Love (Endlose Liebe). Franco Zeffirelli
Song: »Endless Love«

Excalibur (Excalibur). John Boorman
Kamera: Alex Thomson

For Your Eyes Only (In tödlicher Mission). John Glen. GB
Song: »For Your Eyes Only«

The French Lieutenant's Woman (Die Geliebte des französischen Leutnants/Dies Herz, für Liebe nicht gezähmt). Karel Reisz. GB
  Ausstattung: Assheton Gordon, Ann Mollo
  Drehbuch (B): Harold Pinter
  Hauptdarstellerin: Meryl Streep
  Kostüme: Tom Rand
  Schnitt: John Bloom

The Great Muppet Caper. Jim Henson. GB
  Song: »The First Time It Happens«

Heartbeeps. Allan Arkush
  Make-Up: Stan Winston

Heaven's Gate (Heaven's Gate). Michael Cimino
  Ausstattung: Tambi Larsen, Jim Berkey

Mephisto. István Szabó. Ungarn/BRD
  Bester Auslandsfilm

On Golden Pond (Am goldenen See). Mark Rydell
  Drehbuch (B): Ernest Thompson
  Hauptdarsteller: Henry Fonda
  Hauptdarstellerin: Katharine Hepburn
  Bester Film
  Kamera: Billy Williams
  Musik: Dave Grusin
  Nebendarstellerin: Jane Fonda
  Regie
  Schnitt: Robert L. Wolfe
  Ton: Richard Portman, David Ronne

Only When I Laugh. Glenn Jordan
  Hauptdarstellerin: Marsha Mason
  Nebendarsteller: James Coco
  Nebendarstellerin: Joan Hackett

Outland (Outland − Planet der Verdammten). Peter Hyams
  Ton: John K. Wilkinson, Robert W. Glass jr., Robert M. Thirlwell, Robin Gregory

Pennies from Heaven. Herbert Ross
  Drehbuch (B): Dennis Potter
  Kostüme: Bob Mackie
  Ton: Michael J. Kohut, Jay M. Harding, Richard Tyler, Al Overton

Prince of the City (Prince of the City). Sidney Lumet
  Drehbuch (B): Jay Presson Allen, Sidney Lumet
Ragtime (Ragtime). Milos Forman
  Ausstattung: John Graysmark, Patrizia von Brandenstein, Anthony Reading, George de Titta sr., George de Titta jr., Peter Howitt
  Drehbuch (B): Michael Weller
  Kamera: Miroslav Ondricek
  Kostüme: Anna Hill Johnstone
  Musik: Randy Newman
  Nebendarsteller: Howard E. Rollins jr
  Nebendarstellerin: Elizabeth McGovern
  Song: »One More Hour«
Raiders of the Lost Ark (Jäger des verlorenen Schatzes).
Steven Spielberg
  Ausstattung: Norman Reynolds, Leslie Dilley, Michael Ford
  Schnitt: Michael Kahn
  Spezialeffekte: Richard Edlund, Kit West, Bruce Nicholson, Joe Johnston
  Ton: Billy Varney, Steve Maslow, Gregg Landaker, Roy Charman
  Bester Film
  Kamera: Douglas Slocombe
  Musik: John Williams
  Regie
Reds (Reds). Warren Beatty
  Kamera: Vittorio Storaro
  Nebendarstellerin: Maureen Stapleton
  Regie
  Bester Film
  Ausstattung: Richard Sylbert, Michael Seirton
  Drehbuch (O): Warren Beatty, Trevor Griffiths
  Hauptdarsteller: Warren Beatty
  Hauptdarstellerin: Diane Keaton
  Kostüme: Shirley Russell
  Nebendarsteller: Jack Nicholson
  Schnitt: Dede Allen, Craig McKay
  Ton: Dick Vorisek, Tom Fleischman, Simon Kaye
Tre Fratelli (Drei Brüder). Francesco Rosi. I/F
  Bester Auslandsfilm

55. Oscar-Verleihung (1982)

Gandhi (Gandhi). Richard Attenborough. GB
BESTER FILM
Ausstattung: Stuart Craig, Bob Laing, Michael Seirton
Drehbuch (O): John Briley
Hauptdarsteller: Ben Kingsley
Kamera: Billy Williams, Ronnie Taylor
Kostüme: John Mollo, Bhanu Athaiya
Regie
Schnitt: John Bloom
Make-Up: Tom Smith
Musik (O): Ravi Shankar, George Fenton
Ton: Gerry Humphreys, Robin O'Donoghue, Jonathan Bates,
  Simon Kaye

*Episch verklärtes Monument der Friedensbewegung – Ben Kingsley (Mitte)
als › Gandhi ‹ (Gandhi)*

Alsino y el condor. Miguel Littin. Nicaragua/Kuba/
Mexiko/Costa Rica
  Bester Auslandsfilm

Annie (Annie). John Huston
  Ausstattung: Dale Hennesy, Marvin March
  Musik (B): Ralph Burns

378

Best Friends (Zwei dicke Freunde). Norman Jewison
Song: »How Do You Keep The Music Playing?«

The Best Little Whorehouse in Texas (Das schönste Freudenhaus in Texas). Colin Higgins
Nebendarsteller: Charles Durning

Blade Runner (Der Blade Runner). Ridley Scott
Ausstattung: Lawrence G. Paull, David Snyder, Linda DeScenna
Spezialeffekte: Douglas Trumbull, Richard Yuricich, David Dryer

Das Boot. Wolfgang Petersen. BRD
Drehbuch (B): Wolfgang Petersen
Kamera: Jost Vacano
Regie
Schnitt: Hannes Nikel
Ton: Milan Bor, Trevor Pyke, Mike Le-Mare
Tonschnitt: Mike Le-Mare

Castnaja zizn. Yuri Raizman. UdSSR
Bester Auslandsfilm

Coup de Torchon (Der Saustall). Bertrand Tavernier. F
Bester Auslandsfilm

Diner (Diner). Barry Levinson
Drehbuch (O): Barry Levinson

E. T. – The Extra-Terrestrial (E. T. – Der Außerirdische).
Steven Spielberg
Musik (O): John Williams
Spezialeffekte: Carlo Rambaldi, Dennis Muren, Kenneth F. Smith
Ton: Buzz Knudson, Robert Glass, Don Digirolamo, Gene Cantamessa
Tonschnitt: Charles L. Campbell, Ben Burtt
Bester Film
Drehbuch (O): Melissa Mathison
Kamera: Allen Daviau
Regie
Schnitt: Carol Littleton

Frances (Frances). Graeme Clifford
Hauptdarstellerin: Jessica Lange
Nebendarstellerin: Kim Stanley

La Guerre du Feu (Am Anfang war das Feuer). Jean-Jaques
Annaud. F/Kanada
Make-Up: Sarah Monzani, Michele Burke

Ingenjör Andrees Luftfärd (Der Flug des Adlers). Jan Troell.
Schweden
Bester Auslandsfilm

Missing (Vermißt). Constantin Costa-Gavras
Drehbuch (B): Constantin Costa-Gavras, Donald Stewart
Bester Film
Hauptdarsteller: Jack Lemmon
Hauptdarstellerin: Sissy Spacek

My Favorite Year (Ein Draufgänger in New York).
Richard Benjamin.
Hauptdarsteller: Peter O'Toole

An Officer and a Gentleman (Ein Offizier und Gentleman).
Taylor Hackford
Nebendarsteller: Louis Gossett jr.
Song: »Up Where We Belong«
Drehbuch (O): Douglas Day Stewart
Hauptdarstellerin: Debra Winger
Musik (O): Jack Nitzsche
Schnitt: Peter Zinner

One from the Heart (Einer mit Herz). Francis Coppola
Musik (B): Tom Waits

Poltergeist (Poltergeist). Tobe Hooper
Musik (O): Jerry Goldsmith
Spezialeffekte: Richard Edlund, Michael Wood, Bruce
  Nicholson
Tonschnitt: Stephen Hunter Flick, Richard L. Anderson

Rocky 3 (Das Auge des Tigers). Sylvester Stallone
Song: »Eye of the Tiger«

Sopie's Choice (Sophie's Entscheidung). Alan J. Pakula
Hauptdarstellerin: Meryl Streep

Männer unter sich – Charles Durning und Dustin Hoffman in ›Tootsie‹

Drehbuch (B): Alan J. Pakula
Kamera: Nestor Almendros
Kostüme: Albert Wolsky
Musik (O): Marvin Hamlisch

Tootsie (Tootsie). Sydney Pollack
Nebendarstellerin: Jessica Lange
Bester Film
Drehbuch (O): Larry Gelbart, Murray Schisgal, Don McGuire
Hauptdarsteller: Dustin Hoffman
Kamera: Owen Roizman
Nebendarstellerin: Teri Garr
Regie
Schnitt: Fredric Steinkamp, William Steinkamp
Song: »It Might Be You«
Ton: Arthur Piantadosi, Les Fresholtz, Dick Alexander, Les Lazarowitz

La Traviata (La Traviata). Franco Zeffirelli. I
Ausstattung: Franco Zeffirelli, Gianni Quaranta
Kostüme: Piero Tosi

Tron (Tron). Steven Lisberger
Kostüme: Elois Jenssen, Rosanna Norton
Ton: Michael Minkler, Bob Minkler, Lee Minkler, Jim La Rue

The Verdict (The Verdict – die Wahrheit und nichts als die Wahrheit). Sidney Lumet
   Bester Film
   Drehbuch (B): David Mamet
   Hauptdarsteller: Paul Newman
   Nebendarsteller: James Mason
   Regie

Victor/Victoria (Victor/Victoria). Blake Edwards. GB
   Musik (B): Henry Mancini, Leslie Bricusse
   Ausstattung: Rodger Maus, Tim Hutchinson, William Craig
      Smith, Harry Cordwell
   Drehbuch (B): Blake Edwards
   Hauptdarstellerin: Julie Andrews
   Kostüme: Patricia Norris
   Nebendarsteller: Robert Preston
   Nebendarstellerin: Lesley Ann Warren

Volver a empezar. José Luis Garci. Spanien
   Bester Auslandsfilm

The World According To Garp. George Roy Hill
   Nebendarsteller: John Lithgow
   Nebendarstellerin: Glenn Close

Yes, Giorgio. Franklin J. Schaffner
   Song: »If I Were In Love«

The World According To Garp (Garp und wie er die Welt sah).
George Roy Hill
   Nebendarsteller: John Lithgow
   Nebendarstellerin: Glenn Close

Yes, Giorgio (Geliebter Giorgio). Franklin J. Schaffner
   Song: »If We Were In Love«

56. Oscar-Verleihung (1983)

Terms of Endearment (Zeit der Zärtlichkeit). James L. Brooks
BESTER FILM
Drehbuch (B): James L. Brooks
Hauptdarstellerin: Shirley MacLaine
Nebendarsteller: Jack Nicholson
Regie
Ausstattung: Polly Platt, Tom Pedigo
Hauptdarstellerin: Debra Winger
Musik (O): Michael Gore
Nebendarsteller: John Lithgow
Schnitt: Richard Marks
Ton: Donald O. Mitchell, Rick Kline, Kevin O'Connell, James
   Alexander

› Terms of Endearment ‹ (Zeit der Zärtlichkeit) – der Astronaut mit › Stahl in
der Hose ‹ (Jack Nicholson) und seine Nachbarin mit der Libido-Hemmung
(Shirley MacLaine)

Le Bal (Le Bal – Der Tanzpalast). Ettore Scola. F/I/Algerien
Bester Auslandsfilm

Betrayal (Betrug). David Jones. GB
Drehbuch (B): Harold Pinter

The Big Chill (Der große Frust). Lawrence Kasdan
Bester Film
Drehbuch (O): Lawrence Kasdan, Barbara Benedek
Nebendarstellerin: Glenn Close

Blue Thunder (Das fliegende Auge). John Badham
Schnitt: Frank Morriss, Edward Abroms

Carmen (Carmen). Carlos Saura. Spanien
Bester Auslandsfilm

Coup de Foudre (Entre nous). Diane Kurys. F
Bester Auslandsfilm

Cross Creek. Martin Ritt
Kostüme: Joe I. Tompkins
Musik (O): Leonard Rosenman
Nebendarsteller: Rip Torn
Nebendarstellerin: Alfre Woodard

The Dresser (Ein ungleiches Paar). Peter Yates. GB
Bester Film
Drehbuch (B): Ronald Harwood
Hauptdarsteller: Tom Courtenay, Albert Finney
Regie

Educating Rita (Rita will es endlich wissen). Lewis Gilbert. GB
Drehbuch (B): Willy Russell
Hauptdarsteller: Michael Caine
Hauptdarstellerin: Julie Walters

Fanny och Alexander (Fanny und Alexander). Ingmar Bergman.
Schweden/BRD/F
Bester Auslandsfilm
Ausstattung: Anna Asp, Susanne Lingheim
Kamera: Sven Nykvist
Kostüme: Marik Vos
Drehbuch (O): Ingmar Bergman
Regie

Flashdance (Flashdance). Adrian Lyne
  Song: »Flashdance ... What A Feeling«
  Kamera: Don Peterman
  Schnitt: Bud Smith, Walt Mulconey
  Song: »Maniac«

Heart Like A Wheel. Jonathan Kaplan
  Kostüme: William Ware Theiss

Job Lazadasa (Hiobs Revolte). Imre Gyöngyössy. Ungarn/BRD
  Bester Auslandsfilm

Never Cry Wolf (Wenn die Wölfe heulen). Carroll Ballard
  Ton: Alan R. Splet, Todd Boekelheide, Randy Thom, David
  Parker

Le Retour de Martin Guerre (Die Rückkehr des Martin Guerre).
Daniel Vigne. F
  Kostüme: Anne-Marie Marchand

Return of the Jedi (Die Rückkehr der Jedi-Ritter).
Richard Marquand
  Spezialeffekte: Richard Edlund, Dennis Muren, Ken Ralston,
  Phil Tippet*
  Ausstattung: Norman Reynolds, Fred Hole, James Schoppe,
  Michael Ford
  Musik (O): John Williams
  Ton: Ben Burtt, Gary Summers, Randy Thom, Tony Dawe
  Toneffektschnitt: Ben Burtt

Reuben, Reuben (Ruben, Ruben). Robert Ellis Miller
  Drehbuch (B): Julius J. Epstein
  Hauptdarsteller: Tom Conti

The Right Stuff (Der Stoff, aus dem die Helden sind). Philip Kaufman
  Musik (O): Bill Conti
  Schnitt: Glenn Farr, Lisa Fruchtman, Stephen A. Rotter,
  Douglas Steward, Tom Rolf
  Ton: Mark Berger, Tom Scott, Randy Thom, David MacMillan
  Toneffektschnitt: Jay Boekelheide
  Bester Film

Ausstattung: Geoffrey Kirkland, Richard J. Lawrence, W. Stewart Campbell, Peter Romero, Pat Pending, George R. Nelson
Kamera: Caleb Deschanel
Nebendarsteller: Sam Shepard

Silkwood (Silkwood). Mike Nichols
Drehbuch (O): Nora Ephron, Alice Arlen
Hauptdarstellerin: Meryl Streep
Nebendarstellerin: Cher
Regie
Schnitt: Sam O'Steen

The Sting 2 (Zwei ausgekochte Gauner). Jeremy Paul Kagan
Musik (B): Lalo Schifrin

Tender Mercies. Bruce Beresford
Drehbuch (O): Horton Foote
Hauptdarsteller: Robert Duvall
Bester Film
Regie
Song: »Over You«

Testament (Das letzte Testament). Lynne Littman
Hauptdarstellerin: Jane Alexander

To Be Or Not To Be (Sein oder Nichtsein). Alan Johnson
Nebendarsteller: Charles Durning

Trading Places (Die Glücksritter). John Landis
Musik (B): Elmer Bernstein

Under Fire (Under Fire). Roger Spottiswoode
Musik (O): Jerry Goldsmith

WarGames (War Games − Kriegsspiele). John Badham
Drehbuch (O): Lawrence Lasker, Walter F. Parkes
Kamera: William A. Fraker
Ton: Michael J. Kohut, Carlos de Larios, Aaron Rochin, Willie D. Burton

The Year of Living Dangerously (Ein Jahr in der Hölle). Peter Weir
Nebendarstellerin: Linda Hunt

Yentl (Yentl). Barbra Streisand
  Musik (B): Michel Legrand, Alan und Marilyn Bergman
  Ausstattung: Roy Walker, Leslie Tomkins, Tessa Davies
  Nebendarstellerin: Amy Irving
  Song: »Papa, Can You Hear Me«, »The Way He Makes Me
    Feel«

Zelig (Zelig). Woody Allen
  Kamera: Gordon Willis
  Kostüme: Santo Loquasto

57. Oscar-Verleihung (1984)

Amadeus (Amadeus). Milos Forman
BESTER FILM
Ausstattung: Patrizia von Brandenstein, Karel Cerny
Drehbuch (B): Peter Shaffer
Hauptdarsteller: F. Murray Abraham
Kostüme: Theodor Pistek
Make-Up: Paul LeBlanc, Dick Smith
Regie
Ton: Mark Berger, Tom Scott, Todd Boekelheide, Chris Newman
Kamera: Miroslav Ondricek
Hauptdarsteller: Tom Hulce
Schnitt: Nena Danevic, Michael Chandler

› Amadeus ‹ (Amadeus) – der mittelmäßig begabte Ehrgeizling Salieri (F. Murray Abraham) betrachtet neidisch die Partituren seines genialen Kollegen Mozart

Against All Odds (Gegen jede Chance). Taylor Hackford
Song: »Against All Odds (Take a Look At Me Now)«

Beverly Hills Cop (Beverly Hills Cop/Ich lös' den Fall auf jeden Fall). Martin Brest
   Drehbuch (O): Daniel Petrie jr.

The Bostonians (Die Damen aus Boston). James Ivory. GB
   Hauptdarstellerin: Vanessa Redgrave
   Kostüme: Jenny Beavan, John Bright

Broadway Danny Rose (Broadway Danny Rose). Woody Allen
   Drehbuch (O): Woody Allen
   Regie

Camila. Maria Luisa Bemberg. Argentinien/Spanien
   Bester Auslandsfilm

The Cotton Club (Cotton Club). Francis Ford Coppola
   Ausstattung: Richard Sylbert, George Gaines
   Schnitt: Barry Malkin, Robert Q. Lovett

Country. Richard Pearce
   Hauptdarstellerin: Jessica Lange

La diagonale du fou (Duell ohne Gnade). Richard Dembo. Schweiz/F/BRD
   Bester Auslandsfilm

Dune (Der Wüstenplanet). David Lynch
   Ton: Bill Varney, Steve Maslow, Kevin O'Connell, Nelson Stoll

Footloose (Footloose). Herbert Ross
   Song: »Footloose«, »Let's Hear It for the Boy«

Ghostbusters (Ghostbusters). Ivan Reitman
   Song: »Ghostbusters«
   Spezialeffekte: Richard Edlund, John Bruno, Mark Vargo, Chuck Gaspar

Greystoke: The Legend of Tarzan, Lord of the Apes (Greystoke – Herr der Affen – Die Legende von Tarzan). Hugh Hudson. GB/Kamerun
   Drehbuch (B): P. H. Vazak (= Robert Towne), Michael Austin
   Make-Up: Rick Baker, Paul Engelsen
   Nebendarsteller: Ralph Richardson

Indiana Jones and the Temple of Doom (Indiana Jones und der Tempel des Todes). Steven Spielberg
Spezialeffekte: Dennis Muren, Michael McAlister, Lorne Peterson, George Gibbs
Musik (O): John Williams

The Karate Kid (Karate Kid). John G. Avildsen
Nebendarsteller: Noriyuki »Pat« Morita

The Killing Fields (Killing Fields – Schreiendes Land). Roland Joffé
Kamera: Chris Menges
Nebendarsteller: Haing S. Ngor
Schnitt: Jim Clark
Bester Film
Drehbuch (B): Bruce Robinson
Hauptdarsteller: Sam Waterston
Regie

Me'Achorei Hasoragin. Uri Barbasch. Israel
Bester Auslandsfilm

The Muppets Take Manhattan (Die Muppets erobern Manhattan). Frank Oz
Musik (B): Jeffrey Moss

The Natural (Der Unbeugsame). Barry Levinson
Ausstattung: Angelo Graham, Mel Bourne, Bruce Weintraub
Kamera: Caleb Deschanel
Musik (O): Randy Newman
Nebendarstellerin: Glenn Close

El Norte. Gregory Nava
Drehbuch (O): Gregory Nava, Anna Thomas

A Passage to India (Reise nach Indien). David Lean. GB
Musik (O): Maurice Jarre
Nebendarstellerin: Peggy Ashcroft
Bester Film
Ausstattung: John Box, Hugh Scaife
Drehbuch (B): David Lean
Hauptdarstellerin: Judy Davis
Kamera: Ernest Day

Victor Banerjee als Dr. Aziz in › A Passage to India ‹ (Reise nach Indien) –
eine Reise zum Resonanzboden der Welt nach Forsters Roman

Kostüme: Judy Moorcroft
Regie
Schnitt: David Lean
Ton: Graham V. Hartstone, Nicolas Le Mesurier, Michael A.
Carter, John Mitchell

Places in the Heart (Ein Platz im Herzen). Robert Benton
Drehbuch (O): Robert Benton
Hauptdarstellerin: Sally Field
Bester Film
Kostüme: Ann Roth
Nebendarsteller: John Malkovich
Nebendarstellerin: Lindsay Crouse
Regie

The Pope of Greenwich Village (Der Pate von Greenwich Village). Stuart Rosenberg
Nebendarstellerin: Geraldine Page

Purple Rain (Purple Rain). Albert Magnoli
Musik (B): Prince

The River (Menschen am Fluß). Mark Rydell
  Toneffektschnitt: Kay Rose*
  Hauptdarstellerin: Sissy Spacek
  Kamera: Vilmos Zsigmond
  Musik (O): John Williams
  Ton: Nick Alphin, Robert Thirlwell, Richard Portman, David
    Ronne

Romancing the Stone (Auf der Jagd nach dem grünen Diamanten). Robert Zemeckis
  Schnitt: Donn Cambern, Frank Morriss

Sesion Continua. José Luis Garci. Spanien
  Bester Auslandsfilm

A Soldier's Story (Sergeant Waters – eine Soldatengeschichte).
Norman Jewison
  Bester Film
  Drehbuch (B): Charles Fuller
  Nebendarsteller: Adolph Caesar

Songwriter. Alan Rudolph
  Musik (B): Kris Kristofferson

Splash (Splash – Jungfrau am Haken). Ron Howard
  Drehbuch (O): Lowell Ganz, Babaloo Mandel, Bruce Jay
    Friedman

Swing Shift (Swing Shift). Jonathan Demme
  Nebendarstellerin: Christine Lahti

Starman (Starman). John Carpenter
  Hauptdarsteller: Jeff Bridges

2010 (2010 – das Jahr, in dem wir Kontakt aufnehmen).
Peter Hyams
  Ausstattung: Albert Brenner, Rick Simpson
  Kostüme: Patricia Norris
  Make-Up: Michael Westmore
  Spezialeffekte: Richard Edlund, Neil Krepela, George Jensen,
    Mark Stetson
  Ton: Michael J. Kohut, Aaron Rochin, Carlos de Larios, Gene
    S. Cantamessa

Under the Volcano (Unter dem Vulkan). John Huston.
Mexiko/USA
   Hauptdarsteller: Albert Finney
   Musik (O): Alex North

Woenno-Polewoj Roman. Petr Todorowskij. UdSSR
   Bester Auslandsfilm

The Woman in Red (Die Frau in Rot). Gene Wilder
   Song: »I Just Called To Say I Love You«

58. Oscar-Verleihung (1985)

Out of Africa (Jenseits von Afrika). Sydney Pollack
BESTER FILM
Ausstattung: Stephen Grimes, Josie MacAvin
Drehbuch (B): Kurt Luedtke
Kamera: David Watkin
Musik (O): John Barry
Regie
Ton: Chris Jenkins, Gary Alexander, Larry Stensvold, Peter Handford
Hauptdarstellerin: Meryl Streep
Kostüme: Milena Canonero
Nebendarsteller: Klaus Maria Brandauer
Schnitt: Fredric Steinkamp, William Steinkamp, Pembroke Herring, Sheldon Kahn

Eine schwierige Liebesgeschichte unter gleißender Sonne – Robert Redford und Meryl Streep in der Tania-Blixen-Adaption ›Out of Africa‹ (Jenseits von Afrika)

Agnes of God (Agnes – Engel im Feuer). Norman Jewison
Hauptdarstellerin: Anne Bancroft
Musik (O): Georges Delerue
Nebendarstellerin: Meg Tilly

Back to the Future (Zurück in die Zukunft). Robert Zemeckis
Toneffektschnitt: Charles L. Campbell, Robert Rutledge
Drehbuch (O): Robert Zemeckis, Bob Gale
Song: »Power of Love«
Ton: Bill Varney, B. Tennyson, Sebastian II, Robert
Thirlwell, William B. Kaplan

Bittere Ernte. Agnieszka Holland. BRD
Bester Auslandsfilm

Brazil (Brazil). Terry Gilliam
Ausstattung: Norman Garwood, Maggie Gray
Drehbuch (O): Terry Gilliam, Tom Stoppard, Charles
McKeown

A Chorus Line (A Chorus Line). Richard Attenborough
Ton: Donald O. Mitchell, Michael Minkler, Gerry
Humphreys, Chris Newman
Schnitt: John Bloom
Song: »Surprise, Surprise«

Cocoon (Cocoon). Ron Howard
Nebendarsteller: Don Ameche
Spezialeffekte: Ken Ralston, Ralph McQuarrie, Scott Farrer,
David Berry

The Color Purple (Die Farbe Lila). Steven Spielberg
Bester Film
Ausstattung: J. Michael Riva, Linda De Scenna
Drehbuch (B): Menno Meyjes
Hauptdarstellerin: Whoopi Goldberg
Kamera: Allen Daviau
Kostüme: Aggi Guerard Rodgers
Make-Up: Ken Chase
Musik (O): Quincy Jones, Jeremy Lubbock, Rod Temper-
ton, Caiphus Semenya, Andrae Crouch, Chris Boardman,
Jorge Calandrelli, Joel Rosenbaum, Fred Steiner, Jack
Hayes, Jerry Hey, Randy Kerber

Nebendarstellerin: Margaret Avery, Oprah Winfrey
Song: »Miss Celie's Blues (Sister)«

La Historia Oficial (Die offizielle Geschichte). Luis Puenzo. Argentinien.
Bester Auslandsfilm
Drehbuch (O): Luis Puenzo, Aida Bortnik

Jagged Edge (Das Messer am Ufer). Richard Marquand.
Nebendarsteller: Robert Loggia

The Journey of Natty Gunn (Natty Gunn). Jeremy Kagan
Kostüme: Albert Wolksy

Kiss of the Spider Woman (Der Kuß der Spinnenfrau).
Hector Babenco
Hauptdarsteller: William Hurt
Bester Film
Drehbuch (B): Leonard Schrader
Regie

Ladyhawke (Der Tag des Falken). Richard Donner
Ton: Les Fresholtz, Dick Alexander, Vern Porre, Bud Alper
Toneffektschnitt: Bob Henderson, Alan Murray

Mask (Dis Maske). Peter Bogdanovich
Make-Up: Michael Westmore, Zoltan Elek

Murphy's Romance (Die zweite Wahl – Eine Romanze).
Martin Ritt
Hauptdarsteller: James Garner
Kamera: William A. Fraker

Otac na sluzbenom putu (Papa ist auf Dienstreise).
Emir Kusturica. Jugoslawien
Bester Auslandsfilm

Prizzi's Honor (Die Ehre der Prizzis). John Huston
Nebendarstellerin: Anjelica Huston
Bester Film
Hauptdarsteller: Jack Nicholson
Drehbuch (B): Richard Condon, Janet Roach
Kostüme: Donfeld
Nebendarsteller: William Hickey
Regie

The Purple Rose of Cairo (Purple Rose of Cairo). Woody Allen
  Drehbuch (O): Woody Allen

Rambo: First Blood Part II (Rambo II – Der Auftrag). George P. Cosmatos
  Toneffektschnitt: Frederick J. Brown

Ran (Ran). Akira Kurosawa
  Kostüme: Emi Wada
  Ausstattung: Yoshiro Muraki, Shinobu Muraki
  Kamera: Takao Saito, Masaharu Ueda, Asakazu Nakai
  Regie

Redl Ezredes (Oberst Redl). Istvan Szabo. Ungarn/Österreich/ BRD
  Bester Auslandsfilm

Remo Williams: The Adventure Begins (Remo Williams – Unbewaffnet und gefährlich). Guy Hamilton
  Make-Up: Carl Fullerton

Return to Oz (Oz – Eine fantastische Welt). Walter Murch
  Spezialeffekte: Will Vinton, Ian Wingrove, Zoran Perisic, Michael Lloyd

Runaway Train (Runaway Train – Express in die Hölle). Andrej Konchalovskij
  Hauptdarsteller: Jon Voight
  Nebendarsteller: Eric Roberts
  Schnitt: Henry Richardson

Silverado (Silverado). Lawrence Kasdan
  Musik (O): Bruce Broughton
  Ton: Donald O. Mitchell, Rick Kline, Kevin O'Connell, David Ronne

Sweet Dreams (Sweet Dreams). Karel Reisz
  Hauptdarstellerin: Jessica Lange

The Trip to Bountiful (Die Reise nach Bountiful). Peter Masterson
  Hauptdarstellerin: Geraldine Page
  Drehbuch: Horton Foote

Trois hommes et un coffin (Drei Männer und ein Baby).
Coline Serreau. Frankreich
   Bester Auslandsfilm

Twice in a Lifetime (Zweimal im Leben). Bud Yorkin
   Nebendarstellerin: Amy Madigan

White Nights (White Nights – Die Nacht der Entscheidung).
Taylor Hackford
   Song: »Say You, Say Me«
   Song: »Separate Lives«

Witness (Der einzige Zeuge). Peter Weir
   Drehbuch (O): Earl W. Wallace, William Kelley
   Schnitt: Thom Noble
   Ausstattung: Stan Jolley, John Anderson
   Bester Film
   Hauptdarsteller: Harrison Ford
   Kamera: John Seale
   Musik (O): Maurice Jarre
   Regie
   Schnitt: Rudi Fehr, Kaja Fair

Young Sherlock Holmes/Pyramid of Fear (Das Geheimnis des
verborgenen Tempels). Barry Levinson
   Spezialeffekte: Dennis Muren, Kit West, John Ellis, David
      Allen

59. Oscar-Verleihung (1986)

Platoon (Platoon). Oliver Stone
BESTER FILM
Regie
Schnitt: Claire Simpson
Ton: John (Doc) Wilkinson, Richard Rogers, Charles (Bud)
  Grenzbach, Simon Kaye
Drehbuch (O): Oliver Stone
Kamera: Robert Richardson
Nebendarsteller: Tom Berenger, Willem Dafoe

*Kain und Abel im Dschungel Vietnams – Tom Berenger, Charlie Sheen
und Willem Dafoe in ›Platoon‹ (Platoon)*

De Aanslag (Der Anschlag). Fons Rademakers. Niederlande
Bester Auslandsfilm

Aliens (Aliens – Die Rückkehr). Ridley Scott
Toneffektschnitt: Don Sharpe
Spezialeffekte: Robert Skotak, Stan Winston, John
  Richardson, Suzanne Benson

Ausstattung: Peter Lamont, Crispan Sallis
Hauptdarstellerin: Sigourney Weaver
Musik: James Horner
Schnitt: Ray Lovejoy
Ton: Graham V. Harttone, Nicolas Le Messurier, Michael A. Carter, Roy Charman

An American Tail (Feivel, der Mauswanderer). Don Bluth
Song: »Somewhere Out There«

Blue Velvet (Blue Velvet). David Lynch
Regie

Children of a Lesser God (Gottes vergessene Kinder).
Randa Haines
Hauptdarstellerin: Marlee Matlin
Drehbuch (B): Hesper Anderson, Mark Medoff
Hauptdarsteller: William Hurt
Nebendarstellerin: Piper Laurie

The Clan of the Cave Bear (Ayla und der Clan des Bären).
Michael Chapman
Make-Up: Michael G. Westmoe, Michele Burke

The Color of Money (Die Farbe des Geldes). Martin Scorsese
Hauptdarsteller: Paul Newman
Ausstattung: Boris Leven, Karen A. O'Hara
Drehbuch (B): Richard Price
Nebendarstellerin: Mary Elizabeth Mastrantonio

Crimes of the Heart (Verbrecherische Herzen).
Bruce Beresford
Drehbuch (B): Beth Henley
Hauptdarstellerin: Sissy Spacek
Nebendarstellerin: Tess Harper

Crocodile Dundee (Crocodile Dundee – Ein Krokodil zum Küssen). Peter Faiman
Drehbuch (O): Paul Hogan, Ken Shadie, John Cornell

Le déclin de l'empire américain (Der Untergang des amerikanischen Imperiums). Denys Arcand. Kanada
Bester Auslandsfilm

The Fly (Die Fliege). David Cronenberg
  Make-Up: Chris Walas, Stephan Dupuis

Hannah and Her Sisters (Hannah und ihre Schwestern).
Woody Allen
  Drehbuch (O): Woody Allen
  Nebendarsteller: Michael Caine
  Nebendarstellerin: Dianne Wiest
  Ausstattung: Stuart Wurtzel, Carol Joffe
  Bester Film
  Regie
  Schnitt: Susan E. Morse

Heartbreak Ridge (Heartbreak Ridge). Clint Eastwood
  Ton: Les Fresholtz, Dick Alexander, Vern Pooer, William
    Nelson

Hoosiers (Freiwurf). David Anspaugh
  Musik: Jerry Goldsmith
  Nebendarsteller: Dennis Hopper

The Mission (Mission). Roland Joffe
  Kamera: Chris Menges
  Ausstattung: Stuart Craig, Jack Stephens
  Kostüme: Enrico Sabbatini
  Musik: Ennio Morricone
  Regie
  Schnitt: Jim Clark

The Karate Kid Part II (Karate Kid II – Entscheidung in
Okinawa). John G. Avildsen
  Song: »Glory of Love«

Legend (Legende). Ridley Scott
  Make-Up: Rob Bottin, Peter Robb-King

The Little Shop of Horrors (Der kleine Horrorladen). Frank Oz
  Song: »Mean Green Mother from Outer Space«
  Spezialeffekte: Lyle Conway, Bran Ferren, Martin
    Gutte-ridge

Mona Lisa (Mona Lisa). Neil Jordan
  Hauptdarsteller: Bob Hoskins

The Morning After (Der Morgen danach). Sidney Lumet
   Hauptdarstellerin: Jane Fonda

My Beautiful Laundrette (Mein wunderbarer Waschsalon).
Stephen Frears
   Drehbuch (O): Hanif Kureishi

Otello (Otello). Franco Zeffirelli
   Kostüme: Anna Anni

Peggy Sue Got Married (Peggy Sue hat geheiratet).
Francis Ford Coppola
   Hauptdarstellerin: Kathleen Turner
   Kamera: Jordan Cronenweth
   Kostüme: Theodora Van Runkle

Pirates (Piraten). Roman Polanski
   Kostüme: Anthony Powell

Poltergeist II: The Other Side (Poltergeist II – Die andere Seite). Brian Gibson
   Spezialeffekte: Richard Edlund, John Bruno, Garry Waller,
     William Neil

A Room With a View (Zimmer mit Aussicht). James Ivory
   Ausstattung: Gianni Quaranta, Brian Ackland-Snow, Brian
     Savegar, Elio Altramura
   Drehbuch (B): Ruth Prawer Jhabvala
   Kostüme: Jenny Beavan, John Bright
   Kamera: Tony Pierce-Roberts
   Nebendarsteller: Denholm Elliott
   Nebendarstellerin: Maggie Smith
   Regie

Round Midnight/Autour de minuit (Um Mitternacht).
Bertrand Tavernier
   Musik: Herbie Hancock
   Hauptdarsteller: Dexter Gordon

Salvador (Salvador). Oliver Stone
   Drehbuch (O): Oliver Stone, Richard Boyle
   Hauptdarsteller: James Woods

Stand By Me (Stand By Me – Das Geheimnis eines Sommers).
Rob Reiner
 Drehbuch (B): Raynold Gideon, Bruce A. Evans

Star Trek IV: The Voyage Home (Zurück in die Gegenwart –
Star Trek IV). Leonard Nimoy
 Kamera: Don Peterman
 Musik: Leonard Rosenman
 Ton: Terry Porter, Dave Hudson, Mel Metcalfe, Gene S.
  Cantamessa
 Toneffektschnitt: Mark Mangini

That's Life! (That's Life – So ist das Leben). Blake Edwards
 Song: »Life in a Looking Glass«

Top Gun (Top Gun – Sie fürchten weder Tod noch Teufel).
Tony Scott
 Song: »Take My Breath Away«
 Schnitt: Billy Weber, Chris Lebenson
 Ton: Donald O. Mitchell, Kevin O'Connell, Rick Kline,
  William B. Kaplan
 Toneffektschnitt: Cecilia Hall, George Watters II

Vesnicko, ma strediskova (Heimat, süße Heimat). Jiri Menzel.
ČSSR
 Bester Auslandsfilm

37,2° le matin (Betty Blue – 37,2 Grad am Morgen).
Jean-Jacques Beineix. Frankreich
 Bester Auslandsfilm

38 ('38). Wolfgang Glück. Österreich
 Bester Auslandsfilm

60. Oscar-Verleihung (1987)

The Last Emperor (Der letzte Kaiser). Bernardo Bertolucci
   Ausstattung: Ferdinando Scarfiotti, Bruno Cesari
   BESTER FILM
   Drehbuch (B): Mark Peploe, Bernardo Bertolucci, Enzo
     Ungari
   Kamera: Vittorio Stoaro
   Kostüme: James Acheson
   Musik: Ryuischi Sakamoto, David Byrne, Cong Su
   Regie
   Schnitt: Gabriella Cristiani
   Ton: Bill Rowe, Ivan Sharrock

*Ein Monumentalepos, das an die Glanzzeiten Hollywoods erinnert –
Bernardo Bertoluccis neunfach ausgezeichnetes Meisterwerk um Pu Yi,
›The Last Emperor‹ (Der letzte Kaiser)*

Anna (Anna – Exil New York). Yurek Bogayevicz
   Hauptdarstellerin: Sally Kirkland

Asignatura Aprobada (US-Titel: Course Completed).
José Luis Garci. Spanien
   Bester Auslandsfilm

Au revoir, les enfants (Auf Wiedersehen, Kinder).
Louis Malle. Frankreich
   Bester Auslandsfilm
   Drehbuch (O): Louis Malle

Babettes Gaestebud (Babettes Fest). Gabriel Axel. Dänemark
Bester Auslandsfilm

Beverly Hills Cop II (Beverly Hills Cop II). Tony Scott
   Song: »Shakedown«

Broadcast News (Nachrichtenfieber). James L. Brooks
   Bester Film
   Drehbuch (O): James L. Brooks
   Hauptdarsteller: William Hurt
   Hauptdarstellerin: Holly Hunter
   Kamera: Michael Ballhaus
   Nebendarsteller: Albert Brooks
   Schnitt: Richard Marks

Cry Freedom (Schrei nach Freiheit). Richard Attenborough
   Musik: George Fenton
   Nebendarsteller: Denzel Washington
   Song: »Cry Freedom«

The Dead (The Dead – Die Toten). John Huston
   Drehbuch (B): John Huston
   Kostüme: Dorothy Jeakins

Dirty Dancing (Dirty Dancing). Emile Ardolino
Song: (I've Had) The Time of My Life

Empire of the Sun (Im Reich der Sonne). Steven Spielberg
   Ausstattung: Norman Reynolds, Harry Cordwell
   Kamera: Allen Daviau
   Kostüme: Bob Ringwood
   Musik: John T. Williams
   Schnitt: Michael Kahn
   Ton: Robert Knuson, Don Digirolamo, John Boyle,
     Tony Dawe

La famiglia (Die Familie). Ettore Scola
   Bester Auslandsfilm

Fatal Attraction (Eine verhängnisvolle Affäre). Adrian Lyne
Bester Film
Drehbuch (B): James Dearden
Hauptdarstellerin: Glenn Close
Nebendarstellerin: Anne Archer
Schnitt: Michael Kahn, Peter E. Berger
Regie

Full Metal Jacket (Full Metal Jacket). Stanley Kubrick
Drehbuch (B): Stanley Kubrick, Michael Herr, Gustav
Hass-ford

Gaby – A True Story (Gaby – Eine wahre Geschichte).
Luis Mandoki
Nebendarstellerin: Norma Aleandro

Good Morning Vietnam (Good Morning Vietnam).
Barry Levinson
Hauptdarsteller: Robin Williams

Happy New Year (Happy New Year). John G. Avildsen
Make-Up: Bob Laden

Harry and the Hendersons (Bigfoot und die Hendersons).
William Dear
Make-Up: Rick Baker

Hope and Glory (Hoffnung und Ruhm). John Boorman
Ausstattung: Anthony Pratt, Joan Woollard
Bester Film
Drehbuch (O): John Boorman
Kamera: Philippe Rousselot
Regie

Innerspace (Die Reise ins Ich). Joe Dante
Spezialeffekte: Dennis Muren, William George, Harley
Jessup, Kenneth Smith

Ironweed (Wolfsmilch). Hector Babenco
Hauptdarsteller: Jack Nicholson
Hauptdarstellerin: Meryl Streep

Lethal Weapon (Zwei stahlharte Profis). Richard Donner
Ton: Les Fresholtz, Dick Alexander, Vern Poole, Bill Nelson

Mannequin (Mannequin). Michael Gottlieb
Song: »Nothing's Gonna Stop Us Now«

Matewan (Matewan). John Sayles
Kamera: Haskell Wexler

Maurice (Maurice). James Ivory
Kostüme: Jenny Beavan, John Bright

Mit liv som hund (Mein Leben als Hund). Lasse Halström
Drehbuch (B): Lasse Halström, Reidar Jonsson, Brasse
Brannström, Per Berglund
Regie

Moonstruck (Mondsüchtig). Norman Jewison
Drehbuch (O): John Patrick Shanley
Hauptdarstellerin: Cher
Nebendarstellerin: Olympia Dukakis
Bester Film
Nebendarsteller: Vincent Gardenia

Oci ciornie (Schwarze Augen). Nikita Michalkov
Hauptdarsteller: Marcello Mastroianni

Ofelas/Veiviseren (Pathfinder). Nils Gaup
Bester Auslandsfilm

Predator (Predator). John McTiernan
Spezialeffekte: Joel Hynek, Robert M. Greenberg, Richard
Greenberg, Stan Winston

The Princess Bride (Die Braut des Prinzen). Rob Reiner
Song: »Storybook Love«

Radio Days (Radio Days). Woody Allen
Ausstattung: Santo Loquasto, Carol Joffe, Les Bloom,
George DeTitta, Jr.
Drehbuch (O): Woody Allen

RoboCop (RoboCop). Paul Verhoeven
Schnitt: Frank J. Urioste
Ton: Michael J. Kohut, Carlos DeLarios, Aaron Rochin,
Robert Wald

Street Smart (Glitzernder Asphalt). Jerry Schatzberg
Nebendarsteller: Morgan Freeman

Throw Momma from the Train (Schmeiß die Mama aus dem Zug). Danny DeVito
  Nebendarstellerin: Anne Ramsey

The Untouchables (The Untouchables – Die Unbestechlichen). Brian De Palma
  Nebendarsteller: Sean Connery
  Ausstattung: Patricia Von Brandenstein, Hal Gausman
  Kostüme: Marilyn Vance-Straker
  Musik: Ennio Morricone

Wall Street (Wall Street). Oliver Stone
  Hauptdarsteller: Michael Douglas

The Whales of August (Wale im August). Lindsay Anderson
  Nebendarstellerin: Ann Southern

The Witches of Eastwick (Die Hexen von Eastwick). George Miller
  Musik: John T. Williams
  Ton: Wayne Artman, Tom Beckert, Tom Dahl,
    Art Rochester

61. Oscar-Verleihung (1988)

Rain Man (Rain Man). Barry Levinson
BESTER FILM
Drehbuch (O): Roland Bass, Barry Morrow
Hauptdarsteller: Dustin Hoffman
Regie
Ausstattung: Ida Random, Linda DeScenna
Kamera: John Seale
Musik: Hans Zimmer
Schnitt: Stu Linder

Zwei ungleiche Brüder, der Yuppie und der Autist, und ihre langsame Annäherung

The Accidental Tourist (Die Reisen des Mr. Leary).
Lawrence Kasdan
Nebendarstellerin: Geena Davis
Bester Film
Drehbuch (B): Frank Galati, Lawrence Kasdan
Musik: John Williams

The Accused (Angeklagt). Jonathan Kaplan
  Hauptdarstellerin: Jodie Foster

Beaches (Freundinnen). Garry Marshall
  Ausstattung: Albert Brenner, Garrett Lewis

Beetlejuice (Beetlejuice). Tim Burton
  Make-Up: Ve Neill, Steve LaPorte, Robert Short

Big (Big). Penny Marshall
  Drehbuch (O): Gary Ross, Anne Spielberg
  Hauptdarsteller: Tom Hanks

Bird (Bird). Clint Eastwood
  Ton: Les Fresholtz, Dick Alexander, Vern Poore,
    Willie B. Burton

Bull Durham (Annies Männer). Ron Shelton
  Drehbuch (O): Ron Shelton

Buster (Buster). David Green
  Song: »Two Hearts«

Coming to America (Der Prinz aus Zamunda). John Landis
  Kostüme: Deborah Nadoolman
  Make-Up: Rick Baker

A Cry in the Dark (Ein Schrei in der Dunkelheit). Fred Schepisi
  Hauptdarstellerin: Meryl Streep

Dangerous Liaisons (Gefährliche Liebschaften).
Stephen Frears
  Ausstattung: Stuart Craig, Gerard James
  Drehbuch (B): Christopher Hampton
  Kostüme: James Acheson
  Bester Film
  Hauptdarstellerin: Glenn Close
  Musik: George Fenton
  Nebendarstellerin: Michelle Pfeiffer

Die Hard (Stirb langsam). John McTiernan
  Schnitt: Frank J. Urioste, John F. Link
  Ton: Don Bassman, Kevin F. Cleary, Richard Overton,
    Al Overton
  Toneffektschnitt: Stephen H. Flick, Richard Shorr

Spezialeffekte: Richard Edlund, Al DiSarro, Brent Oates, Thaine Morris

A Fish Called Wanda (Ein Fisch namens Wanda).
Charles Chrichton
  Nebendarsteller: Kevin Kline
  Drehbuch (O): John Cleese, Charles Crichton
  Regie

Gorillas in the Mist (Gorillas im Nebel). Michael Apted
  Drehbuch (B): Anna Hamilton Phelan
  Hauptdarstellerin: Sigourney Weaver
  Musik: Maurice Jarre
  Schnitt: Stuart Baird
  Ton: Andy Nelson, Brian Saunders, Peter Handford

A Handful of Dust (Eine Handvoll Staub). Charles Sturridge
  Kostüme: Jane Robinson

Hanussen (Hanussen). Istvan Szabo. Ungarn
  Bester Auslandsfilm

The Last Temptation of Christ (Die letzte Versuchung Christi).
Martin Scorsese
  Regie

Little Dorrit (Klein Dorritt). Christine Edzard
  Drehbuch (B): Christine Edzard
  Nebendarsteller: Alec Guinness

Le maître de musique (Maestro). Gérard Corbiau. Belgien
  Bester Auslandsfilm

Married to the Mob (Die Mafiosi-Braut). Jonathan Demme
  Nebendarsteller: Dean Stockwell

The Milagro Beanfield War (Milagro – Der Krieg im Bohnen-feld). Robert Redford
  Musik: Dave Grusin

Mississippi Burning (Mississippi Burning – Die Wurzeln des Hasses). Alan Parker
  Kamera: Peter Biziou
  Bester Film
  Hauptdarsteller: Gene Hackman

Nebendarstellerin: Frances McDormand
Regie
Schnitt: Gerry Hambling
Ton: Robert Litt, Elliot Tyson, Richard C. Kline, Danny
   Michael

Mujeres al borde de un ataque de nervios (Frauen am Rande
des Nervenzusammenbruchs). Pedro Almodovar. Spanien
Bester Auslandsfilm

Out of Rosenheim. Percy Adlon
Song: »Calling You«

Pelle Erobreren (Pelle, der Eroberer). Bille August. Dänemark
Bester Auslandsfilm
Hauptdarsteller: Max von Sydow

Running on Empty (Die Flucht ins Ungewisse). Sidney Lumet
Drehbuch (O): Naomi Foner
Nebendarsteller: River Phoenix

Salaam Bombay (Salaam Bombay). Mira Nair. Indien
Bester Auslandsfilm

Scrooged (Die Geister, die ich rief ...). Richard Donner
Make-Up: Tom Burman, Bari Drieband-Burman

Stand and Deliver (Stand and Deliver). Ramon Menendez
Hauptdarsteller: Edward James Olmos

Sunset (Sunset – Dämmerung in Hollywood). Blake Edwards
Kostüme: Patricia Norris

Tequila Sunrise (Tequila Sunrise). Robert Towne
Kamera: Conrad L. Hall

Tucker: The Man and His Dream (Tucker). Francis Coppola
Ausstattung: Dean Tavoularis, Armin Ganz
Kostüme: Milena Canonero
Nebendarsteller: Martin Landau

The Unbearable Lightness of Being (Die unerträgliche Leich-
tigkeit des Seins). Philip Kaufman
Drehbuch (B): Jean-Claude Carriere, Philip Kaufman
Kamera: Sven Nykvist

412

Who Framed Roger Rabbit (Falsches Spiel mit Roger Rabbit).
Robert Zemeckis
  Schnitt: Arthur Schmidt
  Spezialeffekte: Ken Ralston, Richard Williams, Edward
    Jones, George Gibbs
  Toneffektschnitt: Charles L. Campbell, Louis L. Edemann
  Ausstattung: Elliot Scott, Peter Howitt
  Kamera: Dean Cundey
  Ton: Robert Knudson, John Boyd, Don Digirolamo, Tony
    Dave

Willow (Willow). Ron Howard
  Spezialeffekte: Dennis Muren, Michael McAlister, Phil
    Tippett, Chris Evans
  Toneffektschnitt: Ben Burtt, Richard Hymns

Working Girl (Die Waffen der Frauen). Mike Nichols
  Song: »Let the River Run«
  Bester Film
  Hauptdarstellerin: Melanie Griffith
  Nebendarstellerin: Joan Cusack, Sigourney Weaver
  Regie

62. Oscar-Verleihung (1989)

Driving Miss Daisy (Miss Daisy und ihr Chauffeur).
Bruce Beresford
BESTER FILM
Drehbuch (B): Alfred Uhry
Hauptdarstellerin: Jessica Tandy
Make-Up: Manilo Rochetti, Lynn Barber, Kevin Haney
Ausstattung: Bruno Rubeo, Crispian Sallis
Hauptdarsteller: Morgan Freeman
Kostüme: Elizabeth McBride
Nebendarsteller: Dan Aykroyd
Schnitt: Mark Warner

The Abyss (Abyss). James Cameron
Spezialeffekte: John Bruno, Dennis Muren, Hoyt Yeatman, Dennis Skotak
Ausstattung: Leslie Dilley, Anne Kuljian
Kamera: Mikael Salomon
Ton: Don Bassman, Kevin F. Cleary, Richard Overton, Lee Orloff

The Adventures of Baron Münchhausen (Die Abenteuer des Baron Münchhausen). Terry Gilliam
Ausstattung: Dante Ferretti, Francesca Lo Schiavo
Kostüme: Gabriella Pescucci
Make-Up: Maggie Weston, Fabrizio Storza
Spezialeffekte: Richard Conway, Kent Houston

Back to the Future, Part II (Zurück in die Zukunft II). Robert Zemeckis
Spezialeffekte: Ken Ralston, Michael Lantieri, John Bell, Steve Gawley

Batman (Batman). Tim Burton
Ausstattung: Anton Furst, Peter Young

Black Rain (Black Rain). Ridley Scott
Ton: Donald O. Mitchell, Kevin O'Connell, Greg Russell, Keith A. Wester
Toneffektschnitt: Milton C. Burrow, William L. Manger

414

Was lange währt, wird endlich gut. Die Südstaaten-Lady Jessica Tandy und ihr schwarzer Fahrer Morgan Freeman lernen sich in dem Überraschungssieger ›Driving Miss Daisy‹ (Miss Daisy und ihr Chauffeur) über die Jahre hinweg respektieren und schätzen

Blaze (Blaze – Eine gefährliche Liebe). Ron Shelton
    Kamera: Haskell Wexler

Born on the Fourth of July (Geboren am 4. Juli). Oliver Stone
    Regie
    Schnitt: David Brenner, Joe Hutshing

Bester Film
Drehbuch (B): Oliver Stone, Ron Kovic
Hauptdarsteller: Tom Cruise
Kamera: Robert Richardson
Musik: John Williams
Ton: Michael Minkler, Gregory H. Watkins, Wylie
    Stateman, Tod A. Maitland

Camille Claudel (Camille Claudel). Bruno Nuytten. Frankreich
Bester Auslandsfilm
Hauptdarstellerin: Isabelle Adjani

Cinema Paradiso (Cinema Paradiso). Giuseppe Tornatore.
Italien
Bester Auslandsfilm

Crimes and Misdemeanors (Verbrechen und andere Kleinig-
keiten). Woody Allen
Drehbuch (O): Woody Allen
Nebendarsteller: Martin Landau
Regie

Dad (Dad). Gary David Goldberg
Make-Up: Dick Smith, Ken Diaz, Greg Nelson

Dead Poets Society (Club der toten Dichter). Barry Levinson
Drehbuch (O): Tom Schulman
Bester Film
Hauptdarsteller: Robin Williams
Regie

Do the Right Thing (Do the Right Thing). Spike Lee
Drehbuch (O): Spike Lee
Nebendarsteller: Danny Aiello

A Dry White Season (Weiße Zeit der Dürre). Euzhan Palcy
Nebendarsteller: Marlon Brando

Enemies, A Love Story (Feinde – Die Geschichte einer Liebe).
Paul Mazursky
Drehbuch (B): Roger L. Simon, Paul Mazursky
Nebendarstellerin: Anjelica Huston, Lena Olin

The Fabulous Baker Boys (Die fabelhaften Baker Boys).
Steve Kloves
    Hauptdarstellerin: Michelle Pfeiffer
    Kamera: Michael Ballhaus
    Musik: David Grusin
    Schnitt: William Steinkamp

Field of Dreams (Feld der Träume). Phil Alden Robinson
    Bester Film
    Drehbuch (B): Phil Alden Robinson
    Musik: James Horner

Glory (Glory). Edward Zwick
    Kamera: Freddie Francis
    Nebendarsteller: Denzel Washington
    Ton: Donald O. Mitchell, Gregg C. Rudloff, Elliot Tyson,
        Russell Williams II.
    Ausstattung: Norman Garwood, Garrett Lewis
    Schnitt: Steven Rosenblum

Harlem Nights (Harlem Nights). Eddie Murphy
    Kostüme: Joe I. Tompkins

Henry V (Henry V). Kenneth Branagh
    Kostüme: Phyllis Dalton
    Hauptdarsteller: Kenneth Branagh
    Regie

Indiana Jones and the Last Crusade (Indiana Jones und der
letzte Kreuzzug). Steven Spielberg
    Toneffektschnitt: Ben Burtt, Richard Hymns
    Musik: John Williams
    Ton: Ben Burtt, Gary Summers, Shawn Murphy, Tony Dawe

Jesus de Montreal (Jesus von Montreal). Denys Arcand. Kanada
    Bester Auslandsfilm

Lethal Weapon 2 (Brennpunkt L. A.). Richard Donner
    Toneffektschnitt: Robert Henderson, Alan Robert Murray

The Little Mermaid (Arielle – Die Meerjungfrau).
John Musker, Ron Clements
    Musik: Alan Menken
    Song: »Under the Sea«; Song: »Kiss the Girl«

Lo que le pasó a Santiago (US-Titel: Santiago, the Story of His New Life). Jacobo Morales. Puerto Rico
Bester Auslandsfilm

Music Box (Music Box – Die ganze Wahrheit). Constantin Costa-Gavras
Hauptdarstellerin: Jessica Lange

My Left Foot (Mein linker Fuß). Jim Sheridan
Hauptdarsteller: Daniel Day-Lewis
Nebendarstellerin: Brenda Fricker
Bester Film
Drehbuch: Jim Sheridan, Shane Connaughton
Regie

L'Ours (Der Bär). Jean-Jacques Annaud
Schnitt: Noëlle Boisson

Parenthood (Eine Wahnsinns-Familie). Ron Howard
Nebendarstellerin: Julia Roberts
Song: »I Love to See You Smile«

Sex, Lies and Videotape (Sex, Lügen und Video). Steven Soderbergh
Drehbuch (O): Steven Soderbergh

Shirley Valentine (Shirley Valentine – Auf Wiedersehen, mein lieber Mann). Lewis Gilbert
Hauptdarstellerin: Pauline Collins
Song: »The Girl Who Used to Be Me«

Steel Magnolias (Magnolien aus Stahl – Die Stärke der Frauen). Herbert Ross
Nebendarstellerin: Julia Roberts

Valmont (Valmont). Milos Forman
Kostüme: Theodor Pistek

Waltzing Regitze (Waltzing Regitze). Kastar Rostrup. Dänemark
Bester Auslandsfilm

When Harry Met Sally ... (Harry und Sally). Rob Reiner
Drehbuch (O): Nora Ephron

63. Oscar-Verleihung (1990)

Dances with Wolves (Der mit dem Wolf tanzt). Kevin Costner
BESTER FILM
Drehbuch (B): Michael Blake
Kamera: Dean Semler
Musik: John Barry
Regie
Schnitt: Neil Travis
Ton: Russell Williams II, Jeffrey Perkins, Bill W. Benton, Greg Watkins
Ausstattung: Jeffrey Beecroft, Lisa Dean
Hauptdarsteller: Kevin Costner
Kostüme: Elsa Zamparelli
Nebendarsteller: Graham Greene
Nebendarstellerin: Mary McDonnell

Kevin Costner, Regisseur und Hauptdarsteller in Personalunion, erlebt in ›Dances With Wolves‹ (Der mit dem Wolf tanzt) als Leutnant John J. Dunbar die letzten Jahre des »Wilden Westens«

Awakenings (Zeit des Erwachens). Penny Marshall
Bester Film
Drehbuch (B): Steven Zaillian
Hauptdarsteller: Robert De Niro

Alice (Alice). Woody Allen
Drehbuch (O): Woody Allen

Avalon (Avalon). Barry Levinson
Drehbuch (O): Barry Levinson
Kamera: Allen Daviau
Kostüme: Gloria Gresham
Musik: Randy Newman

Cyrano de Bergérac (Cyrano von Bergérac).
Jean-Paul Rappeneau. Frankreich
Kostüme: Franca Squarciapino
Bester Auslandsfilm
Ausstattung: Ezio Frigerio, Jacques Rouxel
Hauptdarsteller: Gérard Depardieu
Make-Up: Michele Burke, Jean-Pierre Eychenne

Days of Thunder (Tage des Donners – Days of Thunder).
Tony Scott
Ton: Charles Wilborn, Donald O. Mitchell, Rick Kline, Kevin O'Connell

Dick Tracy (Dick Tracy). Warren Beatty
Ausstattung: Richard Sylbert, Rick Simpson
Make-Up: John Caglione, Jr., Doug Drexler
Song: »Sooner or Later (I Always Get My Man)«
Kamera: Vittorio Storaro
Kostüme: Milena Canonero
Nebendarsteller: Al Pacino
Ton: Thomas Causey, Chris Jenkins, David E. Campbell, D. M. Hemphill

Edward Scissorhands (Edward mit den Scherenhänden).
Tim Burton
Make-Up: Ve Neill, Stan Winston

The Field (Das Feld). Jim Sheridan
Hauptdarsteller: Richard Harris

Flatliners (Flatliners – Heute ist ein schöner Tag zum Sterben). Joel Schumacher
Toneffektschnitt: Charles L. Campbell, Richard Franklin

Ghost (Ghost – Nachricht von Sam). Jerry Zucker
Drehbuch (O): Bruce Joel Rubin
Nebendarstellerin: Whoopi Goldberg
Bester Film
Musik: Maurice Jarre
Schnitt: Walter Murch

The Godfather Part III (Der Pate III). Francis Ford Coppola
Bester Film
Ausstattung: Dean Tavoularis, Gary Fettis
Kamera: Gordon Willis
Nebendarsteller: Andy Garcia
Regie
Schnitt: Barry Malkin, Lisa Fruchtman, Walter Murch
Song: »Promise Me You'll Remember«

GoodFellas (GoodFellas – Drei Jahrzehnte in der Mafia). Martin Scorsese
Nebendarsteller: Joe Pesci
Bester Film
Drehbuch (B): Nicholas Pileggi, Martin Scorsese
Nebendarstellerin: Lorraine Bracco
Regie
Schnitt: Thelma Schoonmaker

Green Card (Green Card – Schein-Ehe mit Hindernissen). Peter Weir
Drehbuch (O): Peter Weir

The Grifters (Grifters). Stephen Frears
Drehbuch (B): Donald E. Westlake
Hauptdarstellerin: Anjelica Huston
Nebendarstellerin: Annette Bening
Regie

Hamlet (Hamlet). Franco Zeffirelli
Ausstattung: Dante Ferretti, Francesca Lo Schiavo
Kostüme: Maurizio Millenotti

Havana (Havanna). Sydney Pollack
  Musik: David Grusin

Henry & June (Henry & June). Philip Kaufman
  Kamera: Philippe Rousselot

Home Alone (Kevin allein zu Haus). Chris Columbus
  Musik: John Williams
  Song: »Somewhere in My Memory«

The Hunt for Red October (Jagd auf Roter Oktober).
John McTiernan
  Toneffektschnitt: Cecelia Hall, George Watters II
  Schnitt: Dennis Virkler, John Wright
  Ton: Richard Bryce Goodman, Richard Overton, Kevin F.
    Cleary, Don Bassman

Ju Dou (Judou). Zhang Yimou. China
  Bester Auslandsfilm

Longtime Companion (Longtime Companion). Norman René
  Nebendarsteller: Bruce Davison

Metropolitan (Metropolitan – Verdammt, bourgeois, verliebt).
Whit Stillman
  Drehbuch (O): Whit Stillman

Misery (Misery). Rob Reiner
  Hauptdarstellerin: Kathy Bates

Mr. & Mrs. Bridge (Mr. & Mrs. Bridge). James Ivory
  Hauptdarstellerin: Joanne Woodward

Porte aperte (US-Titel: Open Doors). Gianni Amelio. Italien
  Bester Auslandsfilm

Postcards from the Edge (Grüße aus Hollywood). Mike Nichols
  Hauptdarstellerin: Meryl Streep
  Song: »I'm Checkin' Out«

Pretty Woman (Pretty Woman). Garry Marshall
  Hauptdarstellerin: Julia Roberts

Reise der Hoffnung. Xavier Koller. Schweiz
  Bester Auslandsfilm

Reversal of Fortune (Die Affäre der Sunny von B.).
Barbet Schroeder
>   *Hauptdarsteller:* Jeremy Irons
>   Drehbuch (B): Nicholas Kazan
>   Regie

Das schreckliche Mädchen. Michael Verhoeven. Deutschland
>   Bester Auslandsfilm

Total Recall (Die totale Erinnerung – Total Recall).
Paul Verhoeven
>   Ton: Nelson Stoll, Michael J. Kohut, Carlos DeLarios,
>   Aaron Rochin
>   Toneffektschnitt: Stephen H. Flick

Wild at Heart (Wild at Heart – Die Geschichte von Sailor und
Lula). David Lynch
>   Nebendarstellerin: Diane Ladd

Young Guns II (Blaze of Glory – Flammender Ruhm).
Geoff Murphy
>   Song: »Blaze of Glory«

64. Oscar-Verleihung (1991)

The Silence of the Lambs (Das Schweigen der Lämmer).
Jona-than Demme
BESTER FILM
Drehbuch (B): Ted Tally
Hauptdarsteller: Anthony Hopkins
Hauptdarstellerin: Jodie Foster
Regie
Schnitt: Craig McKay
Ton: Tom Fleischman, Christopher Newman

*Dr. Hannibal Lecter (Anthony Hopkins) steigt, von der FBI-Schülerin
Clarice Sterling (Jodie Foster) verfolgt, in der Verfilmung von Thomas
Harris' Thriller ›The Silence of the Lambs‹ (Das Schweigen der Lämmer)
zum Lieblingsmörder der Kinogänger auf*

The Addams Family (Die Addams Family). Barry Sonnenfeld
  Kostüme: Ruth Myers

Backdraft (Backdraft – Männer, die durchs Feuer gehen).
Ron Howard
  Spezialeffekte: Mikael Salomon, Allen Hall, Clay Pinney,
    Scott Farrar
  Ton: Gary Summers, Randy Thom, Gary Rydstrom, Glenn
    Williams
  Toneffektschnitt: Gary Rydstrom, Richard Hymns

Barton Fink (Barton Fink). Joel und Ethal Coen
  Ausstattung: Dennis Gassner, Nancy Haigh
  Kostüme: Richard Hornung
  Nebendarsteller: Michael Lerner

Beauty and the Beast (Die Schöne und das Biest).
Gary Trousdale, Kirk Wise
  Musik: Alan Menken
  Song: »Beauty and the Beast«
  Bester Film
  Song: »Belle«, »Be Our Guest«
  Ton: Terry Porter, Mel Metcalfe, David J. Hudson, Doc
    Kane

Börn Náttúrunnar (Kinder der Natur).
Fridrik Thór Fridriksson. Island
  Bester Auslandsfilm

Boyz'N'the Hood (Boyz'N'the Hood). John Singleton
  Drehbuch (O): John Singleton
  Regie

Bugsy (Bugsy). Barry Levinson
  Ausstattung: Dennis Gassner, Nancy Haigh
  Kostüme: Albert Wolsky
  Bester Film
  Drehbuch (O): James Toback
  Hauptdarsteller: Warren Beatty
  Kamera: Allen Daviau
  Musik: Ennio Morricone
  Nebendarsteller: Harvey Keitel, Ben Kingsley
  Regie

Cape Fear (Kap der Angst). Martin Scorsese
   Hauptdarsteller: Robert De Niro
   Nebendarstellerin: Juliette Lewis

The Commitments (The Commitments). Alan Parker
   Schnitt: Gerry Hambling

City Slickers (City Slickers – Die Großstadthelden).
Ron Underwood
   Nebendarsteller: Jack Palance

Dahong Denglong gaogao gua (Rote Laterne). Zhang Yimou.
China
   Bester Auslandsfilm

Grand Canyon (Grand Canyon). Lawrence Kasdan
   Drehbuch (O): Meg Kasdan, Lawrence Kasdan

The Fisher King (König der Fischer). Terry Gilliam
   Nebendarstellerin: Mercedes Ruehl
   Ausstattung: Mel Bourne, Cindy Carr
   Drehbuch (O): Richard LaGravenese
   Hauptdarsteller: Robin Williams
   Musik: George Fenton

For the Boys (For the Boys). Mark Rydell
   Hauptdarstellerin: Bette Midler

Fried Green Tomatoes (Grüne Tomaten). Jon Avnet
   Drehbuch (B): Fannie Flagg, Carol Sobieski
   Nebendarstellerin: Jessica Tandy

Hitlerjunge Salomon. Agnieszka Holland
   Drehbuch (B): Agnieszka Holland

Hook (Hook). Steven Spielberg
   Ausstattung: Norman Garwood, Gerrit Lewis
   Kostüme: Anthony Powell
   Make-Up: Christina Smith, Montague Westmore,
      Greg Cannom
   Song: »When You're Alone«
   Spezialeffekte: Eric Brevig, Harley Jessup, Mark Sullivan,
      Michael Lantieri

JFK (John F. Kennedy – Tatort Dallas). Oliver Stone
Kamera: Robert Richardson
Schnitt: Joe Hutshing, Pietro Scalia
Bester Film
Drehbuch (B): Oliver Stone, Zachery Sklar
Musik: John Williams
Nebendarsteller: Tommy Lee Jones
Regie
Ton: Michael Minkler, Gregg Landaker, Tod A. Maitland

Madame Bovary (Madame Bovary). Claude Chabrol
Kostüme: Corinne Jorry

Mediterraneo (Mediterraneo). Gabriele Salvatores. Italien
Bester Auslandsfilm

Obecna skola (US-Titel: The Elementary School). Jan Sveràk.
ČSFR
Bester Auslandsfilm

Oxen. Sven Nykvist. Schweden
Bester Auslandsfilm

The Prince of Tides (Herr der Gezeiten). Barbra Streisand
Ausstattung: Paul Sylbert, Caryl Heller
Bester Film
Drehbuch (B): Pat Conroy, Becky Johnston
Hauptdarsteller: Nick Nolte
Kamera: Stephen Goldblatt
Musik: James Newton Howard
Nebendarstellerin: Kate Nelligan

Rambling Rose (Die Lust der schönen Rose). Martha Coolidge
Hauptdarstellerin: Laura Dern
Nebendarstellerin: Diane Ladd

Robin Hood: Prince of Thieves (Robin Hood – König der
Diebe). Kevin Reynolds
Song: »Everything I Do I Do For You«

Star Trek VI: The Undiscovered Country (Star Trek VI – Das
unentdeckte Land). Nicholas Meyer
Make-Up: Michael Mills, Edward French, Richard Snell

Terminator II: Judgement Day (Terminator 2 – Tag der Abrechnung). James Cameron

Make-Up: Stan Winston, Jeff Dawn

Spezialeffekte: Dennis Muren, Stan Winston, Gene Warren Junior, Robert Skotak

Ton: Tom Johnson, Gary Rydstrom, Gary Summers, Lee Orloff

Toneffektschnitt: Gary Rydstrom, Gloria S. Borders

Kamera: Adam Greenberg

Schnitt: Conrad Buff, Mark Goldblatt, Richard A. Harris

Thelma & Louise (Thelma & Louise). Ridley Scott

Drehbuch (O): Callie Khouri

Hauptdarstellerin: Geena Davis, Susan Sarandon

Kamera: Adrian Biddle

Regie

Schnitt: Thom Noble

65. Oscar-Verleihung (1992)

Unforgiven (Erbarmungslos). Clint Eastwood
BESTER FILM
Nebendarsteller: Gene Hackman
Regie
Schnitt: Joel Cox
Ausstattung: Henry Bumstead, Janice Blackie-Goodine
Drehbuch (O): David Webb Peoples
Hauptdarsteller: Clint Eastwood
Kamera: Jack N. Green
Ton: Les Fresholtz, Vern Poore, Dick Alexander, Rob Young

In seinem Psycho-Western »Unforgiven« (Erbarmungslos) rechnet Clint Eastwood mit den Mythen des Genres ab und stellt sich als kurzsichtiger Revolverheld wider Willen dem sadistischen Sheriff (Gene Hackman) entgegen

Aladdin (Aladin). John Musker, Ron Clements
Musik: Alan Menken
Song: »Whole New World«
Song: »Friend Like Me«

Ton: Terry Porter, Mel Metcalfe, David J. Hudson, Doc
  Kane
Toneffektschnitt: Mark Mangini

Alien 3 (Alien 3). David Fincher
  Spezialeffekte: Richard Edlund, Alec Gillis, Tom Woodruff,
    Jr., George Gibbs

L'amant (Der Liebhaber). Jean-Jacques Annaud
  Kamera: Robert Fraise

Basic Instinct (Basic Instinct). Paul Verhoeven
  Musik: Jerry Goldsmith
  Schnitt: Frank J. Urioste

Batman Returns (Batmans Rückkehr). Tim Burton
  Make-Up: Ve Neill, Ronnie Specter, Stan Winston
  Spezialeffekte: Michael Fink, Craig Barron, John Bruno,
    Dennis Skotak

The Bodyguard (Bodyguard). Mick Jackson
  Song: »I Have Nothing«, »Run to You«

Bram Stoker's Dracula (Bram Stokers Dracula).
Francis Ford Coppola
  Kostüme: Eiko Ishioka
  Make-Up: Greg Cannom, Michele Burke, Matthew W.
    Mungle
  Toneffektschnitt: Tom C. McCarthy, David E. Stone
  Ausstattung: Thomas Sanders, Gerritt Lewis

Chaplin (Chaplin). Richard Attenborough
  Ausstattung: Stuart Craig, Chris A. Butler
  Hauptrolle: Robert Downey, Jr.
  Musik: John Barry

The Crying Game (The Crying Game). Neil Jordan
  Drehbuch (O): Neil Jordan
  Bester Film
  Hauptdarsteller: Stephen Rea
  Nebendarsteller: Jaye Davidson
  Regie
  Schnitt: Kant Pan

Daens. Stijn Coninx. Belgien
Bester Auslandsfilm

Damage (Verhängnis). Louis Malle
Nebendarstellerin: Mirinda Richardson

Death Becomes Her (Der Tod steht ihr gut). Robert Zemeckis
Spezialeffekte: Ken Rahlston, Doug Chiang, Doug Smythe,
Tom Woodruff

Enchanted April (Verzauberter April). Mike Newell
Drehbuch (B): Peter Barnes
Kostüme: Sheena Napier
Nebendarstellerin: Joan Plowright

A Few Good Men (Eine Frage der Ehre). Rob Reiner
Bester Film
Nebendarsteller: Jack Nicholson
Schnitt: Robert Leighton
Ton: Kevin O'Connell, Rick Kline, Bob Eber

Glengarry Glen Rosse (Glengarry Glen Ross). David Mamet
Nebendarsteller: Al Pacino

Hoffa (Jimmy Hoffa). Danny DeVito
Kamera: Stephen H. Burum
Make-Up: Ve Neill, Gregg Cannom, John Blake

Howard's End (Wiedersehen in Howards' End). James Ivory
Ausstattung: Luciana Arrighi, Ian Whittaker
Drehbuch (B): Ruth Prawer Jhabvala
Hauptdarstellerin: Emma Thompson
Bester Film
Kamera: Tony Pierce-Roberts
Kostüme: Jenny Beavan, John Bright
Musik: Richard Robbins
Nebendarstellerin: Vanessa Redgrave
Regie

Husbands and Wives (Ehemänner und Ehefrauen).
Woody Allen
Drehbuch (O): Woody Allen
Nebendarstellerin: Judy Davis

Indochine (Indochine). Régis Wargnier. Frankreich
Bester Auslandsfilm
Hauptdarstellerin: Cathérine Deneuve

The Last of the Mohicans (Der letzte Mohikaner).
Michael Mann
Ton: Chris Jenkins, Doug Hemphill, Mark Smith, Simon
Kaye

Lorenzo's Oil (Lorenzos Öl). George Miller
Drehbuch (O): George Miller, Nick Enright
Hauptdarstellerin: Susan Sarandon

Love Field (Love Field). Jonathan Kaplan
Hauptdarstellerin: Michelle Pfeiffer

Malcolm X (Malcolm X). Spike Lee
Hauptdarsteller: Denzel Washington
Kostüme: Ruth Carter

The Mambo Kings (Mambo Kings). Arne Glimcher
Song: »Beautiful Maria of My Soul«

Mr. Saturday Night (Mr. Saturday Night). Billy Crystal
Nebendarsteller: David Paymer

My Cousin Vinnie (Mein Vetter Winnie). Jonathan Lynn
Nebendarstellerin: Marisa Tomei

Passion Fish (KdV). John Sayles
Drehbuch (O): John Sayles
Hauptdarstellerin: Mary McDonnell

The Player (Der Spieler). Robert Altman
Drehbuch (B): Michael Tolkin
Regie
Schnitt: Geraldine Peroni

A River Runs Through It (Aus der Mitte entspringt ein Fluß).
Robert Redford
Kamera: Philippe Rousselot
Drehbuch (B): Richard Friedenberg
Musik: Mark Isham

Scent of a Woman (Der Duft der Frauen). Martin Brest
  Hauptdarsteller: Al Pacino
  Bester Film
  Drehbuch (B): Bo Goldman
  Regie

Schtonk! Helmut Dietl. Deutschland
  Bester Auslandsfilm

Toys (Toys). Barry Levinson
  Ausstattung: Ferdinando Scarfiotti, Linda DeScenna
  Kostüme: Albert Wolsky

Under Siege (Alarmstufe: Rot). Andrew Davis
  Ton: Don Mitchell, Frank A. Montano, Rick Hart, Scott
    Smith
  Toneffektschnitt: John Leveque, Bruce Stambler

Urga (Urga). Nikita Michalkow. Rußland
  Bester Auslandsfilm

66. Oscar-Verleihung (1993)

Schindler's List (Schindlers Liste). Steven Spielberg
BESTER FILM
Ausstattung: Allan Starski, Ewa Braun
Drehbuch (B): Steven Zaillian
Musik (O): John Williams
Kamera: Janusz Kaminski
Regie
Schnitt: Michael Kahn
Hauptdarsteller: Liam Neeson
Make-Up: Christina Smith, Matthew Mungle, Judith A. Cory
Nebendarsteller: Ralph Fiennes
Kostüme: Anna Biedrzycka-Sheppard
Ton: Andy Nelson, Steve Pederson, Scott Millan, Ron Judkins

Bei den zwölf Nominierungen, mit denen Steven Spielbergs ›Schindlers Liste‹ ins 66. Oscar-Rennen ging, fehlte unverständlicherweise Ben Kingsley, der den Buchhalter Itkhak Stern spielt.

Addams Family Values (Die Addams Family in verrückter Tradition). Barry Sonnenfeld
Ausstattung: Ken Adam, Marvin March

The Age of Innocence (Zeit der Unschuld). Martin Scorsese
Kostüme: Gabriella Pescucci
Ausstattung: Dante Ferretti, Robert J. Franco
Drehbuch (B): Jay Cocks, Martin Scorsese
Nebendarstellerin: Winona Ryder
Musik (O): Elmer Bernstein

Beethoven's 2nd (Eine Familie namens Beethoven). Rod Daniel
Song: »The Day I Fall in Love«

Belle Epoque (Belle Epoque). Fernando Trueba. Spanien
Bester Auslandsfilm

Cliffhanger (Cliffhanger – Nur die Starken überleben). Renny Harlin
Spezialeffekte: Neil Krepela, John Richardson, John Bruno, Pamela Easley
Ton: Michael Minkler, Bob Beemer, Tim Cooney
Toneffektschnitt: Wylie Stateman, Gregg Baxter

Dave (Dave). Ivan Reitman
Drehbuch (O): Gary Ross

Farewell My Concubine (Lebe wohl, meine Konkubine). Chen Kaige. Hongkong
Bester Auslandsfilm
Kamera: Gu Changwei

Fearless (Fearless). Peter Weir
Nebendarstellerin: Rosie Perez

The Firm (Die Firma). Sydney Pollack
Musik (O): Dave Grusin
Nebendarstellerin: Holly Hunter

The Fugitive (Auf der Flucht). Andrew Davis
Nebendarsteller: Tommy Lee Jones
Bester Film
Kamera: Michael Chapman
Musik (O): James Newton Howard

Schnitt: Dennis Virkler, David Finfer, Dean Goodhill, Don Brochu, Richard Nord, Dov Hoenig
Ton: Donald O. Mitchell, Michael Herbick, Frank A. Montano, Scott D. Smith
Toneffektschnitt: John Leveque, Bruce Stambler

Geronimo: An American Legend (Geronimo – Eine Legende). Walter Hill
Ton: Chris Carpenter, D. M. Hemphill, Bill W. Benton, Lee Orloff

Hedd Wyn: The Armageddon Poet. Paul Turner. Großbritannien
Bester Auslandsfilm

In the Line of Fire (In the Line of Fire – Die zweite Chance). Wolfgang Petersen
Drehbuch (O): Jeff Maguire
Nebendarsteller: John Malkovich
Schnitt: Anne V. Coates

In the Name of the Father (Im Namen des Vaters). Jim Sheridan
Bester Film
Drehbuch (B): Terry George, Jim Sheridan
Hauptdarsteller: Daniel Day-Lewis
Nebendarsteller: Peter Postlethwaite
Nebendarstellerin: Emma Thompson
Regie
Schnitt: Gerry Hambling

Jurassic Park (Jurassic Park). Steven Spielberg
Spezialeffekte: Dennis Muren, Stan Winston, Phil Tippett, Michael Lantieri
Ton: Gary Summers, Gary Rydstrom, Shawn Murphy, Ron Judkins
Toneffektschnitt: Gary Rydstrom, Richard Hymns

Mrs. Doubtfire (Mrs. Doubtfire – Das stachelige Kindermädchen). Chris Columbus
Make-Up: Greg Cannom, Ve Neill, Yolanda Toussieng

The Nightmare Before Christmas (The Nightmare Before Christmas). Henry Selick

Spezialeffekte: Pete Kozachik, Eric Leighton, Ariel Velasco Shaw, Gordon Baker

Orlando (Orlando). Sally Potter
Ausstattung: Ben Van Os, Jan Roeles
Kostüme: Sandy Powell

Philadelphia (Philadelphia). Jonathan Demme
Hauptdarsteller: Tom Hanks
Song: »Streets of Philadelphia«
Drehbuch (O): Ron Nyswaner
Make-Up: Carl Fullerton, Alan D'Angerio
Song: »Philadelphia«

The Piano (The Piano). Jane Campion
Drehbuch (O): Jane Campion
Hauptdarstellerin: Holly Hunter
Nebendarstellerin: Anna Paquin
Bester Film
Kamera: Stuart Dryburgh
Kostüme: Janet Patterson
Regie
Schnitt: Veronika Jenet

Poetic Justice. John Singleton
Song: »Again«

The Remains of the Day (Was vom Tage übrig blieb). James Ivory
Bester Film
Ausstattung: Luciana Arrighi, Ian Whittaker
Drehbuch (B): Ruth Prawer Jhabvala
Hauptdarsteller: Anthony Hopkins
Hauptdarstellerin: Emma Thompson
Kostüme: Jenny Beaven, John Bright
Musik (O): Richard Robbins
Regie

The Scent of Green Papaya (Der Duft der grünen Papaya). Tran Anh Hung. Vietnam
Bester Auslandsfilm

Searching for Bobby Fischer (Innocent Moves). Steven Zaillian
Kamera: Conrad L. Hall

Shadowlands (Shadowlands – Ein Geschenk des Augenblicks).
Richard Attenborough
  Drehbuch (B): William Nicholson
  Hauptdarstellerin: Debra Winger

Short Cuts (Short Cuts). Robert Altman
  Regie

Six Degrees of Seperation. Fred Schepisi
  Hauptdarstellerin: Stockard Channing

Sleepless in Seattle (Schlaflos in Seattle). Nora Ephron
  Drehbuch (O): Nora Ephron, David S. Ward, Jeff Arch
  Song: »A Wink and a Smile«

The Wedding Banquet (Das Hochzeitsbankett). Ang Lee. Taiwan
  Bester Auslandsfilm

What's Eating Gilbert Grape (Gilbert Grape). Lasse Hallström
  Nebendarsteller: Leonaro DiCaprio

What's Love Got To Do With It (Tina – What's Love Got To
Do With It). Brian Gibson
  Hauptdarsteller: Laurence Fishburne
  Hauptdarstellerin: Angela Bassett

IV. Dokumentarfilme

Der nachfolgende Datenteil listet alle Dokumentarfilme auf, die in den Jahren 1941 bis 1994 entweder einen Oscar erhielten oder für einen solchen nominiert wurden. Die Gewinner sind **fett** gedruckt, hinter dem Filmtitel findet sich der Produzent und, soweit recherchierbar, das Produktionsland, falls der Film nicht in den USA hergestellt wurde. Die Jahresangaben beziehen sich auf das Wahljahr, die eigentliche Oscar-Verleihung fand also erst im Frühjahr des darauffolgenden Jahres statt.

1941

Churchill's Island. National Film Board. Kanada
Adventures in the Bronx. Film Association
Bomber. US Office for Emergency Management Film Unit
Christmas under Fire. British Ministry of Information. GB
Letter from Home. British Ministry of Information. GB
Life of a Thoroughbred. 20th Century-Fox
Norway in Revolt. RKO
Soldiers of the Sky. 20th Century-Fox
War Clouds in the Pacific. National Film Board. Kanada

1942

Battle of Midway. US Navy
Kokoda Front Line. Australian News Information Bureau. Australien
Moscow Strikes Back. Artkino. UdSSR
Prelude to War. US Army Special Services
A Ship Is Born. US Merchant Service
Africa, Prelude to Victory. 20th Century-Fox
Combat Report. US Army Signal Corps
Conquer By the Clock. Frederick Ullman jr.
The Grain That Built a Hemisphere. Motion Picture Society for the Americas
Henry Browne, Farmer. US Dpt of Agriculture
High Over the Borders. National Film Board. Kanada
High Stakes in the East. Netherlands Informations Bureau. Niederlande

Inside Fighting China. National Film Board. Kanada
It's Everybody's War. Office of War Information
Listen to Britain. British Ministry of Information. GB
Little Belgium. Belgian Ministry of Information. Belgien
Little Isles of Freedom. Victor Stoloff, Edgar Loew
Mr. Blabbermouth. Office of War Information
Mr. Gardenia Jones. Office of War Information
New Spirit. US Treasury Dpt
The Price of Victory. Office of War Information
Twenty-One Miles. British Ministry of Information. GB
We Refuse To Die. Office of War Information
White Eagle. Cocanen Films
Winning Your Wings. US Army Air Force

1943

Langfilme

Desert Victory. British Ministry of Information
Battle of Russia. Special Service Division of the War Dpt
Baptism of Fire. US Army Fighting Men Service
Report from the Aleutians. US Army Pictorial Service
War Department Report. Office of Strategic Services

Kurzfilme

December 7th. Office of Strategic Services
Children of Mars. RKO
Plan for Destruction. MGM
Swedes in America. Office of War Information
To the People of the United States. US Public Health Services
Tomorrow We Fly. US Navy
Youth in Crisis. 20th Century-Fox

1944

Langfilme

The Fighting Lady. US Navy
Resisting Enemy Interrogation. US Army Air Force

Kurzfilme

With the Marines at Tarawa. US Marine Corps
Arturo Toscanini. Office of War Information
New Americans. RKO

1945

Langfilme

The True Glory. Government of Great Britain and USA. GB/
    USA
The Last Bomb. US Army Air Force

Kurzfilme

Hitler Lives?. Warner Brothers
Library of Congress. Office of War Information
To the Shores of Iwo Jima. US Marine Corps

1946

Kurzfilme

Seeds of Destiny. US War Department
Atomic Power. 20th Century-Fox
Life at the Zoo. Artkino. UdSSR
Paramount News Issue Nr. 37. Paramount
Traffic with the Devil. MGM

1947

Langfilme

Design for Death. Theron Warth, Richard O. Fleischer
Journey into Medicine. Office of Information and Educational
    Exchange
The World is Rich. Paul Rotha. GB

Kurzfilme

First Steps. United Nations Division of Films and Visual Educa-
    tion

Passport to Nowhere. Frederic Ullman jr.
School in the Mailbox. Australian News and Information Bureau.
   Australien

1948

Langfilme

The Secret Land. US Navy
The Quiet One. Janice Loeb

Kurzfilme

Toward Independence. US Army
Heart to Heart. Herbert Morgan
Operation Vittles. US Army Air Force

1949

Langfilme

Daybreak in Udi. British Information Services. GB
Kenji Comes Home. Paul F. Heard

Kurzfilme

A Chance to Live. Richard de Rochemont
So Much for So Little. Edward Selzer
1848. French Cinema General Cooperative. F
The Rising Tide. St. Francis-Xavier University. Kanada

1950

Langfilme

The Titan: Story of Michelangelo. Robert Snyder
With These Hands. Jack Arnold, Lee Goodman

Kurzfilme

Why Korea?. Edmund Reek
The Fight: Science Against Cancer. National Film Board.
   Kanada
The Stairs. Film Documents Inc.

1951

Langfilme

Kon-Tiki. Olle Nordemar. Schweden
I Was a Communist for the FBI. Bryan Foy

Kurzfilme

Benjy. Fred Zinnemann
One Who Came Back. Owen Crump
The Seeing Eye. Gordon Hollingshead

1952

Langfilme

The Sea Around Us. Irwin Allen
The Hoaxters. Dore Schary
Navajo. Hall Bartlett

Kurzfilme

Neighbours. Norman McLaren. Kanada
Devil Take Us. Herbert Morgan
Epeira Diadema. Alberto Ancilotto. I
Man Alive!. Stephen Bosustow

1953

Langfilme

The Living Desert. Walt Disney
The Conquest of Everest. John Taylor, Leon Clore, Grahame
    Tharp. GB
A Queen Is Crowned. Castleton Knight. GB

Kurzfilme

The Alaskan Eskimo. Walt Disney
The Living City. John Barnes
Operation Blue Jay. US Army Signal Corps
They Planted a Stone. James Carr. GB
The Word. John Healy, John Adams

› The Living Desert ‹ (Die Wüste lebt)

1954

Langfilme

The Vanishing Prairie. Walt Disney
The Stratford Adventure. Guy Glover. Kanada

Kurzfilme

Thursday's Children. World Wide Pictures, Morse Films. GB
Jet Carrier. Otto Lang
Rembrandt: A Self-Portrait. Morrie Roizman

1955

Langfilme

Helen Keller in Her Story. Nancy Hamilton
Heartbreak Ridge. René Risacher. F

Kurzfilme

Men Against the Arctic. Walt Disney
The Battle of Gettysburg. Dore Schary
The Face of Lincoln. Wilbur T. Blume

1956

Langfilme

Le monde du silence. Jacques-Yves Cousteau. F
Hvor bjergene sejler. Bjarne Henning-Jensen. Dänemark
The Naked Eye. Louis Clyde Stoumen

Kurzfilme

The True Story of the Civil War. Louis Clyde Stoumen
A City Decides. Charles Guggenheim
The Dark Wave. John Healy
The House Without a Name. Valentine Davies
Man in Space. Ward Kimball

1957

Langfilme

Albert Schweitzer. Jerome Hill
On the Bowery. Lionel Rogosin
Torero. Manuel Barbachano. Mexiko

1958

Langfilme

White Wilderness. Ben Sharpsteen
Antarctic Crossing. James Carr
The Hidden World. Robert Snyder
Psychiatric Nursing. Nathan Zucker

Kurzfilme

Ama Girls. Ben Sharpsteen
Employees Only. Kenneth G. Brown
Journey into Spring. Ian Ferguson. GB
The Living Stone. Tom Daly. Kanada
Overture. Thorold Dickinson

›Serengeti darf nicht sterben ‹

1959

Langfilme

Serengeti darf nicht sterben. Bernhard Grzimek. BRD
The Race for Space. David L. Wolper

Kurzfilme

Glass. Bert Haanstra. Niederlande
Donald in Mathmagic Land. Walt Disney
From Generation to Generation. Edward F. Cullen

1960

Langfilme

The Horse with the Flying Tail. Larry Lansburgh
Rebel in Paradise. Robert D. Fraser

Kurzfilme

Giuseppina. James Hill. GB
Beyond Silence. US Information Agency
A City Called Copenhagen. Statens Filmcentral. Dänemark
George Grosz' Interregnum. Charles und Altina Carey
Universe. Colin Low. Kanada

1961

Langfilme

Le ciel et la boue. Arthur Cohn, René Lafuite. F
La grande olimpiade. Istituto Nazionale Luce. I

Kurzfilme

Project Hope. Frank P. Bibas
Breaking the Language Barrier. US Air Force
Cradle of Genius. Jim O'Connor, Tom Hayes. Irland
Kahl. AEG. BRD
L'uomo in grigio. Benedetto Benedetti. I

1962

Langfilme

Black Fox. Louis Clyde Stoumen
Alvorada – Aufbruch in Brasilien. Hugo Niebeling. BRD

Kurzfilme

Dylan Thomas. Jack Howells. Wales
The John Glenn Story. William L. Hendricks
The Road to the Wall. Robert Saudek

1963

Langfilme

Robert Frost: A Lover's Quarrel With the World. Robert Hughes
Le maillon et la chaine. Paul de Roubaix. F
The Yanks Are Coming. Marshall Flaum

Kurzfilme

Chagall. Simon Schifrin
The Five Cities of June. George Stevens jr.
The Spirit of America. Algernon G. Walker
Thirty Million Letters. Edgar Anstey. GB
To Live Again. Mel London

1964

Langfilme

Le monde sans soleil. Jacques-Yves Cousteau. F
Alleman. Bert Haanstra. Niederlande
The Finest Hours. Jack le Vien
Four Days in November. Mel Stuart
Over There. Jean Aurel

Kurzfilme

Nine from Little Rock. US Information Agency
Breaking the Habit. Henry Jacobs, John Korty
Children Without. National Education Association
Kenojuak. National Film Board. Kanada
140 Days Under the World. Geoffrey Scott, Oxley Hughan. Neu-
seeland

1965

Langfilme

The Eleanor Roosevelt Story. Sidney Glazier
The Battle of the Bulge...The Brave Rifles. Laurence E. Mascott
The Forth Road Bridge. Peter Mills
Let My People Go. Marshall Flaum
Mourir à Madrid. Frederic Rossif. F

Kurzfilme

To Be Alive!. Francis Thompson
Mural on Our Street. Kirk Smallman
Ouverture. Mafilm. Ungarn
Point of View. National Tuberculosis Association
Yeats Country. Patrick Carey, Joe Mendoza. Irland

1966

Langfilme

The War Game. Peter Watkins. GB
The Face of Genius. Alfred R. Kelman

448

› *The War Game* ‹ *(The War Game)*

Helicopter Canada. Peter Jones, Tom Daly. Kanada
Le volcan interdit. Haroun Tazieff. F
The Really Big Family. Alex Grasshoff

Kurzfilme

A Year Toward Tomorrow. Edmond A. Levy
Adolescence. Marin Karmitz, Wladimir Forgency
Cowboy. Michael Ahnemann, Gary Schlosser
The Odds Against. Lee R. Bobker, Helen Kristt Radin
Saint Matthew Passion. Mafilm. Ungarn

1967

Langfilme

The Anderson Platoon. Pierre Schoendoerffer. F
Festival. Murray Lerner
Harvest. Carroll Ballard
A King's Story. Jack le Vien
A Time for Burning. William C. Jersey

449

Jenny Is a Good Thing. Joan Horvath
Leo Beuerman. Arthur H. Wolf, Russell A. Mosser
The Magic Machines. Joan Keller Stern

1970

Langfilme

Woodstock. Bob Maurice
Erinnerungen an die Zukunft. Dr. Harald Reinl. BRD
Jack Johnson. Jim Jacobs
King: A Filmed Record . . . Montgomery To Memphis. Ely Landau
Say Goodbye. David H. Vowell

Kurzfilme

Interviews With My Lai Veterans. Joseph Strick
The Gifts. Robert McBride
A Long Way from Nowhere. Bob Aller
Oisin. Vivien und Patrick Carey
Time Is Running Out. Horst Dallmayr, Robert Menegoz. BRD

1971

Langfilme

The Hellstrom Chronicle. Walon Green
Alaska Wilderness Lake. Alan Landsburg
Le chagrin et la pitié. Marcel Ophüls. F. CH. BRD
On Any Sunday. Bruce Brown
Ra-Ekspedisjonen. Lennart Ehrenborg, Thor Heyerdahl. Schweden

Kurzfilme

Sentinels of Silence. Manuel Arango, Robert Amram
Adventures in Perception. Han van Gelder. Niederlande
Art is . . . Julian Krainin, DeWitt L. Sage jr.
The Numbers Start With the River. Donald Wrye
Somebody Waiting. Hal Riney, Dick Snider, Sherwood Omens

›Woodstock‹ *(Woodstock)*

452

1972

Langfilme

Marjoe. Howard Smith, Sarah Kernochan
Bij de beesten af. Bert Haanstra. Niederlande
Malcolm X. Marvin Worth, Arnold Perl
Manson. Robert Hendrickson, Laurence Merrick
The Silent Revolution. Eckehard Munck

Kurzfilme

This Tiny World. Charles und Martina Hugenot van der Linden.
    Niederlande
Hundertwassers Regentag. Peter Schamoni. BRD
K-Z. Giorgio Treves
Selling Out. Tadeusz Jaworski. Polen
The Tide of Traffic. Humphrey Swingler

1973

Langfilme

The Great American Cowboy. Kieth Merrill
Always a New Beginning. John D. Goodell
Journey to the Outer Limits. Alex Grasshoff
Schlacht um Berlin. Bengt von zur Mühlen. BRD
Walls of Fire. Gertrude Ross Marks, Edmund F. Penney

Kurzfilme

Princeton: A Search for Answers. Julian Krainin, DeWitt L. Sage
    jr.
Background. Carmen d'Avino
Pasti ag obair. Louis Marcus. Irland
Christo's Valley Curtain. Albert und David Maysles
Four Stones for Kanemitsu. Tamarind Productions

1974

Langfilme

Hearts and Minds. Peter Davis, Bert Schneider

Antonia: A Portrait of the Woman. Judy Collins, Jill Godmilow
The Challenge ... A Tribute To Modern Art. Herbert Kline
The 81st Blow. Jacquot Ehrlich, David Bergman, Haim Gouri
The Wild and the Brave. Natalie R. Jones, Eugene S. Jones

Kurzfilme

Don't. Robin Lehman
City Out of the Wilderness. Francis Thompson
Exploratorium. Jon Boorstin
John Muir's High Sierra. Dewitt Jones, Lesley Foster
Naked Yoga. Ronald S. Kass, Mervyn Lloyd

1975

Langfilme

The Man Who Skied Down Everest. F. R. Crawley, James Hager, Dale Hartleben. Kanada
The California Reich. Walter F. Parkes, Keith F. Critchlow
Fighting For Our Lives. Glen Pearcy
The Incredible Machine. Irwin Rosten
The Other Half of the Sky: A China Memoir. Shirley MacLaine

Kurzfilme

The End of the Game. Claire Wilbur, Robin Lehman
Arthur and Lillie. Jon Else, Steven Kovacs, Kristine Samuelson
Millions of Years Ahead of Man. Manfred Baier. BRD
Probes In Space. George V. Casey
Whistling Smith. Barrie Howells, Michael Scott. Kanada

1976

Langfilme

Harlan County USA. Barbara Kopple
Hollywood on Trial. James Gutman, David Helpern jr.
Off the Edge. Michael Firth
People of the Wind. Anthony Howarth, David Koff
Volcano. Donald Brittain, Robert Duncan. Kanada

›Harlan County USA ‹ (Harlan County USA)

Kurzfilme

Number Our Days. Lynne Littman
American Shoeshine. Sparky Greene
Blackwood. Tony Ianzelo, Andy Thompson. Kanada
The End of the Road. John Armstrong
Universe. Lester Novros

1977

Langfilme

Who Are the Debolts? And Where Did They Get Nineteen Kids?.
John Korty, Dan McCann, Warren L. Lockhart
The Children of Theatre Street. Robert Dornhelm, Earle Mack
High Grass Circus. Bill Brind, Torben Schioler, Tony Ianzelo.
Kanada
Homage to Chagall – The Colours of Love. Harry Rasky
Union Maids. James Klein, Julia Reichert, Miles Mogulesco

Kurzfilme

Gravity Is My Enemy. John Joseph, Jan Stussy
Agueda Martinez: Our People, Our Country, Moctesuma
Esparza
First Edition. Helen Whitney, DeWitt L. Sage jr.

Of Time, Tombs and Treasure. James R. Messenger, Paul N. Rai-
mondi
The Shetland Experience. Douglas Gordon

1978

Langfilme

Scared Straight!. Arnold Shapiro
The Lover's Wind. Albert Lamorisse. Iran
Mysterious Castles of Clay. Alan Root
Raoni. Barry Williams, Michel Gast. F. Brasilien
With Babies and Banners: Story of the Women's Emergency Bri-
gade. Anne Bohlen, Lyn Goldfarb, Lorraine Gray

Kurzfilme

The Flight of the Gossamer Condor. Jacqueline Philips Shedd,
Ben Shedd
The Divided Trail. Jerry Aronson
An Encounter With Faces. K. K. Kapil. Indien
Goodnight Miss Ann. August Cinquegrana
Squires of San Quentin. J. Gary Mitchell

1979

Langfilme

Best Boy. Ira Wohl
Generation on the Wind. David A. Vassar
Going the Distance. Paul Cowan, Jacques Bobet. Kanada
The Killing Ground. Steve Singer, Tom Priestley
The War at Home. Glenn Silber, Barry Alexander Brown

Kurzfilme

Paul Robeson: Tribute to an Artist. Saul J. Turell
Dae. Risto Teofilowskij. Jugoslawien
Koryo Celadon. Donald A. Connolly, James R. Messenger
Nails. Phillip Borsos. Kanada
Remember Me. Dick Young

1980

1981

1982

After the Axe. Sturla Gunnarsson, Steve Lucas. Kanada
Ben's Mill. John Karol, Michel Chalufour
In Our Water. Meg Switzgable
A Portrait of Giselle. Joseph Wishy

Kurzfilme

If You Love This Planet. Edward Le Lorrain. Kanada
Gods of Metal. Robert Richter
The Klan: A Legacy of Hate in America. Charles Guggenheim,
    Werner Schumann
To Live Or Let Die. Freida Lee Mock
Traveling Hopefully. John G. Avildsen

1983

Langfilme

He Makes Me Feel Like Dancin'. Emile Ardolino
Children of Darkness. Richard Kotuk, Ara Chekmayan
First Contact. Bob Connolly, Robin Anderson
The Profession of Arms. Michael Bryans, Tina Viljoen. Kanada
Seeing Red. James Klein, Julie Reichert

Kurzfilme

Flamenco At 5 : 15. Cynthia Scott, Adam Symansky. Kanada
In the Nuclear Shadow: What Can the Children Tell Us?. Vivien-
    ne Verdon-Roe, Eric Thiermann
Sewing Woman. Arthur Dong
Spaces: The Architecture of Paul Rudolph. Robert Eisenhardt
You Are Free. Dea Brokman, Ilene Landis

1984

Langfilme

The Times of Harvey Milk. Robert Epstein, Richard Schmiechen
High Schools. Charles Guggenheim, Nancy Sloss
In the Name of the People. Alex W. Drehsler, Frank Christopher
Marlene. Karel Dirka, Zev Braun. BRD
Streetwise. Cheryl McCall

The Stone Carvers. Marjorie Hunt, Paul Wagner
The Children of Soong Ching Ling. UNICEF
Code Gray: Ethical Dilemmas in Nursing. Ben Achtenberg, Joan
  Sawyer
The Garden of Eden. Lawrence R. Hott, Roger M. Sherman
Recollections of Pavlovsk. Irina Kalinina. UdSSR

1985

Langfilme

Broken Rainbow. Mario Florio, Victoria Mudd
Las Madres: The Mothers of the Plaza de Mayo. Susana Muñoz,
  Lourdes Portillo
Soldiers in Hiding. Japhet Asher
The Statue of Liberty. Ken Burns, Budd Squires.
Unfinished Business. Steven Okazaki

Kurzfilme

Witness to War: Dr. Charlie Clements. David Goodman
The Courage to Care. Robert Gardner
Keats and His Nightingale: A Blind Date. Michael Crowley,
  James Wolpaw
Making Overtures: The Story of a Community Orchestra.
  Barbara Willis Sweet
The Wizard of the Strings. Alan Edelstein

1986

Langfilme

Artie Shaw: Time Is All You've Got. Brigitte Berman
Down and Out in America. Joseph Feury, Milton Justice.
Chile: Hasta Cuando?. David Bradbury
Isaac in America: A Journey With Isaac Bashevis Singer.
  Kirk Simon
Witness to Apartheid. Sharin I. Sopher

Women – For America, for the World. Vivienne Verdon-Roe
Debonair Dancers. Alison Nigh-Strelich
The Masters of Disaster. Sonya Friedman
Red Grooms: Sunflower in a Hothouse. Thomas L. Neff,
   Madeline Bell, Aaron D. Weisblatt

1987

Langfilme

**The Ten-Year Lunch: The Wit and Legend of the Algonquin
   Round Table**. Aviva Slesin
Eyes on the Prize: America's Civil Rights Years, Bridge to
   Freedom. Callie Crossley, James A. DeVinney
A Stitch for Time. Barbara Herbrich, Cyril Christo
Hellfire: A Journey from Hiroshima. John Junkerman, John
   Dower
Radio Bikini. Robert Stone

Kurzfilme

Young at Heart. Sue Marx, Pamela Conn
Frances Steloff: Memoirs of a Bookseller. Deborah Dickson
Silver into Gold. Lynn Mueller
In the Wee Wee Hours. University of Southern California
Language Says it All. Megan Williams

1988

Langfilme

Hotel Terminus: The Life and Times of Klaus Barbie. Marcel
   Ophüls
The Cry of Reason – Beyers Naude: An Afrikaner Speaks Out.
   Robert Bilhelmer, Ronald Mix
Let's Get Lost. Bruce Weber, Nan Bush
Promises to Keep. Ginny Durrin
Who Killed Vincent Chin? Renee Tajima, Christine Choy

Kurzfilme .

You Don't Have to Die. William Guttentag, Malcolm Clarke
The Children's Storefront. Karen Goodman
Family Gathering. Lise Yasul, Ann Tegnell
Gang Cops. Thomas B. Fleming, Daniel J. Marks
Portrait of Imogen. Nancy Hale, Meg Partridge

1989

Langfilme

Common Threads: Stories from the Quilt. Adam Clayton
  Powell
Crack U.S.A.: Country Under Siege.
For All Mankind.
Super Chief: The Life and Legacy of Earl Warren.

Kurzfilme

The Johnstown Flood.
Fine Food, Fine Pastries, Open 6 to 9
Yad Vashem: Preserving the Past to Insure the Future

1990

Langfilme

American Dream. Arthur Cohn, Barbara Kopple
Berkeley in the Sixties. Mark Kitchell
Building Bombs. Susan Robinson, Mark Mori
Forever Activists: Stories from the Veterans of the Abraham
  Lincoln Brigade. Judith Montell
Waldo Salt: A Screenwriter's Journey. Robert Hillmann

Kurzfilme

Days of Waiting. Steven Okazaki
Burning Down Tomorrow. Kit Thomas
Chimps: So Like Us. Karen Goodman, Kirk Simon
Journey into Life: The World of the Unborn. Derek Bromhall
Rose Kennedy: A Life to Remember. Freida Lee Mock, Terry
  Sanders

1991

Langfilme

In the Shadow of the Stars. Allie Light, Irving Saraf
Death on the Job. Vince DiPersio, William Guttentag
Doing Time: Life Inside the Big House. Alan Raymond, Susan
    Raymond
Wild by Law. Lawrence Hott, Diane Garey
Restless Conscience: Resistance to Hitler Within Germany
    1933–1945. Hava Kohav Beller

Kurzfilme

**Deadly Deception: General Electric, Nuclear Weapons and
    Our Environment**. Debra Chasnoff
Memorial: Letters from American Soldiers. Bill Couturie,
    Bernard Edelman
The Mark of the Maker. David McGowan
Birdnesters of Thailand. Eric Valli, Alain Majani
A Little Vicious. Immy Humes

1992

Langfilme

The Panama Deception. Barbara Trent, David Kasper
Changing Our Minds: The Story of Dr. Evelyn Hooker. David
    Haugland
Fires of Kuwait. Sally Dundas
Liberators: Fighting on Two Fronts in World War II. William
    Miles, Nina Rosenblum
Music for the Movies: Bernard Herrmann. Margaret Smilov,
    Roma Baran

Kurzfilme

Educating Peter. Thomas C. Goodwin, Gerardine Wurzburg
At the Edge of Conquest: The Journey of Chief Wai-Wai.
    Geoffrey O'Connor
Beyond Imagining: Margret Anderson and the »Little Review«.
    Wendy L. Weinberg

The Colours of My Father: A Portrait of Sam Borenstein.
Richard Elson, Sally Bochner
When Abortion Was Illegal: Untold Stories. Dorothy Fadiman

1993

Langfilme

I am Promised: The Children of Stanton Elementary School.
Susan Raymond, Alan Raymond
The Broadcasting Tapes of Dr. Peter. David Paperny, Arthur
Ginsberg
Children of Fate. Adam Friedson, Andrew Young
For Better or for Worse. David Collier, Betsy Thompson
The War Room. D. A. Pennebaker, Chris Hegedus

Kurzfilme

Defending Our Lives. Margaret Lazarus, Renner Wunderlich
Blood Ties: The Life and Work of Sally Mann. Steven Cantor,
Peter Spirer
Chicks in White Satin. Elaine Holliman, Jason Schneider

V. Kurzfilme

Der nachfolgende Datenteil listet alle Kurzfilme auf, die in den Jahren 1931 bis 1994 entweder einen Oscar erhielten oder für einen solchen nominiert wurden. Die Gewinner sind **fett** gedruckt, hinter dem Filmtitel findet sich der Produzent und, soweit recherchierbar, das Produktionsland, falls der Film nicht in den USA hergestellt wurde. Die Jahresangaben beziehen sich auf das Wahljahr, die eigentliche Oscar-Verleihung fand also erst im Frühjahr des darauffolgenden Jahres statt.

1931/32

Cartoons

Flowers and Trees. Walt Disney
Mickey's Orphans. Walt Disney
It's Got Me Again. Leon Schlesinger

Komödie

The Music Box. Hal Roach
The Loud Mouth. Mack Sennett
Stout Hearts and Willing Hands. RKO

Wrestling Swordfish. Mack Sennett
Screen Souvenirs. Paramount
Swing High. MGM

1932/33

Cartoons

The Three Little Pigs. Walt Disney
Building a Building. Walt Disney
The Merry Old Soul. Walter Lantz

Komödie

So This Is Harris. RKO
Mister Mugg. Universal
Preferred List. RKO

Neuheiten

Krakatoa. Educational
Menu. Pete Smith
The Sea. Educational

1934

Cartoons

The Tortoise and the Hare. Walt Disney
Holiday Land. Charles Mintz
Jolly Little Elves. Universal

Komödie

La Cucaracha. RKO
Men in Black. Columbia
What, No Men!. Warner Brothers

Neuheiten

City of Wax. Educational
Bosom Friends. Educational
Strikes and Spares. MGM

1935

Cartoons

Three Orphan Kittens. Walt Disney
The Calico Dragon. Harman-Ising
Who Killed Cock Robin? Walt Disney

Komödie

How to Sleep. MGM
Oh, My Nerves. Columbia
Tit For Tat. Hal Roach

Neuheiten

Wings over Mt. Everest. Educational
Audioscopiks. MGM
Camera Thrills. Universal

1936

Cartoons

Country Cousin. Walt Disney
Old Mill Pond. Harman-Ising
Sinbad the Sailor. Paramount

Einakter

Bored of Education. Hal Roach
Moscow Moods. Paramount
Wanted, a Master. Pete Smith

Zweiakter

The Public Pays. MGM
Double or Nothing. Warner Brothers
Dummy Ache. RKO

Farbfilme

Give Me Liberty. Warner Brothers
La Fiesta de Santa Barbara. MGM
Popular Science J-6-2. Paramount

› Ferdinand the Bull ‹

1937

Cartoons

The Old Mill. Walt Disney
Educated Fish. Paramount
The Little Match Girl. Charles Mintz

Einakter

Private Life of the Gannets. Educational
A Night at the Movies. MGM
Romance of Radium. Pete Smith

Zweiakter

Torture Money. MGM
Deep South. RKO
Should Wives Work?. RKO

Farbfilme

Penny Wisdom. Pete Smith
The Man Without a Country. Warner Brothers
Popular Science J-7-1. Paramount

1938

Ferdinand the Bull. Walt Disney
Brave Little Tailor. Walt Disney
Mother Goose Goes Hollywood. Walt Disney
Good Scouts. Walt Disney
Hunky and Spunky. Paramount

Einakter

That Mothers Might Live. MGM
The Great Heart. MGM
Timber Toppers. 20th Century-Fox

Zweiakter

Declaration of Independence. Warner Brothers
Swingtime in the Movies. Warner Brothers
They're Always Caught. MGM

1939

Cartoons

The Ugly Duckling. Walt Disney
Detouring America. Warner Brothers
Peace on Earth. MGM
The Pointer. Walt Disney

Einakter

Busy Little Bears. Paramount
Information Please. RKO
Prophet Without Honor. MGM
Sword Fishing. Warner Brothers

Zweiakter

Sons of Liberty. Warner Brothers
Drunk Driving. MGM
Five Times Five. RKO

1940

Cartoons

Milky Way. MGM
Puss Gets the Boot. MGM
A Wild Hare. Leon Schlesinger

Einakter

Quicker 'n a Wink. Pete Smith
London Can Take It. Warner Brothers
More About Nostradamus. MGM
Siege. RKO

Zweiakter

Teddy, the Rough Rider. Warner Brothers
Eyes of the Navy. MGM
Service with the Colors. Warner Brothers

1941

Cartoons

Lend a Paw. Walt Disney
Boogie Woogie Bugle Boy of Company B. Walter Lantz
Hiawatha's Rabbit Hunt. Leon Schlesinger
How War Came. Columbia
The Night Before Christmas. MGM
Rhapsody in Rivets. Leon Schlesinger
The Rookie Bear. MGM
Rhythm in the Ranks. George Pal
Superman No. 1. Paramount
Truant Officer Donald. Walt Disney

Einakter

Of Pups and Puzzles. MGM
Army Champions. Pete Smith
Beauty and the Beach. Paramount
Down on the Farm. Paramount
Forty Boys and a Song. Warner Brothers
Kings of the Turf. Warner Brothers
Sagebrush and Silver. 20th Century-Fox

Main Street on the March. MGM
Alive in the Deep. Woodard Productions
Forbidden Passage. MGM
The Gay Parisian. Warner Brothers
The Tanks Are Coming. Warner Brothers

1942

Cartoons

Der Führer's Face. Walt Disney
All Out For V. 20th Century-Fox
The Blitz Wolf. MGM
Juke Box Jamboree. Walter Lantz
Pigs in a Polka. Leon Schlesinger
Tulips Shall Grow. George Pal

Einakter

Speaking of Animals and Their Families. Paramount
Desert Wonderland. 20th Century-Fox
Marines in the Making. Pete Smith
United States Marine Band. Warner Brothers

Zweiakter

Beyond the Line of Duty. Warner Brothers
Don't Talk. MGM
Private Smith of the USA. RKO

1943

Cartoons

Yankee Doodle Mouse. Frederick Quimby
The Dizzy Acrobat. Walter Lantz
The Five Hundred Hats of Bartholomew Cubbins. George Pal
Greetings. Leon Schlesinger
Imagination. Dave Fleischer
Reason and Emotion. Walt Disney

Amphibious Fighters. Grantland Rice
Cavalcade of the Dance With Veloz and Yolanda. Gordon Hollingshead
Champions Carry On. Edmund Reek
Hollywood in Uniform. Ralph Staub
Seeing Hands. Pete Smith

Zweiakter

Heavenly Music. Jerry Bresler, Sam Coslow
Letter to a Hero. Fred Ullman
Mardi Gras. Walter MacEwen
Women at War. Gordon Hollingshead

1944

Cartoons

Mouse Trouble. Frederick C. Quimby
And To Think I Saw It on Mulberry Street. George Pal
The Dog, Cat and Canary. Columbia
Fish Fry. Walter Lantz
How To Play Football. Walt Disney
My Boy, Johnny. Paul Terry
Swooner Crooner. Warner Brothers

Einakter

Who's Who in Animal Land. Jerry Fairbanks
Blue Grass Gentleman. Edmund Reek
50th Anniversary of Motion Pictures. Ralph Staub
Jammin' the Blues. Gordon Hollingshead
Movie Pests. Pete Smith

Zweiakter

I Won't Play. Gordon Hollingshead
Bombalera. Louis Harris
Main Street Today. Jerry Bresler

1945

Cartoons

Quiet Please. Frederick Quimby
Donald's Crime. Walt Disney
Jasper and the Beanstalk. George Pal
Life With Feathers. Eddie Selzer
Mighty Mouse in Gypsy Life. Paul Terry
Poet and Peasant. Walter Lantz
Rippling Romance. Columbia

Einakter

Stairway to Light. Herbert Moulton
Along the Rainbow Trail. Edmund Reek
Screen Snapshots 25th Anniversary. Ralph Staub
Story of a Dog. Gordon Hollingshead
White Rhapsody. Grantland Rice
Your National Gallery. Joseph O'Brien, Thomas Mead

Zweiakter

Star in the Night. Gordon Hollingshead
A Gun in His Hand. Chester Franklin
The Jury Goes Round 'n' Round. Jules White
The Little Witch. George Templeton

1946

Cartoons

The Cat Concerto. Frederick Quimby
Chopin's Musical Moments. Walter Lantz
John Henry and the Inky Poo. George Pal
Squatter's Rights. Walt Disney
Walky Talky Hawky. Edward Selzer

Einakter

Facing Your Danger. Gordon Hollingshead
Dive-Hi Champs. Jack Eaton
Golden Horses. Edmund Reek

Smart as a Fox. Gordon Hollingshead
Sure Cures. Pete Smith

Zweiakter

A Boy and His Dog. Gordon Hollingshead
College Queen. George Templeton
Hiss and Yell. Jules White
The Luckiest Guy in the World. Jerry Bresler

1947

Cartoons

Tweetie Pie. Edward Selzer
Chip an' Dale. Walt Disney
Dr. Jekyll and Mr. Mouse. Fredrick Quimby
Pluto's Blue Note. Walt Disney
Tubby the Tuba. George Pal

Einakter

Goodbye Miss Turlock. Herbert Moulton
Brooklyn USA. Thomas Mead
Moon Rockets. Jerry Fairbanks
Now You See It. Pete Smith
So You Want To Be in Pictures. Gordon Hollingshead

Zweiakter

Climbing the Matterhorn. Irving Allen
Champagne for Two. Harry Grey
Fight of the Wild Stallions. Thomas Mead
Give Us the Earth. Herbert Morgan
A Voice is Born. Ben Blake

1948

Cartoons

The Little Orphan. Frederick Quimby
Mickey and the Seal. Walt Disney
Mouse Wreckers. Edward Selzer

Robin Hoodlum. United Productions of America
Tea for Two Hundred. Walt Disney

Symphony of a City. Edmund H. Reek
Annie Was a Wonder. Herbert Moulton
Cinderella Horse. Gordon Hollingshead
So You Want To Be on the Radio. Gordon Hollingshead
You Can't Win. Pete Smith

Zweiakter

Seal Island. Walt Disney
Calgary Stampede. Gordon Hollingshead
Going to Blazes. Herbert Morgan
Samba-Mania. Harry Grey
Snow Capers. Thomas Mead

1949

Cartoons

For Scenti-Mental Reasons. Edward Selzer
Hatch Up Your Troubles. Frederick Quimby
Magic Fluke. Stephen Bosustow
Toy Tinkers. Walt Disney

Einakter

Aquatic House-Party. Jack Eaton
Roller Derby Girl. Justin Herman
So You Think You're Not Guilty. Gordon Hollingshead
Spills and Chills. Walton C. Ament
Water Trix. Pete Smith

Zweiakter

Van Gogh. Gaston Diehl, Robert Haessens
Boy and the Eagle. William Lasky
Chase of Death. Irving Allen

The Grass is Always Greener. Gordon Hollingshead
Snow Carnival. Gordon Hollingshead

1950

Cartoons

Gerald McBoing-Boing. Stephen Bosustow
Jerry's Cousin. Frederick Quimby
Trouble Indemnity. Stephen Bosustow

Einakter

Grandad of Races. Gordon Hollingshead
Blaze Busters. Robert Youngson
Wrong Way Butch. Pete Smith

Zweiakter

In Beaver Valley. Walt Disney
Grandma Moses. Falcon Films
My Country 'tis of Thee. Gordon Hollingshead

1951

Cartoons

Two Mouseketeers. Frederick Quimby
Lambert, the Sheepish Lion. Walt Disney
Rooty Toot Toot. Stephen Bosustow

Einakter

World of Kids. Robert Youngson
Ridin' the Rails. Jack Eaton
The Story of Time. Robert G. Leffington. GB

Zweiakter

Nature's Half Acre. Walt Disney
Balzac. Les Films du Compass. F
Danger Under the Sea. Thomas Mead

1952

Cartoons

Johann Mouse. Frederick Quimby
Little Johnny Jet. Frederick Quimby
Madeline. Stephen Bosustow
Pink and Blue Blues. Stephen Bosustow
Romance of Transportation. Tom Daly. Kanada

Einakter

Light in the Window. Boris Vermont
Athletes of the Saddle. Jack Eaton
Desert Killer. Gordon Hollingshead
Neighbours. Norman McLaren. Kanada
Royal Scotland. British Information Services. GB

Zweiakter

Water Birds. Walt Disney
Bridge of Time. British Information Services. GB
Devil Take Us. Herbert Morgan
Thar She Blows!. Gordon Hollingshead

1953

Cartoons

Toot, Whistle, Plunk and Boom. Walt Disney
Christopher Crumpet. Stephen Bosustow
From A To Z-Z-Z-Z. Edward Selzer
Rugged Bear. Walt Disney
The Tell Tale Heart. Stephen Bosustow

Einakter

The Merry Wives of Windsor Overture. Johnny Green
Christ Among the Primitives. Vincenzo Lucci-Chiarissi. I
Herring Hunt. National Film Board. Kanada
Joy of Living. Boris Vermont
Wee Water Wonders. Jack Eaton

›When Magoo Flew ‹

I Never Forget a Face. Robert Youngson
Time Stood Still. Cedric Francis

Zweiakter

The Bespoke Overcoat. Romulus Films
Cow Dog. Larry Lansburgh
The Dark Wave. John Healy
Samoa. Walt Disney

1957

Cartoons

Birds Anonymous. Edward Selzer
One Droopy Knight. William Hanna, Joseph Barbera
Tabasco Road. Edward Selzer
Trees and Jamaica Daddy. Stephen Bosustow
The Truth About Mother Goose. Walt Disney

Realfilme

The Wetback Hound. Larry Lansburgh
A Chairy Tale. Norman McLaren. Kanada
City of Gold. Tom Daly. Kanada
Foothold on Antarctica. James Carr
Portugal. Ben Sharpsteen

1958

Cartoons

Knighty Knight Bugs. John W. Burton
Paul Bunyan. Walt Disney
Sidney's Family Tree. William M. Weiss

Realfilme

Grand Canyon. Walt Disney
Journey into Spring. Ian Ferguson. GB
The Kiss. John Patrick Hayes
Snows of Aorangi. George Brest. Neuseeland
T Is for Tumbleweed. James A. Lebenthal

1959

Cartoons

Moonbird. John Hubley
Mexicali Shmoes. John W. Burton
Noah's Ark. Walt Disney
The Violinist. Ernest Pintoff

Realfilme

Le poisson doré. Jacques-Yves Cousteau. F
Between the Tides. Ian Ferguson. GB
Mysteries of the Deep. Walt Disney
The Running, Jumping and Standing-Still Film. Peter Sellers. GB
Skyscraper. Shirley Clarke, Willard van Dyke, Irving Jacoby

1960

Cartoons

Munro. William L. Snyder
Goliath II. Walt Disney
High Note. Warner Brothers
Mouse and Garden. Warner Brothers
A Place in the Sun. Frantisek Vystrecil. CSSR

Realfilme

Day of the Painter. Ezra R. Baker
The Creation of Woman. Charles F. Schwep, Ismail Merchant.
    Indien
Islands of the Sea. Walt Disney
A Sport Is Born. Leslie Winik

1961

Cartoons

Ersatz. Zagreb Films. Jugoslawien
Aquamania. Walt Disney
Beep Prepared. Chuck Jones
Nelly's Folly. Chuck Jones
Pied Piper of Guadalupe. Friz Freleng

Seawards the Great Ships. Templar Film Studios
Play Ball!. Cine-Documents
The Face of Jesus. Dr. John D. Jennings
Rooftops of New York. McCarty-Rush-Productions
Very Nice, Very Nice. National Film Board. Kanada

1962

Cartoons

The Hole. John und Faith Hubley
Icarus Montgolfier Wright. Jules Engel
Now Hear This. Warner Brothers
Self Defense − For Cowards. William L. Snyder
Symposium on Popular Songs. Walt Disney

Realfilme

Heureux Anniversaire. Pierre Etaix, J. C. Carrière. F
Big City Blues. Martina und Charles Huguenot van der Linden.
  Niederlande
The Cadillac. Robert Clouse
The Cliff Dwellers. Hayward Anderson
Pan. Herman van der Horst

1963

Cartoons

The Critic. Ernest Pintoff
Automania 2000. John Halas
Igra. Dusan Vukotic. Jugoslawien
My Financial Career. Colin Low, Tom Daly. Kanada
Pianissimo. Carmen d'Avino

Realfilme

An Occurence at Owl Creek Bridge. Paul de Roubaix, Marcel
  Ichac. F
The Concert. Ezra Baker

Home-Made Car. James Hill
Six-Sided Triangle. Christopher Miles
That's Me. Walker Stuart

1964

Cartoons

The Pink Phink. David H. DePatie, Friz Freleng
Christmas Cracker. National Film Board. Kanada
How to Avoid Friendship. William L. Snyder
Nudnik No. 2. William L. Snyder

Realfilme

Casals Conducts: 1964. Edward Schreiber
Help! My Snowman's Burning Down. Carson Davidson
The Legend of Jimmy Blue Eyes. Robert Clouse

1965

Cartoons

The Dot and the Line. Chuck Jones, Les Goldman
Clay or the Origin of Species. Eliot Noyes jr.
La gazza ladra. Emanuele Luzzati. I

Realfilme

Le Poulet. Claude Berri. F
Fortress of Peace. Lothar Wolff
Skaterdater. Marshal Backlar, Noel Black
Snow. Edgar Anstey. GB
Time Piece. Jim Henson

1966

Cartoons

Herb Alpert and the Tijuana Brass Double Feature. John und
   Faith Hubley
The Drag. Wolf Koenig, Robert Verrall. Kanada
The Pink Blueprint. David H. DePatie, Friz Freleng

Realfilme

Wild Wings. Edgar Anstey. GB
Turkey the Bridge. Derek Williams
The Winning Strain. Leslie Winik

1967

Cartoons

The Box. Fred Wolf
Hypothèse Beta. Jean-Charles Meunier. F
What on Earth!. Robert Verrall, Wolf Koenig. Kanada

Realfilme

A Place to Stand. Christopher Chapman. Kanada
Paddle to the Sea. Julian Biggs. Kanada
Sky over Holland. John Ferno. Niederlande
Stop, Look and Listen. Len Janson, Chuck Menville

1968

Cartoons

Winnie the Pooh and the Blustery Day. Walt Disney
The House that Jack Built. Wolf Koenig, Jim MacKay
The Magic Pear Tree. Jimmy Murakami
Windy Day. John und Faith Hubley

Realfilme

Robert Kennedy Remembered. Charles Guggenheim
The Dove. George Coe, Sidney Davis, Anthony Lover
Duo. National Film Board. Kanada
Prelude. John Astin

1969

Cartoons

It's Tough To Be a Bird. Ward Kimball
Of Men and Demons. John und Faith Hubley
Walking. Ryan Larkin. Kanada

Realfilme

The Magic Machines. Joan Keller Stern
Blake. Doug Jackson. Kanada
People Soup. Marc Merson

1970

Cartoons

Is It Always Right To Be Right?. Nick Bosustow
The Further Adventures of Uncle Sam: Part Two. Robert Mitchell, Dale Case
The Shepherd. Cameron Guess

Realfilme

The Resurrection of Bronco Billy. John Longenecker
Shut Up . . . I'm Crying. Robert Siegler
Sticky My Fingers...Fleet My Feet. John Hancock

1971

Cartoons

The Crunch Bird. Ted Petok
Evolution. Michael Mills
The Selfish Giant. Peter Sander, Murray Shostak

Realfilme

Sentinels of Silence. Manuel Arango, Robert Amram
Good Morning. Denny Evans, Ken Greenwald
The Rehearsal. Stephen F. Verona

1972

Animationsfilme

A Christmas Carol. Richard Williams
Kama Sutra Rides Again. Bob Godfrey
Tup Tup. Nedeljko Dragic. Jugoslawien

Norman Rockwell's World . . . An American Dream. Richard Barclay
Frog Story. Ron Satlof, Ray Gideon
Solo. David Adams

1973

Animationsfilme

Frank Film. Frank Mouris
The Legend of John Henry. Nick Bosustow, David Adams
Pulcinella. Emanuele Luzzati, Giulio Gianini. I

Realfilme

The Bolero. Allan Miller, William Fertik
Clockmaker. Richard Gayer
Life Times Nine. Pen Densham, John Watson

1974

Animationsfilme

Closed Mondays. Will Vinton, Bob Gardiner
The Family That Dwelt Apart. Yvon Mallette, Robert Verrall. Kanada
Hunger. Peter Foldes, Rene Jodoin. Kanada
Voyage to Next. Faith und John Hubley
Winnie the Pooh and Tigger Too. Wolfgang Reitherman

Realfilme

One-Eyed Men Are Kings. Paul Claudon, Edmond Sechan. F
Climb. Dewitt Jones
The Concert. Julian und Claude Chagrin
Planet Ocean. George V. Casey
The Violin. Andrew Welsh, George Pastic

1975

Animationsfilme

Great. Bob Godfrey. GB
Kick Me. Robert Swarthe
Monsieur Pointu. Bernard Longpre, Andre Leduc. Kanada
Sisyphus. Marcell Jankovics. Ungarn

Realfilme

Angel and Big Joe. Bert Salzman
Conquest of Light. Louis Marcus
Dawn Flight. Lawrence M. Lansburgh, Brian Lansburgh
A Day in the Life of Bonnie Consolo. Barry Spinello
Doubletalk. Alan Beattie

1976

Animationsfilme

Leisure. Suzanne Baker. Australien
Dedalo. Manfredo Manfredi. I
The Street. Caroline Leaf, Guy Glover. Kanada

Realfilme

In the Region of Ice. Andre Guttfreund, Peter Werner
Kudzu. Marjorie Anne Short
The Morning Spider. Julian Chagrin, Claude Chagrin
Nightlife. Claire Wilbur, Robin Lehman
Number One. Dyan Cannon, Vince Cannon

1977

Animationsfilme

Sand Castle. Co Hoedeman. Kanada
The Bead Game. Ishu Patel. Kanada
The Doonesbury Special. John und Faith Hubley, Gary Trudeau
Jimmy the C. Jimmy Picker, Robert Grossman, Craig Whittaker

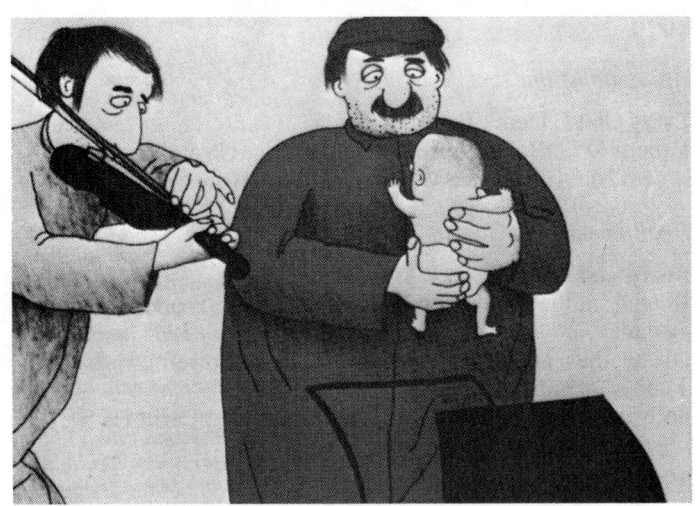

› *Every Child* ‹

Realfilme

I'll Find a Way. Beverly Shaffer, Yuki Yoshida. Kanada
The Absent-Minded Waiter. William E. McEuen
Floating Free. Jerry Butts
Notes on the Popular Arts. Saul Bass
Spaceborne. Philip Dauber

1978

Animationsfilme

Special Delivery. Eunice Macaulay, John Weldon. Kanada
Oh My Darling. Nico Crama
Rip van Winkle. Will Vinton

Realfilme

Teenage Father. Taylor Hackford
A Different Approach. Jim Belcher, Fern Field
Mandy's Grandmother. Andrew Sugerman
Strange Fruit. Seth Pinsker

1979

Animationsfilme

Every Child. Derek Lamb. Kanada
Dream Doll. Bob Godfrey, Zlatko Grgic. USA. Jugoslawien
It's So Nice To Have a Wolf Around the House. Paul Fierlinger

Realfilme

Board and Care. Sarah Pillsbury, Ron Ellis
Bravery in the Field. Roman Kroitor, Stefan Wodoslawsky. Kanada
Oh Brother, My Brother. Carol und Ross Lowell
The Solar Film. Saul Bass, Michael Britton
Solly's Diner. Harry Mathias, Jay Zukerman, Larry Hankin

1980

Animationsfilme

The Fly. Ferenc Rofusz. Ungarn
All Nothing. Frederic Back. Kanada
History of the World in Three Minutes Flat. Michael Mills

Realfilme

The Dollar Bottom. Lloyd Phillips
Fall Line. Bob Carmichael, Greg Lowe
A Jury of Her Peers. Sally Heckel

1981

Animationsfilme

Crac. Frederick Back. Kanada
The Creation. Will Vinton
The Tender Tale of Cinderella Penguin. Janet Perlman. Kanada

Realfilme

Violet. Paul Kemp, Shelley Levinson
Couples and Robbers. Christine Oestreicher
First Winter. John N. Smith. Kanada

1982

Animationsfilme

Tango. John Zaritsky. Polen
The Great Cognito. Will Vinton
The Snowman. John Coates

Realfilme

A Shocking Accident. Christine Oestreicher
Ballet Robotique. Bob Rogers
The Silence. Michael Toshiyuki Uno, Joseph Benson
Split Cherry Tree. Jan Saunders
Srendi Vashtar. Andrew Birkin

1983

Animationsfilme

Sundae in New York. Jimmy Picker
Mickey's Christmas Carol. Burny Mattinson
Sound of Sunshine − Sound of Rain. Eda Hallinan

Realfilme

Boys and Girls. Janice L. Platt
Goodie Two-Shoes. Ian Emes
Overnight Sensation. Jon N. Bloom

1984

Animationsfilme

Charade. Jon Minnis
Doctor Desoto. Morton Schindel, Michael Sporn
Paradise. Ishu Patel. Kanada

Realfilme

Up. Mike Hoover
The Painted Door. Michael MacMillan, Janice L. Platt. USA/Kanada
Tales of Meeting and Parting. Sharon Oreck, Lesli Linka Glatter

1985

Animationsfilme

Anna and Bella. Cilia Van Dijk. Niederlande
The Big Snit. Richard Condie, Michael Scott. Kanada
Second Class Mail. Alison Snowden

Realfilme

Molly's Pilgrim. Jeff Brown
Graffiti. Dianna Costello
Rainbow War. Bob Rogers

1986

Animationsfilme

A Greek Tragedy. Linda Van Tulden, Willem Thijssen
The Frog, the Dog and the Devil. Hugh MacDonald, Martin
    Townsend. Neuseeland
Luxo Jr. John Lasseter, William Reeves

Realfilme

Precious Images. Chuck Workman
Exit. Stefano Reali, Pino Quartullo. Italien
Love Struck. Fredda Weiss

1987

Animationsfilme

The Man Who Planted Trees. Frederic Back
George and Rosemary. Eunice Macaulay
Your Face. Bill Plymton

Realfilme

Ray's Male Heterosexual Dance Hall. Jonathan Sanger, Jana
    Sue Memel
Shoeshine. Robert A. Katz
Making Waves. Ann Wingate

1988

Animationsfilme

Tin Toy. David Lasseter
The Cat Came Back. Cordell Barker
Technological Thread. Bill Kroyer

Realfilme

The Appointment of Dennis Jennings. Dean Parisot, Steven
    Wright
Cadillac Dreams. Matia Karrel
Gullah Tales. Gary Moss

1989

Animationsfilme

Balance.
Cow.
The Hill Farm.

Realfilme

Work Experience.
Amazon Diary.
The Child Eater.

1990

Animationsfilme

Creature Comforts. Nick Park
A Grand Day Out. Nick Park
Cavallette/Grasshoppers. Bruno Bozzetto

Realfilme

The Lunch Date. Adam Davidson
Bronx Cheers. Raymond DeFelitta, Matthew Gross
Dear Rosie. Peter Cattaneo, Barnaby Thompson
Senzeni Na?/What Have We Done? Bernard Joffa, Anthony
    E. Nicholas
12:01 pm. Hillary Ripps, Jonathan Heap

1991

Animationsfilme

Manipulation. Daniel Greaves
Blackfly. Christopher Hinton
Strings. Wendy Tilby

Realfilme

Session Man. Seth Winston, Rob Fried
Birch Street Gym. Stephen Kessler, T.R. Conroy
Last Breeze of Summer. David M. Massey

1992

Animationsfilme

Mona Lisa Descending A Staircase. Joan C. Gratz
Adam. Peter Lord
Reci, Reci, Reci ... (Words, Words, Words ...) Michaela
    Pavlátová
The Sandman. Paul Berry
Screen Play. Barry J. C. Purves

Realfilme

Omnibus. Sam Karmann
Contact. Jonathan Darby, Jana Sue Memel
Cruise Control. Matt Palmieri
The Lady in Waiting. Christian M. Taylor
Swan Song. Kenneth Branagh

1993

Animationsfilme

The Wrong Trousers. Nicholas Park
Blindscape. Stephen Palmer. Großbritannien
The Mighty River. Frédéric Back, Hubert Tison. Kanada
Small Talk. Bob Godfrey, Kevin Baldwin
The Village. Mark Baker

Realfilme

Black Rider (Schwarzfahrer). Pepe Danquart. Deutschland
Down on the Waterfront. Stacy Title, Jonathan Penner
The Dutch Master. Susan Seidelman, Jonathan Brett. Deutschland
Partners. Peter Weller, Jana Sue Memel
The Screw (La vis). Didier Flamand

VI. Ehren- und Sonderoscars

Ehrenoscars

1927/28	Charles Chaplin (*The Circus*)
	Warner Brothers (*The Jazz Singer*)
1931/32	Walt Disney
1935	David Wark Griffith
1936	W. Howard Greene und Harold Rosson (*The Garden of Allah*)
	The March of Time
1937	Edgar Bergen
	W. Howard Greene (*A Star Is Born*)
	The Museum of Modern Art Film Library
	Mack Sennett
1938	J. Arthur Ball
	Walt Disney (*Snow White and the Seven Dwarfs*)
	Gordon Jennings, Jan Domela, Dev Jennings, Irmin Roberts, Art Smith, Farciot Edouart, Loyal Griggs, Loren Ryder, Harry Mills, Louis H. Mesenkop und Walter Oberst (*Spawn of the North*)
	Oliver Marsh und Allen Davey (*Sweethearts*)
	Harry M. Warner
1939	Douglas Fairbanks
	William Cameron Menzies (*Gone With the Wind*)
	Motion Picture Relief Fund (Jean Hersholt, Ralph Morgan, Ralph Block, Conrad Nagel)
	Technicolor Company
1940	Bob Hope
	Colonel Nathan Levinson
1941	The British Ministry of Information (*Target For Tonight*)
	Walt Disney, William Garity, John N. A. Hawkins und RCA Manufacturing Company (*Fantasia*)
	Rey Scott (*Kukan*)
	Leopold Stokowski (*Fantasia*)
1942	Charles Boyer
	Noel Coward (*In Which We Serve*)
	MGM (*Andy Hardy*-Serie)
1943	George Pal
1944	Bob Hope

1945	Republic Studio, Daniel J. Bloomberg und Republic Sound Dpt
	Walter Wanger
	The House I Live In
1946	Ernst Lubitsch
	Laurence Olivier (*Henry V*)
	Harold Russell (*The Best Years of Our Lives*)
1947	James Baskette (*Song of the South*)
	Colonel William N. Selig, Albert E. Smith, Thomas Armat, George K. Spoor
	Bill and Coo
	Sciuscia
1948	Sid Grauman
	Walter Wanger (*Joan of Arc*)
	Adolph Zukor
	Monsieur Vincent
1949	Fred Astaire
	Cecil B. De Mille
	Jean Hersholt
	Ladri di biciclette
1950	Louis B. Mayer
	George Murphy
	Au-dela des grilles
1951	Gene Kelly
	Rashomon
1952	Merian C. Cooper
	Bob Hope
	Harold Lloyd
	George Alfred Mitchell
	Joseph M. Schenck
	Jeux interdits
1953	Bell and Howell Company
	Joseph I. Breen
	Pete Smith
	20th Century-Fox Film Corporation
1954	Bausch & Lomb Optical Company
	Greta Garbo
	Danny Kaye
	Kemp R. Niver

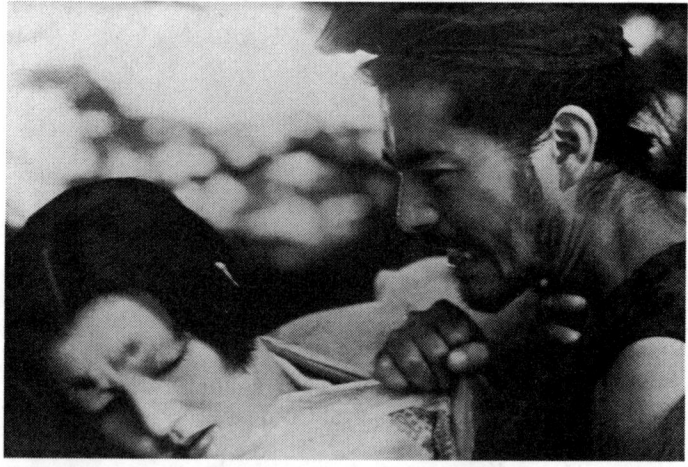

Machiko Kyo und Toshiro Mifune in › Rashomon ‹ (Rashomon) – Akira Kurosawas Meisterwerk öffnete dem japanischen Film den Weg in den Westen

Charlton Heston und einige Eingeborene auf dem › Planet of the Apes ‹ (Planet der Affen) – eine eigene Kategorie »Make-Up« wurde erst 1982 eingeführt. Zuvor wurden außerordentliche maskenbildnerische Leistungen, wie hier die Affenmasken von John Chambers, mit einem Sonderoscar honoriert.

1968   John Chambers (*Planet of the Apes*)
           Onna White (*Oliver!*)
1969   Cary Grant
1970   Lillian Gish
           Orson Welles
1971   Charles Chaplin
1972   L. B. Abbott und A. D. Flowers (*The Poseidon Adventure*)
           Charles S. Boren
           Edward G. Robinson
1973   Henri Langlois
           Groucho Marx
1974   Frank Brendel, Glen Robinson und Albert Whitlock (*Earthquake*)

	Howard Hawks
	Jean Renoir
1975	Peter Berkos (*The Hindenburg*)
	Albert Whitlock und Glen Robinson (*The Hindenburg*)
	Mary Pickford
1976	L. B. Abbott, Glen Robinson und Matthew Yuricich (*Logan's Run*)
	Carlo Rambaldi, Glen Robinson und Frank van der Veer (*King Kong*)
1977	Margaret Booth
	Benjamin Burtt jr. (*Star Wars*)
	Gordon E. Sawyer
	Sidney Paul Solow
	Frank E. Warner (*Close Encounters of the Third Kind*)
1978	Les Bowie, Colin Chilvers, Denys Coop, Roy Field, Derek Meddings und Zoran Perisic (*Superman*)
	Linwood G. Dunn
	Walter Lantz
	The Museum of Modern Art, Dpt of Film
	Laurence Olivier
	Loren L. Ryder
	King Vidor
	Waldon O. Watson
1979	John O. Aalberg
	Charles G. Clarke
	Hal Elias
	John G. Frayne
	Alec Guinness
	Alan Splet (*The Black Stallion*)
1980	Brian Johnson, Richard Edlund, Dennis Muren, Bruce Nicholson *(The Empire Strikes Back)*
	Henry Fonda
1981	Barbara Stanwyck
1982	Mickey Rooney
1983	Richard Edlund, Dennis Muren, Ken Ralston und Phil Tippet (*Return of the Jedi*)
	Hal Roach
1984	Frank Hodsoll
	Kay Rose (*The River*)
	James Stewart

1985	Alfred Newman
	Paul Newman
	Alex North *(Prizzi's Honor)*
1986	Ralph Bellamy
1993	Deborah Kerr

Juvenile Awards

1934	Shirley Temple
1938	Deanna Durbin
	Mickey Rooney
1939	Judy Garland
1944	Margaret O'Brien
1945	Peggy Ann Garner

Judy Garland und Mickey Rooney – eine der ersten Empfänger eines Juve-nile Awards

1946	Claude Jarman jr.
1948	Ivan Jandl (*The Search*)
1949	Bobby Driscoll
1954	Jon Whiteley (*The Little Kidnappers*)
	Vincent Winter (*The Little Kidnappers*)
1960	Hayley Mills (*Pollyanna*)

Irving G. Thalberg Memorial Award

1937	Darryl F. Zanuck
1938	Hal B. Wallis
1939	David O. Selznick
1941	Walt Disney
1942	Sidney Franklin
1943	Hal B. Wallis
1944	Darryl F. Zanuck
1946	Samuel Goldwyn
1948	Jerry Wald
1950	Darryl F. Zanuck
1951	Arthur Freed
1952	Cecil B. De Mille
1953	George Stevens
1956	Buddy Adler
1958	Jack L. Warner
1961	Stanley Kramer
1963	Sam Spiegel
1965	William Wyler
1966	Robert Wise
1967	Alfred Hitchcock
1970	Ingmar Bergman
1973	Lawrence Weingarten
1975	Mervyn Le Roy
1976	Pandro S. Berman
1977	Walter Mirisch
1979	Ray Stark
1981	Albert R. »Cubby« Broccoli
1986	Steven Spielberg
1987	Billy Wilder

Jean Hersholt Humanitarian Award

1956	Y. Frank Freeman
1957	Samuel Goldwyn
1959	Bob Hope
1960	Sol Lesser
1961	George Seaton
1962	Steve Broidy
1965	Edmond L. DePatie
1966	George Bagnall
1967	Gregory Peck
1968	Martha Raye
1969	George Jessel
1970	Frank Sinatra
1972	Rosalind Russell
1973	Lew Wasserman
1974	Arthur B. Krim
1975	Jules C. Stein
1977	Charlton Heston

Bob Hope überreicht Cecil B. De Mille den Irving G. Thalberg Award

1978	Leo Jaffe
1979	Robert S. Benjamin
1981	Danny Kaye
1982	Walter Mirisch
1983	M. J. Frankovich
1984	David Wolper
1985	Charles »Buddy« Rogers
1993	Paul Newman

Gordon E. Sawyer Award

1982	John O. Aalberg
1984	Linwood G. Dunn
1985	Paul Newman, Alex North
1986	Ralph Bellamy
1989	Akira Kurosawa
1990	Sophia Loren, Myrna Loy
1991	Satyajit Ray
1992	Liz Taylor, Federico Fellini
1993	Petro Vlahos

Irving G. Thalberg Memorial Award

1986	Steven Spielberg
1987	Billy Wilder
1990	Richard D. Zanuck, David Brown
1991	George Lucas

Jean Hersholt Humanitarian Award

1985	Charles (Buddy) Rogers
1989	Howard W. Koch
1992	Audrey Hepburn

Gordon E. Sawyer Award

1991	Ray Harryhausen

Special Achievement Award for Visual Effects

1990	Eric Brevig, Rob Bottin, Tim McGovern, Alex Funke (Total Recall)

VII. Oscars für wissenschaftliche und technische Leistungen

1. Klasse (Academy Award of Merit)

1930/31   DuPont Film Manufacturing Corp und Eastman Kodak Co
Electrical Research Products Inc, RCA-Photophone Inc und RKO Pictures Inc
1936   Douglas Shearer und MGM Studio Sound Dept
1937   Agfa Ansco Corp
1940   20th Century-Fox
1949   Eastman Kodak Co

Olivia de Havilland überreicht Professor Henri de Chrétien, dem Erfinder des CinemaScope-Verfahrens, einen Oscar 1. Klasse

1952	Eastman Kodak Co

1952   Eastman Kodak Co
General Aniline and Film Corp (Ansco Division)
1953   Professor Henri Chrétien, Earl Sponable, Sol Halprin, Lorin Grignon, Herbert Bragg und Carl Faulkner (20th Century-Fox)
1954   Loren L. Ryder, John R. Bishop und Paramount
1955   National Carbon Co
1957   Motion Picture Research Council
Todd-AO Corp und Westrex Corp
1964   Petro Vahlos, Wadsworth E. Pohl und Ub Iwerks
1968   Eastman Kodak Co
Philip V. Palmquist (Minnesota Mining and Manufacturing Co), Herbert Meyer (Motion Picture and Television Research Center) und Charles D. Staffell (Rank Organisation)
1977   Garrett Brown und Cinema Products Corp
1978   Eastman Kodak Co
Stefan Kudelski (Nagra Magnetic Recorders Inc)
Panavision Inc
1979   Mark Serrurier
1980   Linwood Dunn, Cecil Love, Acme Tool and Manufacturing Co
1981   Fuji Photo Film Co Ltd.
1982   August Arnold und Erich Kästner (Arnold und Richter GmbH)
1983   Dr. Kurt Larche (Osram GmbH)
1987   Bernard Kuhl, Werner Block (Osram Research & Development Co)
1993   Panavision Inc.
Manfred G. Michelson

2. Klasse (Scientific and Engineering Award)

1930/31 20th Century-Fox
1931/32 Technicolor Motion Picture Corp
1932/33 Electrical Research Products Inc
RCA-Victor Inc
1934   Electrical Research Products Inc
1935   Agfa Ansco Corp
Eastman Kodak Co

1936	RCA Manufacturing Co

1936   RCA Manufacturing Co
       E. C. Wente und Bell Telephone Laboratories
1937   Walt Disney Productions
       Eastman Kodak Co
       Farciot Edouart und Paramount
       Douglas Shearer und MGM Studio Sound Dept
1941   RCA Manufacturing Co
       Western Electric Co Inc (Electrical Research Products
       Division)
1942   Carroll Clark, F. Thomas Thompson und RKO Art and
       Miniature Dept
       Daniel B. Clark und 20th Century-Fox
1943   E. I. DuPont de Nemours and Co Inc (Photo Products
       Dept)
       Farciot Edouart, Earle Morgan, Barton Thompson und
       Paramount Studio Engineering and Transparency
       Depts
1944   Stephen Dunn, RKO Sound Dept und Radio Corp of
       America
1947   C. C. Davis und Western Electric Co (Electrical Re-
       search Products Division)
       C. R. Daily und Paramount Studio Film Laboratory,
       Still and Engineering Depts.
1948   Victor Caccialanza, Maurice Ayers und Paramount
       Studio Set Construction Dept
       Nick Kalten, Louis J. Witti und 20th Century-Fox Me-
       chanical Effects Dept
1950   James B. Gordon und 20th Century-Fox Camera Dept
       John P. Livadary, Floyd Campbell, L. W. Russell und
       Columbia Studio Sound Dept
       Loren L. Ryder und Paramount Studio Sound Dept
1951   Olin L. Dupy (MGM)
       Gordon Jennings, S. L. Stancliffe und Paramount Stu-
       dio Special Photographic and Engineering Depts
       Radio Corp of America (Victor Division)
1952   Technicolor Motion Picture Corp
1953   Reeves Soundcraft Corp
1955   Eastman Kodak Co
       Farciot Edouart, Hal Corl und Paramount Studio
       Transparency Dept

1957	Harlan L. Baumbach, Lorand Wargo, Howard M. Little und Unicorn Engineering Corp
	Societé d'Optique et de Mécanique de Haute Précision
1958	Panavision Inc
	Don W. Prideaux, LeRoy G. Leighton und General Electric Co Lamp Division
1959	Howard S. Coleman, A. Francis Turner, Harold H. Schroeder, James R. Benford und Harold E. Rosenberger (Bausch & Lomb Optical Co)
	Robert P. Gutterman (General Kinetics Inc) und Lipsner-Smith Corp
	Douglas G. Shearer (MGM), Robert E. Gottschalk und John R. Moore (Panavision Inc)
	Wadsworth E. Pohl, Jack Alford, Henry Imus, Joseph Schmit, Paul Fassnacht, Al Iofquist und Technicolor Corp
	Wadsworth E. Pohl, William Evans, Werner Hopf, S. E. Howse, Thomas P. Dixon, Stanford Research Institute und Technicolor Corp
1960	Ampex Professional Products Co
1961	James Dale, S. Wilson, H. E. Rice, John Rude, Laurie Atkin, Wadsworth E. Pohl, H. Peasgood und Technicolor Corp
	Sylvania Electric Products Inc
	20th Century-Fox Research Dept (unter Leitung von E. I. Sponable und Herbert E. Bragg) und Deluxe Laboratories Inc (mit Unterstützung von F. D. Leslie, R. D. Whitmore, A. A. Alden, Endel Pool und James B. Gordon)
1962	Ralph Chapman
	North American Philips Co Inc
	Albert S. Pratt, James L. Wassell und Hans C. Wohlrab (Bell & Howell Co)
	Charles E. Sutter, William Bryson Smith und Louis C. Kennell (Paramount)
1964	Pierre Angenieux
	Sidney P. Solow, Edward H. Reichard, Carl W. Hauge und Job Sanderson (Consolidated Film Industries)
1965	Arthur J. Hatch (Strong Electric Corp)
1966	Arnold & Richter GmbH

	Mitchell Camera Corp
1967	Kollmorgen Corp (Electro-Optical Division)
	Panavision Inc
	Waldon O. Watson und Universal City Studio Sound Dept
	Fred R. Wilson (Samuel Goldwyn Studio Sound Dept)
1968	Edmund M. DiGiulio, Niels G. Petersen und Norman S. Hughes (Cinema Product Development Co)
	Eastman Kodak Co
	Eastman Kodak Co und Producers Service Co
	Donald W. Norwood
	Optical Coating Laboratories Inc
	Panavision Inc
	Todd-AO Co und Mitchell Camera Co
1969	Juan de la Cierva und Dynasciences Corp
	Hazeltine Corp
	Fouad Said
1970	Leonard Sokolow und Edward H. Reichard (Consolidated Film Industries)
1971	John N. Wilkinson (Optical Radiation Corp)
1972	Joseph E. Bluth
	Panavision Inc
	Edward H. Reichard und Howard Z. La Zare (Consolidated Film Industries) und Edward Efron (IBM)
1973	Joachim Gerb und Erich Kästner (Arnold & Richter Co)
	Magna-Tech Electronic Co Inc
	Harold A. Scheib, Clifford H. Ellis und Roger W. Banks (Research Products Inc)
	William W. Valliant (PSC Technology Inc), Howard F. Ott (Eastman Kodak Co) und Gerry Diebold (Richmark Camera Service Inc)
1974	Burbank Studios Sound Dept
	Joseph D. Kelly (Glen Glenn Sound)
	Quad-Eight Sound Corp
	Samuel Goldwyn Studios Sound Dept
	Waldon O. Watson, Richard H. Stumpf, Robert J. Leonard und Universal City Studios Sound Dept
1975	William F. Miner (Universal City Studios and Westinghouse Electric Corp)

Chadwell O'Connor (O'Connor Engineering Laboratories)
1976   Consolidated Film Industries und Barneby-Cheney Co
William L. Graham, Manfred G. Michelson, Geoffrey F. Norman und Siegfried Seibert (Technicolor)
1977   John C. Dykstra, Alvah J. Miller und Jerry Jeffress
Eastman Kodak Co
Joseph D. Kelly, Barry K. Henley, Hammond H. Holt und Glen Glenn Sound
N. Paul Kenworthy jr. und William R. Latady
Stefan Kudelski (Nagra Magnetic Recorders Inc)
Panavision Inc
1978   Ray Dolby, Ioan Allen, David Robinson, Stephen Katz und Philip S. J. Boole (Dolby Laboratories)
1979   Mini-Micro Systems Inc
Neiman-Tillar Associates
1980   David Graston
Edward B. Krause (Filmline Corp)
Ernhardt Kühl und Werner Block (Osram GmbH)
Jean-Marie Lazalou, Alain Masseron und David Samuelson (Samuelson Alga Cinema S. A. und Samuel Film Service Ltd.)
Ross Taylor
1981   Edward Blasko, Roderick Ryan (Eastman Kodak Co)
Richard Edlund und Industrial Light & Magic (zwei Oscars)
Leonard Sokolow und Howard La Zare
Nelson Tyler
1982   Leonard Chapman
Jacobus Dimmers
Colin Mossman und Rank Film Laboratories (Research and Development Group)
Brianne Murphy und Donald Schisler (Mitchell Insert Systems Inc)
Mohammad Nozari (Minnesota Mining and Manufacturing Co)
Sante Zelli und Salvatore Zelli (Elemack Italia)
1983   Jonathan Erland und Roger Dorney (Apogee Inc)
Gunnar P. Michelson
Gerald L. Turpin (Lightflex International Ltd)

Erich Kästner und Volker Bahnemann mit ihrem Arriflex-Oscar

1984   Donald A. Anderson, Diana Reiners (3M Co)
Kenneth Richter (Richter Cine Equipment)
Gunther Schaidt, Rosco Laboratories
Barry M. Stultz, Ruben Avila, Wes Kennedy (Film Processing Corp)
Barry M. Stultz, Ruben Avila, Wes Kennedy, John Mosely (Film Processing Corp)
John Whitney jr., Gary Demos
1985   Myron Grodin, Joe P. Crookham, Jim Drost, David Crookham (Musco Mobile Lighting)
Imax Systems Corp
Ernst Nettmann (E.F: Nettmann & Ass), Edward Phillips, Carlos De Matos (Matthews Studio Equipment)

1986	Boss Film
	Bran Ferren, Charles Harrison, Kenneth Wisner (Associates & Ferren)
	William L. Frederick, Hal Needham
	Richard Benjamin Grant, Ron Grant (Auricle Control Systems)
	Robert Greenberg, Joel Hynek, Eugene Mamut (R/Greenberg Associates), Dr. Alfred Thumin, Elan Lipschitz, Darryl A. Armour (Oxberry Division of Richmark Camera Service)
	MGM Laboratories and Technical Film Systems
	Dr. Fritz Sennheiser (Sennheiser Electronic)
1987	Fritz Gabriel Bauer
	Willie Burth, Kinotone Corp
	Eastman Kodak
	Montage Group, Ronald C. Barker, Chester L. Schuler
	Colin F. Mossman, Rank Film Laboratories Development Group
	Carl Zeiss Co
	Zoran Perisic (Courier Films)
1993	Mark Leather, Les Dittert, Douglas Smythe, George Joblove
	Fritz Gabriel Bauer

3. Klasse (Technical Achievement Award)

1930/31	Electrical Research Products Inc
	RCA-Photophone Inc
	RKO Radio Pictures Inc
1931/32	Eastman Kodak Co
1932/33	20th Century-Fox, Fred Jackman, Warner Brothers und Sidney Sanders (RKO)
1934	Bell & Howell Co
	Columbia Pictures
1935	Electrical Research Products Inc
	MGM
	Mole-Richardson Co
	William A. Mueller (Warner Brothers)
	Nathan Levinson (Warner Brothers)
	Paramount
	Douglas Shearer und MGM Studio Sound Dept

1936	Electrical Research Products Inc
	RCA Manufacturing Co Inc (zwei Oscars)
	United Artists Studio Corp
1937	John Arnold und MGM Studio Camera Dept
	John Livadary (Columbia)
	Thomas T. Moulton und United Artists Studio Sound Dept
	RCA Manufacturing Co Inc
	Joseph E. Robbins und Paramount
	Douglas Shearer und MGM Studio Sound Dept
1938	John Aalberg und RKO Sound Dept
	Byron Haskin und Warner Brothers Special Effects Dept
1939	F. R. Abbott, Haller Belt, Alan Cook und Bausch & Lomb Optical Co
	George Anderson (Warner Brothers)
	John Arnold (MGM)
	Farciot Edouart, Joseph E. Robbins, William Rudolph und Paramount
	Charles Handley, David Joy und National Carbon Co
	Winton Hoch und Technicolor Motion Picture Corp
	Emery Huse und Ralph B. Atkinson
	Mitchell Camera Co
	Mole-Richardson Co
	Thomas T. Moulton, Fred Albin und Samuel Goldwyn Studio Sound Dept
	Don Musgrave und Selznick Intl. Pictures Inc
	Harold Nye (Warner Brothers)
	A. J. Tondreau (Warner Brothers)
1940	Anton Grot und Warner Brothers Art Dept
1941	Charles Lootens und Republic Studio Sound Dept
	Paramount und 20th Century-Fox
	Douglas Shearer, MGM Studio Sound Dept, Loren Ryder und Paramount Studio Sound Dept
	Wilbur Silvertooth und Paramount Studio Engineering Dept
	Ray Wilkinson und Paramount Studio Laboratory
1942	Daniel J. Bloomberg und Republic Studio Sound Dept
	Robert Henderson und Paramount Studio Engineering and Transparency Depts.

1943	Daniel J. Bloomberg und Republic Studio Sound Dept
	Charles Galloway Clarke und 20th Century-Fox Camera Dept
	Farciot Edouart und Paramount Studio Transparency Dept
	Willard H. Turner und RKO Sound Dept
1944	Daniel J. Bloomberg und Republic Studio Sound Dept
	Bernard B. Brown und John P. Livadary
	Russell Brown, Ray Hinsdale und Joseph E. Robbins
	Linwood Dunn, Cecil Love und Acme Tool Manufacturing Co
	Gordon Jennings
	Grover Laube und 20th Century-Fox Camera Dept
	Paul Lerpae
	Radio Corp of America und RKO Sound Dept
	Western Electric Co
	Paul Zeff, S. J. Twining und George Seid (Columbia Studio Laboratory)
1945	Michael S. Leshing, Benjamin C. Robinson, Arthur B. Chatelain und Robert C. Stevens (20th Century-Fox) und John G. Capstaff (Eastman Kodak Co)
	Loren L. Ryder, Charles R. Daily und Paramount Studio Sound Dept
1946	Harlan L. Baumbach und Paramount West Coast Lab.
	Arthur F. Blinn, Robert O. Cook, C. O. Slyfield und Walt Disney Studio Sound Dept
	Herbert E. Britt
	Carl Faulkner (20th Century-Fox Sound Dept)
	Marty Martin und Hal Adkins (RKO Miniature Dept)
	Burton F. Miller und Warner Brothers Sound Dept
	Burton F. Miller und Warner Brothers Sound and Electrical Depts
	Mole-Richardson Co
	Harold Nye und Warner Brothers Studio Electrical Dept
1947	Farciot Edouart, C. R. Daily, Hal Corl, H. G. Cartwright und Paramount Studio Transparency and Engineering Depts.
	James Gibbons (Warner Brothers)
	Nathan Levinson und Warner Brothers Sound Dept

Fred Ponedel (Warner Brothers)

Kurt Singer und RCA-Victor Division of the Radio Corp of America

1948 Marty Martin, Jack Lannon, Russell Shearman und RKO Special Effects Dept

A. J. Moran und Warner Brothers Studio Electrical Dept

1949 Herbert Britt

Andre Coutant und Jacques Mathot

Charles R. Daily, Steve Csillag und Paramount Studio Engineering, Editorial and Music Depts.

International Projector Corp

M. B. Paul

Loren L. Ryder, Bruce H. Denny, Robert Carr und Paramount Studio Sound Dept

Alexander Velcoff

1951 Jack Gaylord und MGM Construction Dept

Richard M. Haff, Frank P. Herrnfeld, Garland C. Misener und General Aniline and Film Corp

Fred Ponedel, Ralph Ayers und George Brown (Warner Brothers)

Carlos Rivas (MGM)

Glen Robinson und MGM Construction Dept

1952 John G. Frayne, R. R. Scoville und Westrex Corp

Gustav Jirouch

Photo Research Corp

Projection, Still Photographic and Development Engineering Depts. of MGM Studio

Carlos Rivas (MGM)

1953 Westrex Corp

1954 Karl Freund und Frank Crandell (Photo Research Corp)

David S. Horsley und Universal-International Studio Special Photographic Dept

Fred Knoth und Orien Ernest (Universal-International Studio Technical Dept)

John P. Livadary, Lloyd Russell und Columbia Studio Sound Dept

Roland Miller und Max Goeppinger (Magnascope Corp)

Wesley C. Miller, J. W. Stafford, K. M. Frierson und
MGM Sound Dept
Carlos Rivas, G. M. Sprague und MGM Sound Dept
Fred Wilson (Samuel Goldwyn Studio Sound Dept)
P. C. Young (MGM Projection Dept)

1955 Dave Anderson (20th Century-Fox)
Farciot Edouart, Hal Corl und Paramount Studio
Transparency Dept
Walter Jolley, Maurice Larson und R. H. Spies (Fox)
Steve Krilanovich
Loren L. Ryder, Charles West, Henry Fracker und Pa-
ramount Studio
20th Century-Fox Studio und Bausch & Lomb Co

1956 Daniel J. Bloomberg, John Pond, William Wade und
Republic Studio Engineering and Camera Depts
Ted Hirsch, Carl Hauge und Edward Reichard (Conso-
lidated Film Industries Inc)
MGM Construction Dept
Richard H. Ranger (Rangertone Inc)
Roy C. Stewart und Söhne (Stewart Trans-Lux Corp),
C. R. Daily und Paramount Transparency Dept
Technical Depts. of Paramount Pictures Corp

1957 Charles E. Sutter, William B. Smith, Paramount Pictures Corp und General Cable Corp

1958 Willy Borborg (General Precision Laboratory Inc)
Fred Ponedel, George Brown und Conrad Boye (Warner Brothers Special Effects Dept)

1959 Ub Iwerks (Walt Disney Prod.)
E. L. Stones, Glen Robinson, Winfield Hubbard und
Luther Newman (MGM Construction Dept)

1960 Carl Hauge, Robert Grubel und Edward Reichard
(Consolidated Film Industries)
Arthur Holcomb, Petro Vlahos und Columbia Studio
Camera Dept
Anthony Paglia und 20th Century-Fox Mechanical Ef-
fects Dept

1961 Hurletron Inc (Electric Eye Equipment Division)
Wadworth E. Pohl und Technicolor Corp

1962 Electro-Voice Inc.
Louis G. MacKenzie

1963   Douglas G. Shearer und A. Arnold Gillespie (MGM)
1964   Milton Forman, Richard B. Glickman und Daniel J.
           Pearlman (ColorTran Industries)
       Anthony Paglia und 20th Century-Fox Mechanical Ef-
           fects Dept
       Edward H. Reichard und Carl W. Hauge (Consolidated
           Film Industries)
       Stewart Filmscreen Corp
       Nelson Tyler
1966   Carroll Knudson
       Panavision Inc
       Ruby Raksin
1967   Kollmorgen Corp (Electro-Optical Division)
       Panavision Inc
       Waldon O. Watson und Universal City Studio Sound
           Dept
       Fred R. Wilson (Samuel Goldwyn Studio Sound Dept)
1968   Carl W. Hauge und Edward H. Reichard (Consolidated
           Film Industries), E. Michael Meahl und Roy J. Ride-
           nour (Ramtronics)
       Eastman Kodak Co und Consolidated Film Industries
1969   Robert M. Flynn und Russell Hessy (Universal City
           Studios)
       Fenton Hamilton (MGM)
       Panavision Inc
       Otto Popelka (Magna-Tech Electronics Co Inc)
1970   Eastman Kodak Co und Photo Electronics Corp
       Electro Sound Inc
       B. J. Losmandy
       Sylvania Electric Products Inc
1971   Robert D. Auguste und Cinema Products Co
       Cinema Products Co
       Thomas Jefferson Hutchinson, James R. Rochester
           und Fenton Hamilton
       Photo Research Division of Kollmorgen Corp
       Producers Service Corp, Consolidated Film Industries,
           Cinema Research Corp und Research Products Inc
1972   Carter Equipment Co Inc und Ramtronics
       David Degenkolb, Harry Larson, Manfred Michelson
           und Fred Scobey (DeLuxe General Inc)

E. H. Geissler und G. M. Berggren (Wil-Kin Inc)

Kollmorgen Corp (Photo Research Division) und PSC Technology Inc

Jiro Mukai und Ryusho Hirose (Canon Inc) und Wilton R. Holm (AMPTP Motion Picture and Television Research Center)

Philip V. Palmquist und Leonard L. Olson (3M Co) und Frank P. Clark (AMPTP Motion Picture and Television Research Center)

1973 Rosco Laboratories Inc

Richard H. Vetter (Todd-AO Corp)

1974 Louis Ami (Universal City Studios)

Elemack Co

1975 Bell & Howell Co

Lawrence W. Butler und Roger Banks

Carter Equipment Co Inc und Ramtronics

David J. Degenkolb und Fred Scobey (DeLuxe General Inc), John C. Dolan und Richard Dubois (Akwaklame Co)

The Hollywood Film Co

Frederik Schlyter

Joseph Westheimer

1976 Fred Bartscher (Kollmorgen Corp) und Glenn Berggren (Schneider Corp)

Kollmorgen Corp (Photo Research Division)

Panavision Inc

Hiroshi Suzukawa (Canon) und Wilton R. Holm

Carl Zeiss Co

1977 Electronic Engineering Co of California

Bernard Kuhl und Werner Block (Osram GmbH)

Ernst Nettmann (Astrovision Division of Continental Camera Systems Inc)

Panavision Inc (zwei Oscars)

Piclear Inc

1978 Leonard Chapman (Leonard Equipment Co)

David J. Degenkolb, Arthur Ford und Fred Scobey (DeLuxe General Inc)

James Fisher (J. L. Fisher Inc)

Karl Macher und Glenn Berggren (Isco Optische Werke)

Kiichi Sekigucki (Cine-Fi Intl.)
Robert Stindt (Prod. Grip Equipment Co)
1979 Michael V. Chewey, Walter G. Eggers und Alan Hecht (MGM Laboratories)
A. D. Flowers und Logan Frazee
Kollmorgen Corp (Photo Research Division)
Ross Lowell (Lowell-Light Manuf. Inc)
Bruce Lyon und John Lamb
Zoran Perisic (Courier Films Ltd.)
James Stanfield und Paul Trester
Irwin Young, Paul Kaufman und Frederick Schlyter (Do Art Film Laboratories Inc)
1980 Worth Baird (LaVezzi Machine Works Inc)
Carter Equipment Co
Andre DeBrie, S. A.
Hollywood Film Co
John Lang, Walter Hrastnik und Charles Watson (Bell & Howell Co)
Peter Regla und Dan Slater (Elicon)
Charles Vaughn und Eugene Nottingham (Cinetron Computer Systems Inc)
1981 John DeMuth
Bill Hogan, Richard Stumpf und Daniel Braver (Universal City Studio)
Hal Landaker und Alan Landaker
Dennis Muren und Stuart Ziff (ILM)
Ernst Nettmann (Continental Camera Systems Inc)
Peter Parks (Oxford Scientific Films)
Louis Stankiewicz und H. L. Blackford
Bill Taylor (Universal City Studio)
1982 Christie Electric Corp und LaVezzi Machine Works Inc
Richard Deats
Bran Ferren (Associates and Ferren)
Constant Tresfon, Adriaan DeRooy, Ed Phillips und Carlos de Mattos (Matthews Studio Equipment)
1983 Jack Cashin (Ultra-Stereo Labs)
David J. Degenkolb
Elizabeth D. de la Mare (De la Mare Engineering Inc)
Douglas Fries, John Lacey und Michael Sicrist

William G. Krokaugger (Mole-Richardson Co)

Charles L. Watson, Larry L. Langrehr und John H. Steiner

1984 Erland Bealmear, Robert Bealmear (Apogee Inc)

Howard J. Preston (Preston Cinema Systems)

Nat Tiffen (Tiffen Manufacturing Corp)

Donald Trumbull, Jonathan Erland, Stephen Fog, Paul Burk (Apogee Inc)

1985 Larry Barton (Cinematography Electronics)

Harrison & Harrison

Alan Landaker (Burbank Studios)

David W. Spencer

1986 John L. Baptista (MGM Laboratories)

Bran Ferren (Associates & Ferren)

Carl E. Holmes (Carl E. Holmes Co.), Alexander Bryce (The Burbank Studios)

Hal Landaker, Alan Landaker (The Burbank Studios)

Lee Electric Lighting Ltd.

Peter D. Parks (Oxford Scientific Films' Image Quest Division)

David W. Samuelson, W. B. Pollar

Matt Sweeney, Lucinda Strub

1987 Ioan Allen (Dolby Laboratories)

John Eppolito, Wally Gentleman, William Mesa, Les Robley, Geoff Williamson

Jan Jacobsen

Tadeuz Krzanowski (ILM)

Thaine Morris, David Pier

Dan C. Norris, Tim Cook (Norris Film Products)

1993 Wally Mills, Gary Stadler, Gustavo Parada

Gary Nuzzi, David Johnsrud, William Blethen

Harry Baker

Michael Dorrough

David Degenkolb

Verwendete Quellen

I. Geschichte

Brown, Peter H.: The Real Oscar. Westport 1981.
Fredrik, Nathalie: Hollywood and the Academy Awards. Los Angeles 1968.
Osborne, Robert: The Years with Oscar at the Academy Awards. La Habra 1979.
Sands, Pierre Norman: A Historical Study of the Academy of Motion Picture Arts and Sciences (1927 – 1947). New York 1973.

II. Daten

Handbücher der katholischen Filmkritik.
Kaplan, Mike: (Hrsg.): Variety International Show Business Reference. New York 1981.
Likeness, George: The Oscar People. Mendota 1965.
Michael, Paul: The Academy Awards: A Pictorial History. New York 1975.
Pickard, Roy: The Oscar Movies from A–Z. New York 1978.
Salmi, Markku: National Film Archive. Catalogue of Stills, Posters and Design. Derby 1982.
Shale, Richard: Academy Awards: An Ungar Reference Index. New York 1978.
Simonet, Thomas: Oscar: A Pictorial History of the Academy Awards. o. O. 1983.

III. Zeitschriften

Filmbeobachter, film-dienst, Film-Echo/Filmwoche, Monthly Film Bulletin, Screen International, Variety, Zoom.

Register

Das Filmregister listet alle Originaltitel der in diesem Buch erwähnten Filme auf. Aus Platzgründen mußten die deutschen Titel dabei auf Spielfllme beschränkt bleiben. Deutsche Titel werden auch dann nicht gesondert aufgeführt, wenn sie sich vom Originaltitel nur durch einen Zusatz unterscheiden (z. B. »Moonraker – streng geheim« oder »Splash – Jungfrau am Haken«). D bedeutet Dokumentarfilm, K steht für Kurzfilm.

Das Personenregister listet alle Kandidaten und Preisträger unter ihrem vollen Namen auf. Leider hat sich die »Academy«, nach deren offiziellen Mitteilungen der Datenteil erstellt wurde, bislang nicht zu einer ähnlichen Praxis durchgerungen. So ist es beispielsweise möglich, daß sich Loren L. Ryder im Textteil als Loren Ryder oder gar nur als L. L. Ryder wiederfindet.

Filmregister

C

D

H

I

535

N

547

548

T

Personenregister

A

Aalberg, John 115, 118, 131, 140, 146, 186, 215, 233, 498, 447, 455
Abbott, F. R. 455
Abbott, L. B. 81, 258, 306, 323, 333, 351, 497f
Abdullah, Achmed 108
Abraham, Murray 388
Abramson, Phil 355
Abroms, Edward 384
Acheson, James 404, 410
Achtenberg, Ben 459
Ackland-Snow, Brian 402
Adam, Ken 345, 358, 435
Adams, David 485
Adams, John 443
Adams, Nick 285
Addison, John 333
Adjani, Isabelle 346, 416
Adkins, Hal 457
Adler, Buddy 446
Adler, Peter Herman 212
Adlon, Percy 412
Agee, James 211
Aghayan, Ray 316, 332, 346
Aherne, Brian 131
Ahnemann, Michael 449
Aiello, Danny 416
Aimee, Anouk 300
Akst, Albert 245
Albert, Eddie 226, 331
Albertson, Jack 313
Albin, Fred 129
Alcott, John 345
Alden, A. A. 451
Aldred, John 315, 327
Aldredge, Theoni V. 341
Aleandro, Norma 406
Alekan, Heed, John 315, 327
Alekan, Henry 226
Alexander, Dick 350, 355, 381, 396, 401, 406, 410, 429
Alexander, Gary 394
Alexander, James 383
Alexander, Jane 321, 350, 364, 386
Alexander, Jim 370
Alford, Jack 451
Allan, Ted 346
Allder, Nick 364
Allen, David 173, 398
Allen, Dede 345, 377
Allen, Gene 232, 247
Allen, Irving 474, 443
Allen, Jay Presson 330, 377
Allen, Ioan 453
Allen, Reg 332
Allen, Woody 354, 361, 366, 389, 397, 401, 407, 416, 420, 431
Aller, Bob 451
Allgood, Sara 144
Almendros, Nestor 360, 364, 381
Almodovar, Petro 412
Alper, Bud 349, 396
Alphin, Nick 392
Altman, Robert 322, 347, 432, 438
Alton, John 210
Altramura, Elio 402
Alves, Joe 355
Ambler, Eric 224
Ameche, Don 395
Amelio, Gianni 422
Ament, Walton C. 474
Ames, E. Preston 210, 226, 229, 243, 250, 290, 320, 341
Amfitheatrof, Daniele 178, 193
Ami, Louis 460
Amidei, Sergio 187, 192, 202, 270
Amram, Robert 451, 484
Amy, George 159, 161, 180
Ancilotto, Alberto 443
Anderson, Carl 258, 332
Anderson, Dave 458
Anderson, Donald A. 453
Anderson, George 455
Anderson, Gilbert M. 496
Anderson, Hayward 481
Anderson, Hesper 400
Anderson, Howard A. 308
Anderson, John 398
Anderson, Judith 136
Anderson, Lindsay 408
Anderson, Maxwell 91
Anderson, Michael 240
Anderson, Philip W. 242, 249, 272
Anderson, Richard L. 380
Anderson, Robert 259, 321
Anderson, Robin 458
Anderson, Roland 100, 108, 120, 141, 156, 158, 179, 217, 229, 232, 264, 269, 277, 282, 284
Andrews, Dell 91
Andrews, Julie 289, 292, 382
Angenieux, Pierre 451
Anhalt, Edna 221
Anhalt, Edward 207, 221, 287
Ann-Margret 348
Annakin, Ken 297
Annaud, Jean-Jacques 418, 430
Annenkov, Georges 231
Anni, Anna 402
Anspaugh, David 401
Anstey, Edgar 447, 482f
Antonioni, Michelangelo 299
Applebaum, Louis 178
Apted, Michael 411
Arango, Manuel 451, 484
Arbogast, Roy 355
Arcand, Denys 400, 417
Arch, Jeff 438
Archer, Anne 406
Archer, Ernest 313, 327
Arden, Eve 179
Ardolino, Emile 405, 458
Ardrey, Robert 301
Arkin, Alan 302, 311
Arlen, Alice 386
Arling, Arthur E. 187, 235
Arliss, George 92
Armat, Thomas 495
Armbruster, Robert 290
Armstrong, John 455
Arnaud, Leo 290
Arnold, Jack 442

557

559

562

567

580

584

586

Grosse Regisseure des internationalen Films

Wilhelm Heyne Verlag
München